Harald Hartung
Deutsche Lyrik seit 1965

Serie Piper
Band 447

Zu diesem Buch

Von der Avantgarde bis zur Postmoderne spannt sich der Bogen dieser vorläufigen Bilanz der lyrischen Bemühungen in Deutschland zwischen 1965 und 1985, die der Berliner Schriftsteller und Literaturwissenschaftler Harald Hartung mit aller gebotenen Vorsicht zu ziehen sucht. Anhand von beispielhaften Gedichten, die er interpretiert, und von Porträts, die er von einzelnen Lyrikern zeichnet, versucht er die in diesen zwanzig Jahren sich entwickelnden Tendenzen aufzuspüren und in ihrer Bedeutung für künftige literarische Ausdrucksformen zu bewerten.

Neben vielen anderen werden Autoren wie Rolf Dieter Brinkmann, Günther Herburger, Jürgen Becker, Hermann Burger, Hans Magnus Enzensberger, Eugen Gomringer, Friederike Roth, Karl Krolow, Günter Grass, Walter Helmut Fritz und Oskar Pastior vorgestellt, ein sehr ausführliches und umfangreiches Kapitel behandelt die Lyrik in der DDR, eine Bibliographie erfaßt die wichtigsten zwischen 1965 und 1984 erschienenen Lyrikveröffentlichungen.

Hartung, als einer, der selbst Lyrik schreibt und somit »im Glashaus« sitzt, ist vor allem darum bemüht, Pauschalisierungen zu vermeiden und dem einzelnen Gedicht als einzigem Kriterium für das, was Lyrik ist, Raum zu schaffen: »Daß Gedichte zu *leben* vermögen, das ist eine Erfahrung, über die sich sprechen läßt« – das, nicht mehr und nicht weniger, wird in diesem Buch getan.

Harald Hartung, geboren 1932 in Herne, lebt seit 1966 in Berlin und lehrt an der Technischen Universität Deutsche Literatur. Er veröffentlichte Gedichte, Essays und zahlreiche literaturkritische Arbeiten. Regelmäßig rezensiert er lyrische Texte, vor allem in der »Frankfurter Allgemeinen Zeitung«. 1979 erhielt er den Förderpreis zum Fontane-Preis, er ist Mitglied der Akademie der Künste Berlin.

Harald Hartung

Deutsche Lyrik seit 1965

Tendenzen – Beispiele – Porträts

Piper
München Zürich

ISBN 3-492-00747-3
Originalausgabe
August 1985

Umschlag: Federico Luci, unter Verwendung des Gemäldes
»Snobistische Abendgesellschaft bei der Prinzessin« von Joan Miró
(Paris, Sammlung L.-G. Clayeux,
© 1985 by A.D.A.G.P., Paris & Cosmopress, Genf)
Photo Umschlagrückseite: Renate von Mangold
Gesamtherstellung: Clausen & Bosse, Leck
Printed in Germany

Inhalt

PORTRÄTS

ANHANG

Das entlastete Gedicht
Eine Art Einleitung

Darf der Autor sich wünschen, daß seine Leser jünger sind als er selbst? Das böte die Möglichkeit, der Einleitung dieses Buches die Form eines Rückblicks zu geben. Zwanzig Jahre Lyrik – ist das noch Gegenwart oder schon Geschichte? Ich bin kein Historiker, sondern Lyriker und Kritiker, Beteiligter und im Glashaus sitzend. Wie soll ich die Entwicklung des deutschen Gedichts an den aktuellen Moment heranschreiben? Ich versuche Tendenzen aufzuzeigen, gebe Beispiele von Gedichten, zeichne Porträts von Lyrikern. Aber Geschichte, Geschichtsdarstellung ist das nicht, kann es nicht sein. Nicht bloß aus Standpunktsgründen, aus Mangel an Distanz. Der Begriff der *Geschichte* selbst ist problematisch geworden. Daß es keinen Weltgeist gebe, daß wir die Gesetze der Geschichte nicht kennten, das habe heute jeder Passant verstanden, dekretiert Enzensberger 1978; nun kann man Bescheidung auch bescheidener vortragen, aber Enzensberger trifft den Punkt, die aktuelle Stimmung. Die historischen Slogans sind verschlissen und damit die Lust, jeder Saison eine Kennmarke mitzugeben. Kritiker und Interpreten sind entlastet; manche Buchtitel sind selbst schon die Trendbezeichnungen: *Langsame Heimkehr* oder *Wartezeit*.

Dennoch wird uns versichert, Heimweh nach Geschichte sei Signum unserer Gegenwart; und solches Heimweh kann nur meinen: Wir haben die Geschichte quasi schon hinter uns, leben in einer Nachgeschichte, im »post-histoire«. Auf Kunst und Literatur bezogen meint das: Der Impuls der Moderne ist erschöpft. *Welcher Moderne*? möchte man dagegenhalten und – mit Hans Egon Holthusen – an die Herkunft des Wortes »modern« aus dem sechsten nachchristlichen Jahrhundert erinnern. Tradition hat deshalb auch die Rede von Epigonentum, Rückgang und Ende der Kunst, von der immer schneller rotierenden Folge der Ismen oder vom Ende der Kunstentwicklung überhaupt. Oder, wie Arnold Gehlen Anfang der sechziger Jahre formulierte: »Von jetzt an gibt es *keine kunstimmanente Entwicklung mehr!* Mit einer irgendwie sinnlogischen Kunstgeschichte ist es vorbei, selbst mit der Konsequenz der Absurditäten vorbei, die Entwicklung ist abgewickelt, und was nun kommt, ist bereits vorhanden: der Synkretismus des Durcheinanders aller Stile und Möglichkeiten, das Posthistoire.«

Das ist eines der philosophischen Donnerworte, wie sie auch Adorno liebte und zur Geltung brachte – aber es ist *kein Verbot*. Nur der Avantgardist muß trauern; seine Hoffnung wird denunziert, seiner Heilserwartung der Boden entzogen. Es gibt kein *Vorn* mehr, kein *Hinten*, ein einziges *Zugleich*, eine einzige *Bricolage*, also Bastelei. »Anything goes«, heißt ihr Gesetz, oder: »All is pretty«.

Vom Bastler sagt Lévi-Strauss, daß die Regel seines Spiels darin bestehe, »jederzeit mit dem, was ihm zur Hand ist, auszukommen, d. h. mit einer stets begrenzten Auswahl an Werkzeugen und Materialien, die überdies noch heterogen sind, weil ihre Zusammensetzung in keinem Zusammenhang zu dem augenblicklichen Projekt steht, wie überhaupt zu keinem besonderen Projekt, sondern das zufällige Ergebnis aller sich bietenden Gelegenheiten ist, den Vorrat zu erneuern oder zu bereichern oder ihn mit den Überbleibseln von früheren Konstruktionen oder Destruktionen zu versorgen« (*Das wilde Denken*). Es hat etwas Verführerisches, diesen Gedanken auf neuere Literatur, neuere Lyrik zu übertragen. Wenn das Projekt »Moderne«, das Projekt »Avantgarde« kollabiert ist, bleibt dann nicht die Bastelei, der Zugriff aufs Vorhandene, die nächstbeste Gelegenheit übrig? Ein Blick auf kunsthandwerkliche Züge in der Lyrik der mittleren Jahrgänge oder auf die Versuche einer »heftigen« Lyrik bei den Jüngsten scheint für diese Vermutung zu sprechen. Aber Konvention, Epigonentum, Traditionslosigkeit sind nicht eben Momente, die unserer Gegenwart vorbehalten wären.

Wenn wir uns schon vom Dogma der Avantgarde befreit haben sollten – ganz sicher bin ich da nicht, womöglich spukt sie schon in der nächsten postpostmodernen Tendenz? –, warum befreien wir uns nicht auch von der freundlich scheinenden Lizenz, nun endlich alles zu dürfen – aber nur, wenn es schon dagewesen und abgebraucht ist? *Bricolage* und *Puzzlespiel* ergeben noch kein Alexandrinertum.

»Man schreibt unter Aufsicht alles bisher Geschriebenen«, sagt Botho Strauß in *Paare Passanten*; aber das wäre ein Satz gehabter poetologischer Repression, wenn ihm nicht der andere sich gesellte: »Positionen und Einsichten, die schon einmal in ein relativ breites Bewußtsein eingedrungen waren, können und müssen sogar zeitweilig wieder vergessen werden.« *The music goes on* – aber es ist schon erstaunlich, wieviel an Fakten, Positionen, Ereignissen in zwanzig Jahren vergessen werden kann. Das gilt auch für die deutsche Lyrik dieser Zeit. Nicht zu vergessen all das, was erst gar nicht ins Bewußtsein eindrang, weil es politisch untunlich, persönlich abseitig oder historisch verfrüht oder verspätet schien: weite Teile der DDR-Lyrik, Poeten wie Dieter Leisegang, Ludwig Greve oder Oskar Pastior – um nur Beispiele aus diesem Buch zu nennen.

Da dies Buch keine vorläufige oder gar definitive *Geschichte* der Lyrik seit 1965 sein kann, darf ich an einige Fakten der Lyrikentwicklung, an Positionen und Einsichten erinnern. Es sind Stichworte, die das Verständnis der nachfolgenden Aufsätze und Interpretationen erleichtern sollen; und sie zeigen womöglich selbst die Züge von *Bricolage* oder Spiel.

Ich durcheile also – dies ist mein Vorschlag – die Lyrikentwicklung in Fünf-Jahres-Sprüngen:

1965

Bedarf dies Datum einer Rechtfertigung? In Politik und Gesellschaftsentwicklung gewiß nicht. Daß eine Phase der deutschen Nachkriegsentwicklung zu Ende geht, werden die große Koalition im Jahr darauf und die Studentenrevolte, die ihr folgt, vollends verdeutlichen. Enzensbergers *Kursbuch*, eben begründet, wird seinem Namen Ehre machen. Höllerers *Thesen zum langen Gedicht* fordern das materialreiche, offene Gedicht: »Die Republik wird sichtbar, die sich befreit.« Freilich ging dieser Befreiungsversuch sehr bald über Lyrik und Gedicht hinaus in die Gesellschaft, in die Revolte, erfolglos, aber nicht ohne Folgen – auch fürs Gedicht, das zu Revolution und Klassenkampf sehr bald als unbrauchbar befunden wurde. – Das hermetische Gedicht trat in seine Spätphase, mit Celans *Niemandsrose* (1963) und *Atemwende* (1967); experimentelle Literatur und konkrete Poesie – also Heißenbüttel, Mon, Gomringer – fanden Platz in großen Verlagen, wurden sanktioniert und kritisiert, vor allem aber adaptiert: Sprachspiele rückten in die Werbung ein, aber auch, wenig später, in die politische Auseinandersetzung – und damit wurde der Alterungsprozeß dieser Literaturrichtung deutlich. – Vergessen wir nicht, daß in der DDR, nach Mauerbau und staatlicher Konsolidierung, eine junge Generation nicht bloß die Einlösung der Glücksversprechen forderte, sondern auch ihre aktive und kritische Mitarbeit. Sie tat das im Gedicht: »Anders lieben müssen wir als gestern / Und mit schärferem Verstand. / Und die Träume ganz beim Namen nennen; / Und die ganze Last der Wahrheit kennen« (Rainer Kirsch, *Meinen Freunden, den alten Genossen*). Wie wichtig diese sogenannte »Lyrikwelle« war, zeigt die große Lyrikdiskussion in der FDJ-Zeitschrift *Forum* (1966). Wolf Biermann freilich, der 1962 bei den Lyrikabenden der Ostberliner Akademie seinen ersten (und fast schon letzten) Auftritt in der DDR hatte, konnte seinen ersten Band *Die Drahtharfe* nur in West-Berlin publizieren.

1970

»Seltsames Jahr«, schrieb der Lyriker Ernst Meister: »Es gab einen Toten, dessen 200. Geburtstag mit Jubiläumsfeiern und Schriftlichkeiten bedacht wurde, und es gab einen Toten aus jüngster Zeit mit einem Schwarm von Nachrufen. Kurz, Hölderlin hatte vor 127 Jahren das Zeitliche gesegnet, Celan war in die Seine gegangen.« Meister – ein immer noch zu *entdeckender* Dichter – hatte sehr präzis die Verbindung von Tragik und Hoffnung erfaßt, das Moment Zukunft in Hölderlin und Celan. Die kommune Stimmung war eine ganz andere. Das Gedicht erhielt Bewährungsfrist. Es hatte den Nachweis seiner Nützlichkeit zu führen. Aber am Ende dieses Prozesses der Instrumentalisierung, der vom kritischen Zeitgedicht zum sogenannten »Kampftext« führte, konnte nur der Aufweis stehen, daß Gedichte keine Waffen sind. Hilde Domin diagnostizierte in ihrer Anthologie *Nachkrieg und Unfrieden* (1970) die Flucht ins politische Gedicht als »Flucht in eine Sackgasse«. Sie selbst versuchte die Existenzberechtigung des Gedichts »am ungeeignetsten Objekt: am politischen Gedicht« nachzuweisen. So stark wurde der Zwang der Situation empfunden. Aber es dauerte noch einige Jahre bis zum Umschlag. Als im *Kursbuch 20* noch nach der »möglichen Funktion von Literatur« gefragt wurde, bereitete sein Herausgeber mit dem Band *Gedichte 1955–1970* seine Rückkehr zur Poesie vor: In Enzensbergers Gedicht *Eine schwache Erinnerung* lautet der Schluß: »ich weiß nur noch / daß es das Wichtigste ist / was wir vergessen haben.«

1975

Das Wort »Tendenzwende« war schon in vieler Munde. Einer geistigen Tendenzwende hatte im November 1974 eine Diskussion der Bayerischen Akademie gegolten. Das neue Interesse für Lyrik, das um 1975 einsetzte bzw. deutlich wurde, hatte seine Wurzel in einem neuen Interesse für das Subjekt und das Subjektive. Subjektivität wurde nun nicht mehr – wie auf dem Höhepunkt der Studentenbewegung – als »privatistisch« und »kleinbürgerlich« abgetan. Peter Schneiders Novelle *Lenz* (1973) war von vielen Teilnehmern an der studentischen Revolte als Befreiung, als erlösendes Wort empfunden. Nachdem das »fortschrittliche«, kollektivistische Wir gescheitert war, besann man sich auf die Möglichkeiten des Ich. Aber was für ein Ich war das überhaupt? War es das alte, bürgerliche, individualistische, das man überwunden glaubte – oder gab es nicht so etwas wie ein neues Ich, das durch die Erfahrung von Revolte und Kollektiv gegangen war? Darum ging es in der Diskussion über die neue Subjektivität in der Lyrik.

Die Zeitströmung reichte tiefer, als es die ichsüchtige, *oberflächige* (oft nur oberflächliche) Lyrik der neuen Sensibilität darzustellen vermochte. Die Zeichen standen auf Desorientierung und Depression. Mit der wachsenden Kritik an einer hypertrophen Technologie setzten die Zweifel an Fortschritt und Aufklärung ein; und das in beiden deutschen Staaten. Zwar hielt Volker Braun (1974) – unter Berufung auf Hölderlin – an Hoffnung fest – »Hoffnung, gesiedelt / Gegen die *symmetrische Welt!*« –, aber diese Hoffnung wirkte schon ertrotzt und brüchig. Und Enzensberger, wieder einmal Stichwortgeber intellektueller Diskussion, trug 1975 in 37 Balladen den Fortschritt zu Grabe – aufgebahrt im *Mausoleum*.

1980

Noch fünf Jahre zuvor hatte Reich-Ranicki »der Dichtung eine Gasse« gefordert und ihr diese auch mit seiner *Frankfurter Anthologie* geschaffen. In den folgenden Jahren gab es schon Stimmen, die solche »guten Zeiten« für Lyrik für problematisch hielten, nämlich für ein Symptom gesellschaftlichen Ohnmachtsbewußtseins und einer schlechten Mystik. Daß es nicht um einen neuen »Weg nach innen« oder »über die Dörfer« gehen mußte, zeigte das wiedererwachte Interesse an Nietzsche und Benn, das meinte auch eine neue Attraktivität der *Artistik*. Karl Heinz Bohrer wandte sich – nicht zufällig im Kontext einer neuen Nietzsche-Diskussion (*Literaturmagazin* 12, 1980) – gegen die gängige seelsorgerische Tendenz, »literarische Praxis von ihrer seelischen Befreiungsfunktion her zu verstehen«, und setzte dagegen die Perspektive, »wonach wir mehr die Grenze der Kunst, nicht ihre Entgrenzung, mehr ihren Schein, nicht ihre Wahrheit im Auge haben müssen«. Das ließ sich auch aufs Gedicht beziehen – denn wo die Grenze als *Form* markiert ist, da ist Entgrenzung besonders prekär. Rehabilitierung des *Scheins* ist auch Rehabilitierung der *Form*. Ihre Wiederkehr in der Lyrik – seit 1977 mehrfach gefordert – fand jetzt statt; nicht immer unter den Auspizien von Artistik und Reflexion, oft auch konventionell, als bloßer Rückgriff.

Peter Rühmkorf plädiert in seinen Frankfurter Poetikvorlesungen 1980 für den Reim – wie gehabt, als Mittel der Parodie, aber auch als Mittel der Beschwörung, als Zauber. Frühes und Spätes als Synthese oder, wie Krolow sagt: »Der Herbst ist Dialektiker«. Sein Band *Herbstsonett mit Hegel* (1981), mit Sonetten, Terzinen und Liedern, ist eine späte Kehrtwendung, aber, in der alexandrinischen Mischung von Tradition und aktuellem Jargon, alles andere als bloßer Rückgriff. Auch Ulla Hahn, die 1981 mit *Herz über Kopf* (und man weiß, wie erfolgreich) debütierte, konnte sich ironisch-ernsthaft auf dieses alexandrinische Formverständnis berufen: »Danke ich brauch keine neuen / Formen ich stehe auf / festen Versesfüßen und alten / Normen Reimen zuhauf.«

Gegen die Wiederkehr der Formen sind inzwischen Bedenken erhoben worden: gegen die (inzwischen sichtbaren) Gefahren der Konvention, gegen einen neuen Akademismus. Schwerer wiegen Hans Dieter Schäfers Bedenken: »Ein neues Verschanzen hinter feste Formen könnte ein Warnzeichen sein, daß die Melancholie abermals einem unlebendigen Ordnungsdenken entgegentreibt.« »Abermals«, das meint: wie Anfang der dreißiger Jahre. Aber das ist schon eine andere, eine gesellschaftliche und politische Frage, und in diesem Kontext ist die Lyrik nur ein Symptom. Auch fragt es sich, welche Folgerungen ein Autor aus seiner Melancholie zu ziehen geneigt ist.

Ich komme noch einmal auf den Begriff der Entlastung zurück. Wir haben gelernt, den großen Theorien und den aus ihnen abgeleiteten Geboten und Verboten zu mißtrauen. Was ein Gedicht sei, was es solle und von welchen Themen zu welcher Zeit es handeln solle – darüber haben wir keine prononcierte Auskunft. Wir sagen also, mit dem Philosophen Odo Marquard, das Prinzipielle sei lang, das Leben aber kurz. Daß Gedichte zu *leben* vermögen, das ist eine Erfahrung, über die sich sprechen läßt. Das Gedicht ist entlastet; der Leser aber nicht, am wenigsten der kritische Leser, der Kritiker.

Aber welche Schlüsse lassen sich aus der von mir skizzierten Entwicklung ziehen? Daß zwei Jahrzehnte genügten, die Entwicklung von Zukunftseuphorie zu Zukunftslosigkeit durchzuspielen? Ich bin Skeptiker, kein Pessimist. Wenn Rückzug in die Melancholie Resultat einer Isolierung von der Macht ist, dann hat der Poet seine Möglichkeiten überschätzt. Doch er darf, andererseits, das Unmögliche wollen – was wunder, wenn das auf Melancholie hinausläuft? – Es war das Gerede vom Tod der Literatur, das dem Gedicht neue Lebenskräfte verlieh. Nun dürfen wir uns nicht wundern, daß die Konjunktur von Lyrik uns irritiert. – »Alles ist jederzeit möglich«, sagte Karl Krolow in einem Interview – ist das nicht ein postmoderner Satz? Doch der Begriff der Postmoderne, so beliebt er derzeit ist, reicht nicht aus, die Lyrikentwicklung der vergangenen zwanzig Jahre zu bezeichnen. Wie sehr nämlich ist die Postmoderne an die Vorstellung einer Avantgarde gebunden, die *das Neue* durch Kopulation von *Art* und *Pop* erzeugen möchte? Eher ließen sich gewisse Rückwendungen – Handkes *langsame Heimkehr*, aber auch klassizistische Rückgriffe in der Lyrik – mit dem Begriff einer *Antimoderne* fassen. Summa summarum: »Machen können wir alles? Also, was machen wir?« (Ich zitiere Jörg Drews, der Gunter Falk beim Bielefelder Colloquium 1979 zitiert.)

Ich glaube im übrigen nicht, daß wir *alles* machen können. Das also bleibt – bei aller Entlastung –: das Machen und das Kritisieren des Gemachten.

In den folgenden Beiträgen, die größtenteils schon einzeln erschienen und hier überarbeitet vorgelegt werden, wird Gemachtes interpretiert und kritisiert; sehr Verschiedenes nach Art, Qualität und Standort. In meiner Vorstellung von Lyrik hat Oskar Pastior neben Karl Krolow Platz, Günter Grass neben Walter Helmut Fritz, Dieter Leisegang neben Friederike Roth. Ich hoffe, das ist weder pluralistisch noch postmodern. Denn daß es ein Zentrum gibt, auf das sich alles Diverse bezieht, meine ich schon. Der Leser möge darüber befinden.

TENDENZEN

»Pop« und »Postmoderne« im Gedicht
Vier Beispiele zu einer Ästhetik der Oberfläche

All is pretty
Andy Warhol

Stichworte: Von der »Avantgarde« zur »Postmoderne«

Adorno hat in den *Dissonanzen* vom »Altern der modernen Musik« gesprochen und die These vertreten, daß die »Errungenschaften des Materials kaum der Qualität der Werke«[1] zugute kämen, die sie verwerteten. Seine Diagnose, die das Scheitern der Avantgarde einbekannte, ließ sich auch auf die *literarische* Moderne übertragen; auch sie zeigte Verfallserscheinungen, die durch dogmatische Theorien verdeckt werden sollten, auch sie demonstrierte – in der »experimentellen« Literatur etwa – die Diskrepanz von theoretischem Anspruch und Verwirklichung. Hans Magnus Enzensberger hat 1962 die »Aporien der Avantgarde« zu bestimmen gesucht und dekretiert: »Jede heutige Avantgarde ist Wiederholung, Betrug oder Selbstbetrug.«[2] Problematisch war freilich, daß Enzensberger so heterogene Erscheinungen wie Tachismus und Art informel, serielle und elektronische Musik, konkrete Poesie und die Literatur der Beat generation in einen Topf warf und die weiterführenden Momente in der Beatliteratur verkannte. Zudem konnte seine Argumentation, insbesondere die These »das Gesetz der Reflexion ist unerbittlich«, selber als Relikt avantgardistischer Ideologie begriffen werden, die für die Sprünge der Geschichte kein Organ hat. Dagegen hat Karl Heinz Bohrer die Vermutung gesetzt, die praktische Anwendung von Adornos Kulturphilosophie sei schrecklicher als der Satz (Gertrude Steins) »A rose is a rose is a rose«. Und Enzensbergers Satz über Reflexion, so Bohrer, habe inzwischen

»für jede Art von Anämie und literarischer Einfallslosigkeit« herhalten müssen, denn sie entspreche »haarscharf einer endgültig begrabenen Hoffnung«[3].

Auf die Situation der Lyrik im Nachkriegsdeutschland bezogen, läßt sich die Problematik folgendermaßen skizzieren. Der Anspruch, »vorn«, Avantgarde zu sein, wurde am konsequentesten und hartnäckigsten von den Vertretern der »experimentellen« und der »konkreten« Poesie erhoben, also von Heißenbüttel und Mon einerseits, von Gomringer und Bremer andererseits. Helmut Heißenbüttel hat versucht, für beide Tendenzen die theoretischen Begründungen zu liefern. Aus dem Axiom, die tradierte Grammatik befinde sich im Verfall und erfasse nicht mehr unsere Erfahrungen, entwickelte er Theorie und Praxis einer antigrammatischen Poesie[4], in der die Arbeit am Sprachmaterial, die zu Entdeckungen in der Sprache führe, in Erfahrung umschlagen soll: »Was ich mir sprachlich vorstellen kann (aus der Sprache heraus halluzinieren kann), ist fähig, Wirklichkeit zu decken. Meine Arbeit, als solche, selbst wenn es keine Leser dafür gäbe, könnte mehr bewirken als alle Kriege der Reaktion und alle Proteste der Progressiven.«[5] Jene ästhetische Heilserwartung, die die Sprache zum Fetisch macht, zeigt sich in einer solchen Äußerung bereits angefochten und gerade deshalb in ihren Formulierungen besonders ungeschützt. Neben und nach den intransigenten Vertretern des Experiments gab und gibt es freilich Autoren, die nicht an der Einheit von Theorie und Praxis festhalten; ihnen erscheint die avantgardistische Doktrin brüchig, die Techniken experimenteller Literatur infolgedessen verfügbar. Mittel wie Reduktion, Permutation, Aleatorik und Zitatcollage dienen dem Sprachspiel und -jux oder werden zu Zwecken der Gesellschaftskritik eingesetzt.

In der zweiten Hälfte der sechziger Jahre geriet nach dem Begriff der Avantgarde auch derjenige von Kunst und Literatur überhaupt in eine Krise. Hatte nicht jede avantgardistische Bewegung von neuem die Revolution versprochen, und sei es die Revolutionierung eines bestimmten Mal- oder Schreibstils? Der Begriff der Revolution war zur Metapher geworden, war es nicht an der Zeit, ihn endgültig in Praxis zu überführen? Statt einer weiteren ästhetischen wurde die reale Revolution erwartet; der

Pariser Mai wollte die Phantasie an die Macht bringen. Herbert Marcuse erkannte schon damals das ästhetische Potential dieser Revolte, glaubte aber dennoch an seine Überführung in Praxis: »Das Piano mit dem Jazz-Spieler stand trefflich zwischen den Barrikaden; schicklich zierte die rote Fahne die Statue des Autors von *Les misérables*; und streikende Studenten forderten in Toulouse die Neubelebung der Sprache der Albigenser. Die neue Sensibilität ist zur politischen Kraft geworden.«[6] Der den Bildern utopischen Versprechens nachfolgende Satz blieb freilich Wunschdenken. Über die große Weigerung und die neue Sensibilität ging die Politik zur Tagesordnung über und die Kulturindustrie zum Geschäft mit der Rebellenromantik; und da die Revolution nicht gelang, blieb einzig die Ästhetik zurück. Manche Betrachter wollen den ganzen Vorgang als einen ästhetischen begriffen wissen, als ein Stück Literatur, vorübergehend in die Wirklichkeit übertragen, Freiluftdramatik sozusagen.

Für den historischen Blick ziehen die Ereignisse sich vollends zusammen, ihrer Heftigkeit entspricht Kurzlebigkeit. Das gilt auch für die Bewegungen in der Literatur. Die Entwicklung der politischen Lyrik jener Jahre ist ein Beispiel. Zu reflektieren wäre die Entwicklung vom Protest zur Agitation und schließlich zur Preisgabe des Gedichts. Es ist der Weg, beginnend mit Frieds noch allgemein und symbolisch gehaltenen *Warngedichten* (1964) über seine zornig-schmerzliche Parteinahme in *und Vietnam und* (1966) zu der Anthologie *agitprop* (1969), die Höhe- und fast schon Endpunkt dieser Entwicklung ist. Hier heißt es dann bereits selbstkritisch: »Agitprop wird zum Praxisersatz des kleinbürgerlichen Literaten mit marxistischer Gesinnung.«[7] Revisionen konnten nicht ausbleiben; sie fanden auch und gerade auf der Linken statt. Nachdem *Kursbuch 15* den Tod von Kritik und Literatur ausgerufen hatte, gab, neben andern Beiträgern, Hans Christoph Buch in *Kursbuch 20* »eine Art Metakritik« unter dem Titel *Von der möglichen Funktion der Literatur*, und Enzensberger konzedierte, auf die gehabte Kampagne anspielend: »Ich gebe zu, seinerzeit / habe ich mit Spatzen auf Kanonen geschossen«, und tat das, nicht ohne Grund, im Gedicht. In diesem Gedicht heißt es dann auch: »Schlafen, Luftholen, Dichten: / das ist fast kein Verbrechen.«[8] Für die meisten Autoren, die der ganzen Entwicklung, wenn überhaupt, nur zögernd gefolgt waren, ergab sich die Frage, wie es nun weitergehen sollte. Diese Frage stellte sich insbesondere den jüngeren Autoren, die weder an die experimentelle noch an die hermetische Lyrik anknüpfen konnten oder wollten. Mit dem Gespür für neue Trends dekretierte H. C. Artmann bereits 1964 in seinen *Aufzeichnungen eines bizarren Liebhabers*: »Ich aber sage: Pop-literatur ist heute einer der wege (wenn auch nicht der einzige), der gegenwärtigen literaturmisere zu entlaufen.«[9] Was hatte es damit auf sich? Um das zu verdeutlichen, muß man etwas ausholen.

Im Sommer 1968 hatte der amerikanische Literaturprofessor Leslie A. Fiedler in einem Freiburger Vortrag über eine künftige Literatur spekuliert. Unter dem Titel *Das Zeitalter der neuen Literatur* erschien eine ausgearbeitete Fassung seiner Darbietung in der Wochenzeitung *Christ und Welt*.[10] Dort folgten über etliche Wochen auch die Stellungnahmen seiner Gegner und Bewunderer unter den deutschen Autoren. Die Moderne, so Fiedler, sei an ihrer Rationalität, an ihrer Sucht zur Analyse zugrunde gegangen. Eine neue »postmoderne« Literatur brauche eine neue Mythologie; als deren Ingredienzien empfahl Fiedler Science-fiction, Western und Pornographie. Von dieser Dreiheit sprach er als den »Grundvorstellungen des Pop«, die auf mythologische, politische und metapolitische Zusammenhänge hinwiesen: »Die neuen Anti-Götter, Anti-Helden, Nach-Götter und Nach-Helden entsteigen den Welten des Jazz, des Rock, der Schlagzeilen und der Comics, der alten Filme und des obszönen Zeichenstifts.« Als Credo resümierte Fiedler: »Traum, Vision, Ekstase, das will die neue Literatur.« Fiedlers pauschale Argumentation wurde von den Kritikern als neuer Aufguß eines überständigen Irrationalismus angesehen oder als Vorgriff auf eine neue Faschismusvariante kritisiert, andererseits aber von einigen jüngeren Autoren emphatisch aufgegriffen. Rolf Dieter Brinkmann schrieb: »Die Bewegung geht nach innen – und zwar konkret: es ist ein Einbruch in psychische Bereiche des Menschen, in die vorzudringen vorher in dem Maß nicht möglich war.« Fiedler sympathisiert nicht ohne Grund mit der These Ronald D. Laings, »derzufolge einige Schizophrene einen ›Durchbruch‹ und keinen ›Zusammenbruch‹ erfahren haben«[11]. Wem also der echte Wahn zu riskant ist, der begnüge sich mit Literatur; das ist, ohne Zynismus gesagt, auch eine Rechtfertigung der Literatur. Pop-Literatur, verstanden als psychedelische, soll dem Leser zu einem Trip ins Unbekannte verhelfen. Häufig genug blieb es bei einem Ausflug ins Allbekannt-Triviale, das bloß neu arrangiert und aufgeputzt worden war. Zwar sah Pop-art sich selbst als Ende der Kunst[12], aber sie etablierte nichts anderes als eine *neue* Kunstrichtung, die aus der verfahrenen Situation herausführen sollte: keine elitäre Kunst für Highbrows, sondern eine Massenkunst, eine demokratische Kunst; der Schein autonomer Kunst wurde ersetzt durch eine von den Trivialmedien abgeleitete reproduzierte Kunst. Während die bildnerische Pop-art naturgemäß die Gegenstände akzentuierte, hob Pop-Literatur die Reaktionen des erlebenden Subjekts heraus – auch hier sollte nichts gelten, was ambitioniert und elitär erschien.

Für die amerikanische Lyrik bedeutete das keinen unbedingten Bruch: Es gab eine Tradition des »low mimetic«[13], das heißt einer Darstellung und Wiedergabe des Alltäglichen, Niederen, Häßlichen in einer direkten, konkreten und nüchternen Weise. Für die Lyrik kann William Carlos Williams als Exponent solchen Schreibens gelten. Einer der Pop-Lyriker, Harold Norse, bekennt: »Pop-art fängt an mit W. C. Williams' This is just to say: I have eaten / the plums / that were in / the icebox.«[14] Als neueres Vorbild wird immer wieder Frank O'Hara (1926–1966) genannt. »Er hat einen Dreh dafür«, schreibt Ted Berrigan, einer seiner Bewunderer und Nachfolger, »die Unmittelbarkeit von Leuten, Orten und Dingen in äußerst aufregender Weise zu evozieren, und das mit einer Aufrichtigkeit, die oft nicht nur den Atem verschlägt, sondern auch erschreckt.«[15]

Inwiefern die literarische Situation in der Bundesrepublik für solche Einflüsse disponiert war, kann hier nicht ausgebreitet werden. Nur so viel: Die experimentelle Literatur war ins Stadium der Konsolidierung getreten, das hermetische Gedicht in eine Spätphase, die jüngeren Lyrikern keine Chance mehr zu bieten schien; die politische Lyrik konnte vom Standpunkt der ästhetischen Innovation als bloßes Umfunktionieren tradierter Formen begriffen werden – in dieser Situation stellte eine Literatur, die, mit dem Reizwort Pop versehen, eine neue Sensibilität ansprach, ein Versprechen dar; es war nichts Geringeres als das Versprechen, in der Hinwendung zu den trivialen Gegenständen und Bildern der Massenzivilisation ließe sich die Lücke zwischen Kunst und Leben, Künstler und Publikum, kurz *art* und *pop* schließen. Die Hoffnungen mochten rein literarisch bestimmt sein, konnten zum andern aber auch politisch und gesellschaftlich motiviert sein; wie Marcuse mochte man jene neue Sensibilität für einen politischen Faktor halten. Wenn auch, wie wir heute sehen, das Publikum nicht so sehr von jener Pop-Literatur affiziert war, um so mehr waren es die Autoren. Sie konnten sich befreit glauben von der Last und Verpflichtung des Avantgardismus, der Ästhetik überhaupt, und zugleich vom Odium des Esoterischen, der Entfremdung vom Leser. Brinkmann hat das entlastende Moment in seiner direkten Weise ausgesprochen: »Gibt es etwas, das gespenstischer wäre als dieser deutsche Kulturbetrieb mit dem fortwährenden Ruf nach Stil etc.? Wo bleibt Ihr Stil, wo bleibt Ihr Stil? Haben Sie denn keine guten Manieren? ... Warum soll ich mich ausdrücklich um Stil kümmern, wenn sowieso alles um mich herum schon so stilvoll ist!« Und: »Man muß vergessen, daß es so etwas wie Kunst gibt! Und einfach anfangen.«[16]

Brinkmann als Pilot

In seinem Aufsatz *Die neuen Mutanten* spricht Fiedler, einen Topos der Science-fiction aufgreifend, von einem neuen Menschentyp, den er in der Literatur, der Dirty-speech-Bewegung, der Studentenbewegung und einer neuen, pansexuell gestimmten Erotik präformiert sieht. Nicht kleinlich mit historischen Vergleichen, glaubt er an eine neue Renaissance, die die Folgen der ersten aufheben soll. Von der Literatur erwartet er die »Eroberung des inneren Raumes: durch ein Abenteuer des Geistes, eine Erweiterung der psychischen Möglichkeiten des Menschen«[17]. Nun obliegt dem Propheten keine Beweispflicht; aber Begriffe wie »Eroberung des inneren Raumes« und »Abenteuer des Geistes« schmecken stark nach Metaphorik, dazu nicht der originellsten. Aber es geht nicht um die Stichhaltigkeit von Fiedlers Thesen, die auf einem andern Blatt steht, sondern um ihre Attraktivität für eine bestimmte Sensibilität, die solche Thesen, die selbst eher Bilder sind, in andere Bilder umsetzen möchte. Faszination oder Attraktivität sind nun durchaus Kriterien, denen sich die Pop-Literatur unterwirft. Brinkmann meinte: »Es ist tatsächlich nicht einzusehen, warum nicht ein Gedanke die Attraktivität von Titten einer 19jährigen haben sollte, an die man gerne faßt.«[18] Das läßt sich hören, wenn der Gedanke tatsächlich die sinnliche Präzision besitzt, die der Vergleich meint. Daß das für die Ideen McLuhans und Fiedlers zutrifft, möchte ich bezweifeln. Aber wie dem auch sei, gegen Sensibilität und gar gegen die neue läßt sich schwerlich argumentieren. Sie hat an den Bildern, die ihr einfallen, genug. Auch Fiedler greift, wenn er von den neuen Astronauten des Inneren spricht, auf sie zurück. Er zitiert Burroughs, der ihm als Poeta laureatus des neuen Zeitalters galt, und dessen Chiffre des Piloten: »Dieser Krieg wird in der Luft gewonnen werden. In der stillen Luft mit Bilder-Strahlen. Du warst Pilot weißt du noch? ... Geh zurück in die Stille. Halt Stille. Halt Stille. H. S. H. S. ... Aus Stille schreib die Botschaft neu die du bist.«

Die Piloten, das ist auch der Titel des zweiten Gedichtbands von Rolf Dieter Brinkmann. Der Klappentext dieser »Neuen Gedichte« – wem fiele nicht Rilkes Akzentuierung ein? – erinnerte an die Technik der »Pop-art, die Brinkmann schon in seinen früheren Gedichten einsetzte«, und behauptete: »Er prägt damit einen Typus Gedicht, der in der deutschen Lyrik provozierend neu ist.« Das war, wie noch zu zeigen ist, nicht zuviel versprochen. Von diesem 1968 erschienenen Gedichtband an ist Brinkmann, als Produzent, als literarischer Provokateur und – wahrscheinlich am folgenreichsten – als Vermittler der angloamerikanischen Pop-Szene, zu einer Zentralfigur der deutschen Pop-Literatur geworden. Von allen Fragen der Begabung, Energie und der Marktlage abgesehen, dürfte der Grund dafür in der Beharrlichkeit liegen, mit der sich Brinkmann im Rahmen von Vorstellungen bewegte, die in der amerikanischen Pop-Literatur eine Rolle spielen. Gegensätze wie »originell« oder »epigonal« können diese literarische Praxis nicht mehr fassen. Man nimmt, was man findet; Übernahmen, Plagiate, Oberflächenübersetzungen gelten im Zeitalter der Xerographie als legitime Möglichkeiten eines geistigen Diebstahls für alle. Auch hierin hatte Brinkmann seine Lektion gelernt. Was die Situation kompliziert, ist allerdings die Tatsache, daß Brinkmann seine Vermittlertätigkeit – die Herausgabe von Anthologien und Pop-Alben wie *Acid – Neue amerikanische Szene* und *Silver Screen – Neue amerikanische Lyrik* oder die Übersetzung von Frank O'Haras *Lunch Poems* – auf eine sehr eigenwillige, gänzlich unphilologische Weise betrieb. Dieses Faktum nämlich läßt den Zusammenhang von Eigenproduktion und Adaption noch enger erscheinen.

Brinkmann wurde nicht müde zu betonen, daß »das Überraschende der neuen amerikanischen Gedichte« sei, »daß sie zunächst einfach nur da sind«, und er meinte, ebendas stelle für das abendländische Bewußtsein eine Zumutung dar: »Wir sehen durch Theorien auf Gedichte und erblicken dann nichts anderes als Belege für unsere Theorie.«[19] Solche partielle Einsicht ins Risiko reflektierender Vermittlung wurde von Brinkmann in den Glauben an unmittelbare Apperzeption verkehrt. Wie sehr hier eine naive Voreingenommenheit gegen Intellektualität überhaupt und gegen diskursive Rede im besonderen durchschlägt, zeigt sich, wenn Brinkmann als Gewährsmann Burroughs zitiert: »Wenn ich das Wort Stuhl sage, sehen Sie einen Stuhl. Wenn ich die Gleichzeitigkeit von gesellschaftlicher Trägheit und ambivalentem Schmutz unerkannt totalitären Systems sage, sehen Sie nichts. Es ist die bloße Abfassung von Wörtern, um die Leser auf Wörter reagieren zu lassen.«[20] Brinkmann benutzt das Zitat, um der kritischen Theorie eins auszuwischen. Merkwürdig berührt nur so viel Vertrauen bei so viel Skepsis. Dem Nennen sinnlicher Fakta soll gelingen, was dem komplizierten Diskurs verwehrt ist. Geht man auf Brinkmanns Prämisse ein, daß ein benannter Stuhl »einfach da« ist, dann ist sie auch auf die Ebene von Syntax und Text zu übertragen, wenn es sich nur um Texte handelt, die im Benennen gegenständliche Realität abbilden. Ich zitiere aus Brinkmanns Gedichtband *Gras* ein vielleicht extremes Beispiel – ist ein solches Gedicht »einfach da«? Und was hat man davon, daß bzw. wenn es »einfach da« ist?

Kaffeetrinken (1)
Ich nehme etwas Milch und zwei Löffel Zucker und rühre in der Tasse, die vor mir steht. Dann nehme ich die Tasse hoch, trinke und setze sie wieder ab.[21]

Brinkmann beschreibt einen banalen Vorgang und gibt das Resultat, das einer in der Schule geübten Beschreibung ähnelt, als Gedicht aus. Und vielleicht ist es bloß eine *getäuschte* Erwartung, die dem Text eine Funktion gibt. Das Schielen auf Wirkung aber würde den gezeigten Vorgang als sinnliches Faktum entwerten: schon wäre er nicht mehr »einfach da«. Als pures Faktum genommen wäre das Beschriebene ein im Medium Sprache erscheinendes Pop-Objekt und könnte auf einer Ebene mit den direkt präsentierten oder technisch reproduzierten Alltagsobjekten der bildenden Pop-art gesehen werden. Deren *sinnliche Präsenz* ist allerdings von durchaus anderer Qualität und Intensität. Dem Medium Sprache wurde hier etwas abverlangt, was es so unvermittelt nicht leisten kann; und so rechtfertigt sich der Text nur noch durch den Kurzschluß, daß das Wort Stuhl den Gegenstand Stuhl zur sinnlichen Erfahrung macht.

Was hier als sprachliches Pop-Objekt, als *Modell* im Sinne der Minimal-art begriffen werden kann, erhält in einem zweiten Text mit gleicher Überschrift eine etwas andere Dimension:

Kaffeetrinken (2)
Es ist nachts. Das Wasser kocht. Auf dem Tisch stehen 5 Tassen. Ich komme mit der Kaffeekanne ins Zimmer und sehe dich vor diesen Tassen Geige spielen.[22]

Während der Autor im vorangegangenen Text Realität inszenieren möchte wie der *Brillo Boxes* oder *Campbells Soup*-Dosen stapelnde Warhol, fällt er jetzt ins Anekdotische zurück. Das hat für den Leser womöglich den Reiz, daß er eine *Pointe* herauslesen kann: etwa in dem Sinne, daß sich im Geigespielen *vor* Tassen die Gegenstände beleben und die Objekte zum Publikum werden, dessen Aktivierung absurd ist: Es sind, mit einem Jargonausdruck, wahrhaft »trübe Tassen«. Das ist schon wieder Interpretation, Überinterpretation. Wenn man, im Sinne einer Ästhetik der Oberfläche, bei dieser Oberfläche verharrt, bleibt, wie im ersten Text, die Schilderung eines banalen Vorgangs; nur daß dieser Vorgang sein Typisiertes, Modellhaftes verliert und ganz zufällig wird. Ein zufälliger Realitätsvorgang, der nichts bedeutet. Nun wird Brinkmann nicht müde, die *Bedeutungslosigkeit* geschilderter Phänomene zu betonen. Aber selbst das geht nicht ohne Zwang, ohne Pointierung ab: Wenn die Phänomene keinen Sinn haben, dann ist eben das ihr Sinn. Fragen nach der Bedeutung werden strikt als rhetorische behandelt:

> Und noch immer lächelt Liz Taylor
> mich an. Was ist das? Nehmen wir an, es
>
> ist nichts
> was sich lohnt, dann bleibt dieses von allem übrig,
> nachdem ich meinen Kaffee ausgetrunken habe.[23]

Dennoch verraten solche Reflexionen vor einer »überlebensgroßen Photographie Liz Taylors« eher die Unsicherheit des *Betrachters* als die Sicherheit des *Machers* und *Theoretikers* von Pop-art. Die Bestimmung, daß in der Pop-art das Sichtbare und das Denkbare ein und dasselbe seien[24], mag auf die Objekte selbst, etwa Warhols Siebdrucke *Liz Taylor* oder *Marilyn Monroe* (1964), zutreffen; aber ihre Bedeutungslosigkeit erzeugt im Betrachter eine *Irritation*, die über den präsentierten Gegenstand hinaus oder in ihn hinein fragen möchte. Solche Irritation erscheint in Brinkmanns Texten als rhetorische Frage, der durch eine poetologische Vorentscheidung – durch den Entschluß, die Welt als Oberfläche zu sehen – ihr Zirkelcharakter mitgegeben worden ist. Gleichwohl bekommt die Oberfläche der Sprachobjekte Risse, aus denen etwas unartikuliert Sinnhaftes herausdringt.

Diese Irritation, sei sie authentisch oder artifiziell, hat noch eine andere Funktion; sie ist der Motor der Produktion. Da sie nicht ans Ziel kommt – sie hat ja keins –, begnügt sie sich mit Wiederholung. Der Reproduzierbarkeit des Kunstwerks und seiner permanenten Reproduktion entspricht ein Konsumverlangen, das die Repetition bereits als Veränderung empfindet. Dem kommt die Strategie der Werbung ebenso entgegen wie gewisse Inszenierungen in der Pop-art, etwa wenn Warhol bei seinen rüde aufgetürmten *Brillo Boxes* den größten Kasten, üblicher Seherwartung entgegen, zuoberst setzt. Das Material von

Pop-art scheint unendlich und ist doch immer durch Akzentuierung begrenzt. So übt Brinkmanns Materialbegriff Zensur gegenüber dem, was nicht gewöhnlich ist, gegen Phantastik und Surrealität, die doch in Fiedlers Konzept durchaus Platz haben: »Es gibt kein anderes Material als das, was allen zugänglich ist und womit jeder alltäglich umgeht, was man aufnimmt, wenn man aus dem Fenster guckt, auf der Straße steht, an einem Schaufenster vorbeigeht, Knöpfe, Knöpfe, was man gebraucht, woran man denkt und sich erinnert, alles ganz gewöhnlich, Filmbilder, Reklamebilder, Sätze aus irgendeiner Lektüre oder aus zurückliegenden Gesprächen, Meinungen, Gefasel, Gefasel.«[25] Das bedeutet aber auch, daß Realitätsmaterial weitgehend als Material des Bewußtseins gesehen wird. Brinkmann begnügt sich nicht mit dem Zitat von Sprachfertigteilen (found poetry), sondern sucht nach Modifikationen, die sich aus dem Arrangement des Materials oder einer besonderen Auffassung und Beleuchtung ergeben. Damit läßt sich der Radius von Pop-Literatur erweitern: Das Prinzip der Reproduktion von Oberflächen wird auf die Abbildung des Bewußtseins übertragen. Die Irritation des Bewußtseins durch eine Welt ohne Bedeutung wird selbst Gegenstand der Reproduktion. Es entsteht ein »kompliziertes Gefühl«. Exempel ist Brinkmanns *Graham Bonney oder das komplizierte Gefühl*:

Rolf Dieter Brinkmann:
Graham Bonney oder das komplizierte Gefühl[26]

Es war Samstagabend so um neun
als Helmut Pieper und ich die
Straße runtergingen, ohne uns was
dabei zu denken, und plötzlich Graham

Bonney vor uns herging in schwarzem
Anzug von niemandem erkannt. Ich er-
kannte ihn aber sofort und sagte, da
vor uns geht Graham Bonney, und Helmut

Pieper erinnerte sich sofort an das
Girl mit dem La-La-La, aber beide
wußten wir nicht, was wir machen sollten
denn Graham Bonney war uns so nah und

wir wollten kein Autogramm, obwohl so
viele in dem Augenblick wahrschein-
lich eins hätten haben wollen, aber
sie erkannten ihn ja nicht, während

er unter ihnen ging bald so wie Jesus
Christus, dachten wir, und uns tat der
leid, denn wir dachten, wie traurig es
sein muß, von so vielen geliebt zu

werden und deswegen extra in so einem
schwarzen Maßanzug mit einem extra weiten
Schlag in der Hose herumzulaufen in
Schuhen mit hohem Absatz, ohne daß man

dann erkannt wird und Zeit hat, nicht mehr
bloß zu singen für soviel Liebe auf einem
Haufen, um dann nicht mehr geliebt zu werden
wenn man nicht mehr singt und auf der Straße

herumgeht als so ein Mensch wie du und ich.
Graham Bonney, mach dir nichts daraus, wir
machen uns schließlich auch nichts mehr
daraus, daß wir dich so gesehen haben, ohne

mit dir was anfangen zu können als Mensch
obwohl es ein kompliziertes Gefühl gewesen
ist für einen Augenblick, als wir dich vor
uns hatten bald so wie Jesus Christus in so
nem schwarzen Anzug und dem extra weiten
Schlag in der Hose.

Graham Bonney ist ein Erzählgedicht, in dem das empirische Ich des Autors selbst spricht oder zu sprechen *scheint* (daß das Ich des Gedichts eine Maske und nicht mit dem empirischen Ich des Autors identisch ist, ist eine Voraussetzung, die man auch dann machen muß, wenn alle Indizien für solche Identität sprechen; im vorliegenden Fall gibt der Autor in einem *Nachtrag*, der die Entstehung des Gedichts betrifft, ausdrücklich Hinweise darauf, daß das Ich des Gedichts eine »persona«, eine Maske ist). Fingiert und über das ganze Gedicht hinweg aufrechterhalten wird eine Situation, in der reale Personen auftreten, der Schlagersänger, der Autor und einer seiner Bekannten, Helmut Pieper. Die Rolle, die letzterem im Gedicht zukommt, ist besonders geeignet, die Authentizität des Geschehens zu verbürgen. Mag das Ich des Gedichts Maske sein, der erwähnte Helmut Pieper ist es nicht. Zudem impliziert die Erzählsituation, daß weitere Freunde und Bekannte Adressaten der Erzählung, des Gedichts sind. Der Leser wird einbezogen in eine Gruppe, deren Gesetze die Rezeption bestimmen. Der kolloquiale Erzählton reproduziert die Sprechweise der Konsumenten von Pop-Musik und setzt die Kenntnis wie die Befolgung bestimmter Anschauungen und Verhaltensstereotypen voraus. Das wird vor allem deutlich durch die Bedeutung, die modische Accessoires erlangen, so etwa der »extra weite Schlag in der Hose«.

Das Gedicht wird bestimmt durch das Widerspiel von Trivialmythos (Schlagerstar) und dessen Relativierung in der Selbstinszenierung des Erzählers. Die Banalität der Umstände, darin sich die Menschen gedankenlos (»ohne uns was / dabei zu denken«) bewegen, gibt den Kontrast ab zum Erscheinen des Stars. Die Wirkung des Erscheinens beruht wesentlich auf dem Überraschungseffekt; was der Erscheinung an Substanz gebricht, soll durch ihr »plötzliches« Auftreten kompensiert werden. Eine Reflexion Karl Heinz Bohrers über das Wort »plötzlich« vermag Licht auf den »Trivialmythos« in Brinkmanns Gedicht zu werfen: »Das ›Plötzlich‹ einer solchen Erwartung unterscheidet sich nämlich vom ›Da‹ der geoffenbarten und prophetischen Setzung dadurch, daß es die Umstände des Vorgangs, nicht den Vorgang selbst betont. Auf diese Weise entgeht der Leser dem Schwierigsten, das mit dem eschatologischen ›Jetzt‹, ›Da‹ oder ›Plötzlich‹ aufgegeben war, nämlich sich um die tiefere Bedeutung des Ereignisses kümmern zu müssen. Das Ereignishafte selbst, das eine gewisse Monotonie des Gewohnten auflockert, genügt.«[27] Die Bestimmungen, die Bohrer gibt, lassen sich Zug um Zug auf die Situation im Gedicht anwenden; die Schilderung der Umstände des Vorgangs spart das Wesen des Vorgangs aus, so etwas wie »tiefere Bedeutung« gibt es nicht. Der triviale Mythos ist eine Leerstelle, ein durch äußere Arrangements definierter Bezugspunkt, auf den sich die Reaktionen und Emotionen der Menschen richten.

Wenn das trivialisierte »Plötzlich« »nur den subjektiven Erwartungsmechanismus unserer Nerven befriedigt«[28], kommt es nicht mehr auf den Inhalt, sondern aufs bloße Funktionieren dieses Mechanismus an. Spontaneität ist reduziert zur Reaktion auf Signale. Wer am schnellsten reagiert, hat den andern etwas voraus. Das leere »Wunder« der Erscheinung gelangt im »Empfänger« ans Ziel.

Dem »Plötzlich« der Erscheinung entspricht das »Sofort« der Reaktion; das Signal wird identifiziert: »Ich er- / kannte ihn aber sofort«. Zur Inszenierung gehört, daß dem Erzähler (und seinem Imponiergehabe) die Priorität der »Erkenntnis« zukommt. Der begleitende Freund hat sich mit der Fähigkeit zu begnügen, das mit dem Phänomen verbundene Stichwort – hier den gerade gängigen Schlager vom »Girl mit dem La-La-La« – abzurufen. Das eigentliche Publikum bleibt, gleichsam als profane Menge, ausgeschlossen. Dreimal wird betont, daß niemand Graham Bonney erkennt (v. 6, 12, 24f.). Warum das so ist, wird in der zweiten Hälfte des Gedichts weniger erklärt als weitschweifig umschrieben. Die beiden »Helden« erscheinen als die Happy few, die freilich mit ihrem Glück nicht viel anzufangen wissen. Sie können das Angebot der Situation nicht annehmen, weil sie offensichtlich nicht zu den Fans gerade dieses Popstars gehören. Das gibt ihnen überhaupt Distanz zum Phänomen, bewirkt aber eine gewisse Irritation. Der Traum eines Fans, die Begegnung mit dem Star, findet nicht statt; die ersehnte Nähe (»denn Graham Bonney war uns so nah«) bleibt folgenlos. Die daraus resultierende Frustration beruhigt sich in der Überlegung, was die versäumte Begegnung bedeutet.

Der Star bleibt unerkannt, weil er nicht im Funktionszusammenhang öffentlicher Auftritte erscheint. Zwischen dem Aufwand, der der Erregung von Gefühlen gilt, und dem akkumulierten Gefühl, das sein Objekt nicht erkennt, besteht ein Mißverhältnis, lächerlich und mitleiderregend zugleich. In umständlichen Darlegungen versucht das berichtende Ich diesen Zusammenhang zu fassen; damit drückt es seine Hilflosigkeit gegenüber den Gefühlen aus, die das Erlebnis in ihm weckt. Die Formel »kompliziertes Gefühl« ist ein Eingeständnis der Verlegenheit, wohl auch der des Autors.

Welche Bedeutung hat in diesem Zusammenhang der Christus-Vergleich? Ist hier das »pattern«, das zugrundeliegende Muster des Trivialmythos zu finden? Der Erzähler schwächt den Vergleich bezeichnenderweise ab: »während / er unter ihnen ging bald so wie Jesus / Christus, dachten wir«. Der konkrete Bezug bleibt zudem ungenannt – Jesus, der den Jüngern auf dem Weg nach Emmaus begegnet: »Aber ihre Augen wurden gehalten, daß sie ihn nicht erkannten« (Lukas 24,16). Damit freilich enden auch die Vergleichsmomente. Das Gedicht versucht nicht, biblische Erzählung und triviales Derivat in ein präzis definiertes Verhältnis zu setzen. So bleibt für den Vergleich kaum mehr als die Bezugspunkte Einsamkeit, Verkanntsein. Wer dem Gedicht seinen Mangel an Reflexionskraft und Tiefe vorwerfen möchte, hat allerdings zu bedenken, daß dies Kategorien sind, die dem Gedicht und seinem Autor fernliegen. Die flüchtige Assoziation, die den Christusvergleich ermöglicht, geht fast schon zu weit, zu weit weg von einer »Ästhetik der Oberfläche«, wie sie Brinkmann intendiert. Das Gedicht beruhigt sich – durchaus bewußt – mit halben Erklärungen, redet die aufkommende Irritation nieder mit seinem »mach dir nichts daraus, wir / machen uns schließlich auch nichts mehr / daraus«. Es ist nichts anderes als die Verdrängung aller Eindrücke, die tiefer reichen und den Menschen aus seiner angenommenen Attitüde reißen könnten. Sie macht die Unbeeindruckbarkeit bei aller Oberflächensensibilität zum Glaubenssatz.

Während die bildnerische Pop-art an die Gegenstände gebunden bleibt, die sie reproduziert, kann Pop-Literatur das Prinzip der Reproduktion von Oberflächen auch aufs Bewußtsein übertragen. Brinkmann kommt in seinen Gedichten immer wieder auf Phänomene des »Kurzzeitgedächtnisses«. Die Auffassung von der Flüchtigkeit des psychischen Materials wird auch poetologisch bedeutsam. Im Fall des vorliegenden Textes wird es dadurch deutlich, daß der Autor in einem *Nachtrag* zum Gedicht auf die Umstände zu sprechen kommt, denen das Gedicht seine Entstehung verdankt[29]. Eine Schaufensterattrappe Graham Bonneys wird zum Auslöser einer »Rückkoppelung«: Ein Tänzer in einem Kellerlokal erinnert an Graham Bonney. Für den Autor bestand augenscheinlich das Bedürfnis, festzuhalten, daß die im Gedicht geschilderte Situation *fiktiv* ist.

Was Brinkmanns Text *als Gedicht* der Pop-art zuschlägt, ist die metrische und typographische Technik, das Arrangement der Erzählung zum Gedicht. Die Zeilenbrechung, die weder rhythmischen noch syntaktischen Nötigungen folgt, betont das Mechanische der Reproduktion. Anders als bei Celan bedeutet die Zerteilung von Wörtern (v. 6, 14) keine Sinn- oder Tonakzentuierung, sondern bezeichnet die Schnittflächen, die entstehen, wenn ein sprachlicher Wahrnehmungsprozeß nach der Schablone »Lyrik« (Zeile, Strophe) zurechtgestanzt wird. Was für Warhol der Siebdruck leistet, die Transponierung einer authentischen Vorlage, etwa eines Photos, soll hier die Gedichtform bewirken. Ob das noch genuine Lyrik ist, bleibe dahingestellt; die Frage ist ebenso offen wie jene, ob Warhols »Bilder« noch Tafelbilder im tradierten Sinne sind. Dennoch zeigt sich in Brinkmanns Festhalten an Begriff wie Praxis von Lyrik ein romantischer Reflex gegenüber aller versachlichten Darstellung.

Günter Herburger: Bürger als Edelmann[30]

Nachts,
die Wärme des Diaapparates und
Lichtstreifen, die aus den Verzierungsrippen
auf mein Gesicht fallen.
An der Wand stehen zitternd Bilder,
die ich je nach Laune repetiere:
Blütenpracht, Erschießungen, Rennwagen
und mein Sohn nach Alter
und Posen geordnet, Vorstellungen,
Erfahrungen, die man kennt.
Draußen fährt ein Auto vorbei.
Ich wiederhole, auf den Fernschalter drückend,
Genuß und Heimweh,
Bier, Joghurt stehen bereit,
in der Zentralheizung
tickt eine Luftblase, die Geborgenheit
dehnt sich in der Wärme.
Dann telefoniere ich, nehme Platz
in langen Ziffernfolgen, die im Automatenschrank
Kontakte koppeln, Entfernungen,
Erinnerungen, praktisch geiler Finger,
ich lege auf.
Denn die Stimme, die ich hören wollte,

würde stören. Zufrieden
stülpe ich eine hohe Vase
über mein schönes Glied. Morgen werde ich
neue Diapositive kaufen und wieder wählen,
jetzt tanze ich allein
sachte zu Grammophonmusik.

Bürger als Edelmann steht in Herburgers zweitem Gedichtband *Training*. Auf dem Rückendeckel des Buches findet sich ein Statement des Autors, in dem es heißt: »Gedichte könnte man unstabile Modelle nennen. Ihre Herstellung ist der Filmmontage vergleichbar. Aus kurzgeschnittenen Einzelstücken und längeren Passagen wird ein subjektives Panorama zusammengestellt, das in einem Guckkasten vorbeizieht. Der Voyeur freut sich, daß er mit dem Herstellungsprozeß nichts zu tun hat, und läßt, je nach Laune und Vermögen, das Produkt auf sich wirken. Irritationen können ihn erregen, gezielte Effekte verdrießen. Es kommt auf seine Prinzipienlosigkeit an, wie weit er den Genuß künstlicher Naivität steigern möchte, während er liest, von Sprache fortgezogen wird und die abstrakten Bedeutungen in seinem Gehirn versinnlicht.«

Der Text enthält eine Reihe von Reizworten, die den Leser provozieren und ihm eine andere Lesehaltung empfehlen wollen. Zwei Momente möchte ich herausheben: die Unterstellung einer voyeurhaften Perspektive des Gedichtlesers und, damit zusammenhängend, ein kulinarisches, von intellektuellen wie moralischen Skrupeln freies Verhalten gegenüber Gedichten. Setzt man auch voraus, daß hier der Begriff des Voyeurs metaphorisch und nicht im psychologischen Sinn verwendet wird, muß man gleichwohl den »subjektiven Panoramen«, die wie in einem Guckkasten vorüberziehen, ein ausgesprochen stoffliches Interesse zubilligen, das eine voyeuristische Perspektive erst legitimiert. Was gezeigt wird, verheißt einen Genuß abseits gängiger Vorstellungen und Normen.

Es erscheint überflüssig, den im Gedicht geschilderten Vorgang zu repetieren. Nicht er selbst, sondern bestimmte Modifikationen machen Reiz und Bedeutung des Vorgangs aus. Das Gedicht folgt dem Schema eines Rollengedichts. Für diese Technik quasi epischer Objektivierung hat Herburger eine ausgesprochene Vorliebe. Sein erster Gedichtband *Ventile* besteht aus lauter überschriftslos aneinandergereihten Selbstaussagen und -darstellungen fiktiver Personen, die, so insinuiert der Titel, in der Selbstaussage ein Ventil für ihre Probleme finden. Im vorliegenden Fall fügt die gewählte Überschrift *Bürger als Edelmann* dem Rollentext eine weitere Dimension hinzu.

Der »Bürger«, der abends allein in der Wohnung sich Diapositive vorführt, eine Telefonverbindung gar nicht erst herstellt, merkwürdige Manipulationen mit einer Vase vornimmt, an den Kauf neuer Dias und die Wiederholung der solitären Vorstellung denkt und schließlich, weiterhin allein, »sachte zu Grammophonmusik« tanzt, verzichtet ausdrücklich auf sprachliche Kommunikation (»Denn die Stimme, die ich hören wollte, würde stören«). Er beschränkt sich auf den passiven Genuß von Bildern und auf körperliche Handlungen, deren Solipsismus allenfalls Resonanz in Musik, nicht Mitteilung durch Sprache verträgt. Daß all dies im Text dann doch zur Sprache kommt, ist nicht bloß literarische Paradoxie. Es geschieht nicht in der Form objektivierender Schilderung durch einen Erzähler, sondern in der Selbstaussage, im Monolog, der in seiner resümierenden Form dann doch das Moment des Objektiven zu gewinnen scheint. Damit erhält die Darstellungsweise etwas Mehrdeutiges. Das kommt auch im Tempusgebrauch zum Ausdruck. Mit dem Präsens verzichtet der Autor auf die Trennung von Erlebnis und Aussage und verschärft so die Paradoxie, daß jemand über lauter sprachlose Vorgänge spricht. Aufgelöst wird die Paradoxie dadurch, daß der Vorgang, der im Präsens erscheint, Repetitionscharakter erhält: Was dem Leser wegen der Besonderheit seiner Details als einmaliger Vorgang erscheinen muß, unterliegt dem Wiederholungszwang – und das nicht nur grammatisch, sondern auch inhaltlich, psychologisch. Indiz ist schon das erste, durch die Einzelstellung herausgehobene Wort des Gedichts: »Nachts« – das heißt jede Nacht. Und solche Wiederholung wird im Verlauf des Gedichts ausdrücklich genannt (v. 26 f.).

Das sprechende Ich des Gedichts ist eine Fiktion. Es ist jedenfalls kein Ich, das aktuell, gerade jetzt spricht, sondern ein verallgemeinertes, typisiertes, das seine Wiederholungszwänge in eine durch Repetition verschliffene und dadurch quasi objektiv gewordene Sprachform bringt. Es spricht durch die vom Autor bereitgestellte Sprachmaske. Das erklärt die Weise, in der hier gesprochen wird: sachlich, unemotional, ohne persönliche Färbung, ohne Variation des Tons – ein Bericht, der ein Verhaltensschema durch nüchterne Rede wiedergibt. Die »Verse« des Gedichts sind dementsprechend Prosasätze, abgeteilt zu Sinn- und Sprecheinheiten. Allenfalls der Schluß gibt mit seiner fallenden Kadenz eine Analogie zum solipsistischen Tanz.

Die registrierende Sprache ebnet die geschilderten Vorgänge ein: Banale wie ungewöhnliche Geschehnisse erscheinen gleichwertig und unvermittelt nebeneinander. Der Leser soll genötigt werden, das »subjektive Panorama« im »Guckkasten« als etwas in sich Geschlossenes und Stimmiges zu sehen. Ein Interieur, eine abgeschlossene Welt wird vorgeführt. Außenwelt erscheint darin nur als vorübergehende Störung, die die Abgeschlossenheit bestätigt (v. 11). In diesem ohnehin begrenzten Wirklichkeitsausschnitt erscheint fast ausnahmslos nur *sekundäre Realität*. Sie wird als Reproduktion wahrgenommen. »Blütenpracht, Erschießungen, Rennwagen« vertreten ihren öffentlichen, der »Sohn nach Alter und Posen geordnet« den privaten Aspekt. Ob die erwähnten Bildfolgen einen einsehbaren Zusammenhang ergeben, scheint allerdings zweifelhaft. Daß Bilder der Aggressivität mit solchen passiven Behagens wechseln, besagt noch nichts über ihren Funktionszusammenhang im Kontext. Weiter verundeutlicht wird der Realitätsgehalt jener Worte, wenn die projizierten Bilder als »Vorstellungen, Erfahrungen, die man kennt« resümiert werden. Es sind reale, keine imaginierten Bilder, noch weniger schon Erfahrungen. Vermutlich soll der Leser die Bilder zu Vorstellungen, die Vorstellungen zu Momenten erweitern, an die bestimmte Erfahrungen geknüpft sind. Aber dieser Aufweis bleibt folgenlos und undeutlich. Das Besondere der Situation ist ja, daß Konsequenzen *nicht* gezogen werden, daß es bei standardisierten Emotionen bleibt, die sich selbst genügen. Die Luftblase in der Heizung ist nicht nur *Requisit* der Situation, sondern auch ihre *Metapher*.

Das anschließende »dann« löst diesen Zustand ohne Übergang ab; es markiert die zeitliche Folge, nicht etwa einen kausalen oder psychischen Zusammenhang. Der neue Vorgang bleibt folgenlos wie der vorige. Das Ich begnügt sich mit der Vorlust der Kommunikation. Das Vergnügen am mechanischen Vollzug wird zur Ersatzlust, in der das Ich aufgeht: Anstatt zu sprechen, zu kommunizieren, nimmt es »Platz in langen Ziffernfolgen«. Auch die sexuelle Analogie wird expliziert, wenn vom »praktisch geilen Finger« die Rede ist; autistische Berührungslust statt sprachlicher Kommunikation. Dem Leser, der zum Zeugen und Zuschauer solcher Manipulationen wird, muß die sexuelle Färbung der Vorgänge immer mehr zu Bewußtsein kommen. Die semantische Ambivalenz von »Glied« suggeriert ein voyeurhaftes Interesse, ohne die Erwartung durch Eindeutigkeit zu befriedigen. Es entsteht ein Irritationseffekt; es bleibt offen, welcher Realitätsvorgang wirklich statthat. Deutlich ist bloß die Verkehrung von Aktivität in Passivität, die die Figur selbst vornimmt (»zufrieden / stülpe ich eine hohe Vase / über mein schönes Glied«) und bejaht. Die Schilderung erhält etwas Halluzinatives und Abstruses. Demonstriert wird ein Ritual, dessen Realitätsgehalt nur durch die Füllung durch den Leser gegeben ist, der sich »etwas dabei denkt«. Der Schluß des Gedichts wendet die Vorgänge in eine ironisierte Harmonie, die den Zwangscharakter der Handlungen nur bestätigt.

Kein Zweifel, daß Herburgers Gedicht Verhaltensweisen vorführt, zu deren Charakterisierung sich psychologische Kategorien anbieten; ebensowenig ist daran zu zweifeln, daß hier kein individueller Fall gemeint ist. Ist hier eine modellhafte Situation gegeben? Die Überschrift des Gedichts bietet Hinweise, scheint eine bestimmte Deutung zu fordern. Sind die im Text geschilderten Phänomene der Regression, der Kontaktschwäche, des Solipsismus und Narzißmus zugleich gesellschaftlich fixierbare, auf eine bestimmte soziale Gruppe anwendbare? Mir scheint, diese Deutung muß fehlgehen. Wenn schon die aufs Individuum, auf das Ich des Gedichts bezogenen Fakten und Vorgänge keine Eindeutigkeit haben, keinen kohärenten Sinn ergeben, so kommt dieser noch weniger durch Übertragung auf eine Gruppe, durch soziologisierende Interpretation zustande. Erst das dingfest gemachte Einzelphänomen ließe sich verallgemeinern. Wenn aber das einzelne schon changiert und »zweideutig« wird – zweideutig auch im gängigen sexuellen Sinn –, dann kommt es nicht mehr auf seine Fixierung und Generalisierung an. Man muß die Lücken und Ambivalenzen (wenn man will, auch die Fehler des Gedichts)[31] als Leerstellen nehmen, die den Leser veranlassen, sie mit seinen Vorstellungen und Interpretationen zu füllen. Dazu gehört auch der Bezug zu Molières *Bourgeois gentilhomme*, der nicht im Sinne einer soziologischen Analogie, sondern als literarisches Assoziationsmotiv verstanden werden kann, ohne an sich schon konkret Wesentliches zur Deutung des Gedichts beizutragen. Ist der Gedichtleser also in einem präzisen Sinne ein Voyeur, der aus halbdeutlichen Vorgängen sich sein ihn stimulierendes Bild macht, dann kommt es wesentlich auf das Training solcher spezifischen Sensibilität an, für die moralische oder politische Motive sekundär sind. Der Begriff »Training« steht über dem ganzen Gedichtband wie über dem längsten Text des Bandes. Der Schluß dieses Gedichts verrät Herburgers poetisches Programm, darüber hinaus aber auch etwas von seiner spontanen und raffenden Schreibmethode:

Meine Rache wird ein Formulierungstraining sein,
denn die Sachen, les choses, things, dingsbums oder wie man dazu sagt,
sie sind da, vermehren sich, rempeln, wollen Namen, Beziehung, Kalkül,
stolz segle ich im Sog, lerne Sanskrit und Rätoromanisch
und benütze wie viele ein leckes Boot. Die Metapher zieht Wasser.
Mir fallen Beliebigkeit und Zufall ein, die in Wirklichkeit
den Sack vollmachen, den man Schicksal nennt, ich sage Zeit, Schnitt, Kino,
Wechsel, Impuls und Programm und schwimme mich lärmend frei.[32]

Jürgen Becker: Gedicht über Schnee im April[33]

April-Schnee; schnell! noch einmal
ist fünfzehn Minuten
Winter und völliges Verschwinden
der Krokus-Gebiete
und
fünfzehn Minuten, in Zukunft,
sagt Warhol, ist Ruhm. Schnell,
ein Gedicht über Schnee im April,
denn schnell ist weg

Stimmung und Schnee
und plötzlich,
metaphorisch gesagt,
ist Schnee-Herrschaft verschwunden
im Krokusgebiet
und die Regierung des Frühlings regiert.
Nun Frühlings-Gedicht.
Und schnell. Winter ist morgen, wieder,
und neue Herrschaft,
nein,
nicht morgen: in fünfzehn Minuten,
mit Schnee, wie schnelles Leben,
sagt Warhol, metaphorisch gesagt,
wie Schnee, Verschwinden, April.

»Schnee ist / ein bleibendes Motiv« heißt es in Jürgen Beckers Gedicht *Takes*, das am Schluß des schmalen Gedichtbandes *Schnee* steht. »Schnee« als wiederkehrendes Motiv bestimmt nicht bloß diesen Lyrikband – das voraufgehende Gedicht ist *Schnee-Gedicht, 1969* betitelt –, es begegnet bereits in Beckers erstem Prosabuch *Felder* (1964) in den Textsegmenten 63–65. Dort evoziert die weiße Fläche des Schreibtisches eine Schneelandschaft und Kindheitsassoziationen. Das Schneemotiv ist schon hier mit den Problemen der literarischen Arbeit verknüpft. In Beckers drittem Prosabuch *Umgebungen* (1970) gibt es wiederum den Übergang vom Arbeitsplatz drinnen zur Realität draußen, vom Weiß des Papiers zum Weiß des Schnees: »Hochblickend von der Papierfläche und ich sehe, daß es plötzlich von Westen her schneit.«[34] Schnee erscheint als Chiffre für Anonymität, Nichtbenennbarkeit, und Becker reflektiert im folgenden den Zusammenhang von sich ständig wandelnder Realität und dem Versuch, den beobachteten Realitätsprozeß in Sprache zu überführen. Es ist der Versuch, im Schreiben mit der Veränderung der Wirklichkeit Schritt zu halten: »Beschreibe ich nun den leeren weißgrauen Schneehimmel zusammen mit der Nichtpraktizierbarkeit eines Prinzips, das den Moment als Momentvorgang des Schreibens verifiziert sehen will? Ein solches Prinzip wäre keines, das im verwalteten Apparat der Sprache funktionabel wäre...«[35] Die ausdrücklich erklärte »Nichtpraktizierbarkeit« des Prinzips ändert nichts an der Faszination, die es auf den Autor ausübt; den Veränderungen der Realität auf der

Spur zu sein gehört zu den wesentlichen Maximen des Autors Jürgen Becker.

Das *Gedicht über Schnee im April* scheint sich auf den Wettlauf von Realität und literarischer Wiedergabe einzulassen. Das durch Semikolon abgetrennte, nach beiden Seiten isolierte »schnell« läßt sich sowohl auf den Vorgang des Schneiens, genauer: das plötzliche Vorhandensein von Schnee, als auch auf den Akt des Schreibens beziehen; im einen Fall wäre das Adverb deskriptiv, im andern imperativisch zu verstehen. Aber im Verlauf der Lektüre wird schnell deutlich, daß jener Wettlauf nicht aufgenommen wird. Der reale Vorgang induziert den artistischen Prozeß, der sich selbst reflektiert. Der Vorgang des Schreibens, der in der Selbstreflexion das Gedicht hervortreibt, ist allerdings an den Realitätsprozeß insoweit gebunden, als er Assoziationen ermöglicht und lenkt.

Das erste Wort »April-Schnee« ist nicht Deskription, sondern Benennung, Zugriff. Das Adverb »schnell«, sofern man es auf den Schreibvorgang bezieht, fordert die Fortsetzung des Begonnenen. Das Folgende gibt, die Eile des Sprechens verdeutlichend, die nachgeholte Begründung. Die auf dem Sprung lebende Sensibilität des Autors gilt weniger der Übersetzung des Natureindrucks als der Herstellung eines Textes, dessen einzelne Momente nicht *Abbildungen*, sondern *Analogien* von wirklichen Vorgängen meinen. Was wie eine spontane Reaktion wirkt, ist von programmatischer Reflexion bestimmt. Sie erscheint in der Referenz auf Andy Warhols Diktum: »und / fünfzehn Minuten, in Zukunft, / sagt Warhol, ist Ruhm«. Das authentische Zitat lautet freilich: »In the future everybody will be world famous for fifteen minutes«[36] – man beachte, wie Warhols popdemokratische Formulierung durch die Aussparung des »everybody« wieder abendländisch-individualistisch wird! Und damit geeignet, als Umkehrung des Horazischen »Exegi monumentum aere perennius« verstanden zu werden.

Sowenig Becker klassizistisch den Anspruch auf Dauer erhebt, so nah scheint er dem Klischee von Inspiration, der Schablone vom Stimmungsgedicht. Zwar stehen »Stimmung« und »Schnee« für Bedingungen des Schreibens, aber das Gedicht setzt sich ironisch mit diesen Bedingungen auseinander und damit mit dem

Schreiben unter dem Druck literarischer Konvention. Es weiß, daß es am Ende einer Tradition von Naturlyrik steht. Es ironisiert die Metaphernsprache der traditionellen Naturlyrik und bestätigt sie dadurch, daß es keine neuen Bilder an die Stelle der alten Topoi zu setzen weiß. Indem es den Topos »Herrschaft des Frühlings« aufnimmt und breit entfaltet – vgl. den Vorgriff in »Krokus-Gebiete« und die Wortwiederholung »Regierung«»regiert« –, möchte es den Herrschaftscharakter literarischer Konvention treffen und zugleich die Möglichkeit andeuten, wie dem durch die Nutzung des glücklichen Moments zu begegnen ist. Kunstmachen erscheint als schnell vorübergehende Möglichkeit: »Winter ist morgen, wieder, / und neue Herrschaft«. Und das wird gesagt im April, nicht im tiefsten Winter!

Daß neue Herrschaft droht, weist über die Natur ins Humane und Gesellschaftliche, auf die dürftige Zeit. Nicht ohne Grund bricht der Satz hier ab. Statt den Charakter »neuer Herrschaft« auszuführen, kehrt er – in der Figur der Correctio (»nein, / nicht morgen: in fünfzehn Minuten«) – zum Motiv der Spontaneität zurück. »Schnelles Leben«: das ist das vergängliche, verschwindende Leben, aber auch das spontane.

Das Gedicht schließt mit dem Wort »April« an seinen Anfang an. Formal verdeutlicht solche Zirkelstruktur die Intention, poetische Tätigkeit als etwas Spontanes zu erweisen, als psychische Reaktion, die den Menschen entlastet. »Everybody«, hatte Warhol gesagt. Heißt das nicht: Jeder kann dichten?

Jürgen Becker, vorsichtiger, spart »everybody« aus. Aber in *Umgebungen* animiert er uns, den Wettlauf aufzunehmen: »Versuch mal, versuchen Sie mal schnelles Aufschreiben dessen, was gerade im Moment in der Nähe greifbar, sichtbar und hörbar ist: in jedem Fall werden dabei Wörter und somit Gegenstände und Vorgänge gegenwärtig, die ohne eine besondere Intensität der Sinne meistens nicht wahrgenommen werden; wir sind alle ziemlich unempfindlich geworden.«[37] Nicht, solange wir dieser Fünfzehn-Minuten-Utopie nachhängen.

Nicolas Born: Ausgeträumt[38]

Heute wie gestern
die erstaunlichen Bäume in meiner Straße
rote Backsteinkamine
eine Schwalbe
                    schnippelt das Blau
eine Tasse Kaffee eine Zigarette
der kleine aztekische Maisgott
auf der Fensterbank
                          eine Sonne
geht auf
            und ich bin seit acht Uhr auf
die Balkone schäumen violett rot und weiß
                                            es ist die Zeit
in der ich gelebt habe
                          erstaunliche
Auftritte chemiefarbener Kittel
                                  erstaunlich
daß die Erde damit fertig sein soll
(im großen und ganzen)
                            ich bin
erstaunlich und ich bin es der sich
von Wünschen weit hinaustragen läßt

Der ganze Ausblick lagert ab mit mir
mitten drin
(die Veränderungen nur
damit nichts sich verändert?)

Bevor ich dies schreiben werde
lege ich mich um elf Uhr wieder hin
nachdem ich gelesen habe
                              »es ist
ausgeträumt«

Nicolas Borns Gedicht *Ausgeträumt* mag zunächst als ein vergleichsweise harmloses Genre- und Stimmungsbild erscheinen. Daß es Momente aus dem Leben des Autors schildert, ändert an diesem Eindruck nichts. Erst der Schluß provoziert den Leser zur Revision und zu neuer Bewertung seiner Eindrücke. Zu Anfang gibt das lyrische Ich tagebuchhaft notierend einige Daten aus Umwelt und persönlicher Sphäre. Die Auswahl der Details scheint bestimmt durch einen real vorgegebenen Ausschnitt von

Welt mit den dazugehörigen Zufälligkeiten, kaum dagegen durch das Bedürfnis nach Sinnverknüpfung und Symbolik. Durchaus konventionell umgangssprachlich ist die Wendung »meine Straße« mit ihrem gedankenlosen Besitzanspruch; im Gedicht verwendet, erinnert sie an obsolete Lyrismen (»mein Tal« o. ä.). Die Szene erhält Züge einer Idylle, einer von Geschichte unberührten Situation. Das belegen ihre Versatzstücke: die Backsteinkamine als Relikte vergangener Bauweisen, Einfühlung, nicht Konfrontation anregend; »der kleine aztekische Maisgott«, der, seinem kultischen Zusammenhang entrissen, als Kunstgewerbe für gehobene Ansprüche fungiert. Wie das Unverpflichtende, Private der Situation kalkuliert ist, zeigt der Übergang der Zeilen 4–6: Die durch Alliteration gestützte Personifikation (»Schwalbe/schnippelt«) bleibt als Beobachtung ohne weitere Evidenz; ein hübscher Einfall, dem ohne Diskrepanz der Genuß von Kaffee und Zigarette folgen darf. In dieser entspannten, privaten Situation soll nun, nach dem Willen des Textes, Erstaunliches seinen Platz haben. Das lyrische Ich verteilt die Prädikate des Vertrauten wie des Erstaunlichen nach eigenen Gesichtspunkten, die im Text nicht verdeutlicht werden und so beim Leser Irritation erzeugen. Gewiß kann man, aus dem Fenster blickend, Bäume in einer städtischen Straße erstaunlich finden; dieser mögliche momentane Eindruck wird hier als dauernder (»Heute wie gestern«) gesehen, was die Sache kompliziert. Eher gelingt die Verfremdung des Gewohnten, wenn der so häufig geschilderte Sonnenaufgang durch eine geringe Modifikation – die Ersetzung des bestimmten durch den unbestimmten Artikel – zu einem überraschenden, erstaunlichen Ereignis wird. Die darauf folgenden Daten der subjektiven Befindlichkeit münden in existentielles Staunen, in eine existentielle Pointe: »es ist die Zeit / in der ich gelebt habe«. Wobei die Zeitform des Perfekt der Aussage eine historische, wenn nicht metaphysische Dimension gibt. Das Ich, das sich selbst »erstaunlich« findet (v. 21), sieht sich für einen Moment aus der Distanz.

Als hätte sich der Sprechende damit zu weit vorgewagt, reiht er seinem Staunen Momente an, die es banalisieren. Born steht nicht im Verdacht, die »Errungenschaften« der Chemie zu überschätzen. Unterstellt man, er habe eher ihre Problematik im Auge gehabt und die Frage, wie »die Erde damit fertig« werden soll, bleibt diese Passage doch nur ein Einschub, der das aufsteigende Gefühl relativieren soll. Anschließend erst findet das Ich den Mut, das Staunen über sich selbst und seine Strebungen zu artikulieren (v. 20–22).

Wie vorher, in bezug aufs Staunen, erhalten wir keinen Aufschluß über Art und Ziel der Wünsche. Es bleibt bei der verbalen Geste, die auf die latenten Wünsche des Lesers zielen mag. Eben diese Geste, die so viel verspricht und gleichsam sich selbst »weit hinaustragen« läßt, enthält die Negation ihres Versprechens. Das wird deutlich in der Wahl des Passivs und in der Ambivalenz der Redewendung, die an die Möglichkeit erinnert, aus einer Kurve hinausgetragen zu werden. An den Punkt gelangt, wo es die Wünsche des Individuums konkretisieren könnte, übt das Gedicht an ihnen *Zensur*, indem es die weitere Artikulation unterbricht und das bisher Gesagte in die Distanz rückt, zum Objekt der Analyse und der literarischen Technik macht. Das Ganze war nur ein »Ausblick«; konkret der des Autors aus seiner Wohnung, im weiteren Sinne der des Subjekts aus seinen Bedingtheiten, aus seinem Anflug von Staunen. Der Terminus »ablagern« verweist auf einen organischen Prozeß der Reifung, dem die Eindrücke unterworfen werden. Das Ich, das sich selbst an der Befreiung hindert, macht sich und seine Eindrücke zum Objekt literarischer Bearbeitung. Seine Vorbehalte erscheinen nur andeutungsweise, unscharf und in Klammern (v. 25–26). Was da als Frage artikuliert wird, scheint allerdings bloß auf den inzwischen gängigen Vorwurf hinauszulaufen, derlei »Veränderungen« seien Hindernisse für reale Änderungen; ich sage »scheint«, denn Klammer, Frageform und Anakoluth mögen die Skepsis des Autors andeuten. Sie hätte allerdings auch dem gesamten Kontext zu gelten, der die Problematisierung nicht trägt. Weil das Ich sich nicht ausdrücken darf, bleiben auch seine Probleme im Bereich des Vagen und Abstrakten.

Aus dieser einigermaßen verfahrenen und auch künstlerisch höchst problematischen Situation, in der es nur Ansätze und Andeutungen, keine Realisierung gibt, sucht der Autor sich durch eine Volte zu retten. Er erschüttert den Gegenwartscharakter des bisher Entwickelten durch einen Rückgriff hinter dieses Jetzt, hinter die aktuelle Textebene. Die Aussage des lyrischen Ich wird zum Stück Literatur, von dessen Entstehung und Bedingtheit der Autor berichtet. Und um den artifiziellen Charakter des Prozesses zu betonen, verweist der Autor darauf, daß ein Stück Literatur, ein Zitat, auslösendes Moment für den Schreibprozeß war.

Dieses Zitat, pointiert an den Schluß gestellt, partiell den Gedichttitel bildend, wird zum Schlüssel des Gedichts. In seiner kontextlosen, undeterminierten Fassung beansprucht es Autorität und irritiert durch mangelnden Bezug. »Ausgeträumt« meint ohne Zweifel Desillusionierung. Aber welcher Traum wird hier beendet und verneint? Da nichts einzelnes revoziert wird, muß die Formel als Widerruf des ganzen vorher geschilderten Vorgangs gelten, also des Staunens über Ich und Welt. Dennoch ist man mit dem Bescheid, »es« sei »ausgeträumt«, nicht wesentlich klüger als zuvor. Man fragt nach der Verbindung von Lektüreeindruck und Realität. Sind sie am Ende bloß willkürlich zusammengezwungen? Dafür sprächen gewisse Schwächen des Textes. Aber auch ein künstlerisch problematischer Text gibt einen Zusammenhang: Man muß die wenigen Anhaltspunkte benutzen. Sie sind mit dem Zeitgerüst gegeben. Die »reale« Folge ist folgende: »Ausblick«, die erlebte Situation des Morgens – Lektüre des Textes, aus dem der Satz »es ist ausgeträumt« mitgeteilt wird – Ruhe, Entspannung, vielleicht Schlaf »um elf« – Schreiben des Gedichts. Nimmt man die Reihenfolge ernst, in der Lebenseindrücke und ihre sprachliche Bewältigung abwechseln, so ergibt sich etwa folgendes: Für den Leser schildert der Text Desillusionierung nicht als einsehbaren Prozeß, sondern gibt disparaten und bloß angedeuteten Momenten eine irritierende Schlußformel. Auf der textuellen Ebene erscheint Desillusionierung nicht als Schlußpunkt, sondern bereits *vorher*, ehe das Schreiben überhaupt in Gang kommt. Dabei ist es gleichgültig, ob der Lektüreeindruck die Desillusionierung erst hervorgerufen oder einem realen Erlebnis die Formel geliefert hat. Was *real* dem Text vorausging, wissen wir nicht. Entscheidend ist, daß das, was der Satz »es ist ausgeträumt«

meint, den Schreibprozeß von Anfang an bestimmt, ohne daß es ausgedrückt oder irgend zugegeben würde. Die Szenen und Emotionen, die der Text vorführt, stehen unter der *Zensur* der Desillusionierung. Das hat Folgen, die über die künstlerische Problematik hinausreichen. Wenn, vor aller Darstellung des Traums, schon »ausgeträumt« ist, kann der Traum nur partiell, aus der Perspektive der Ernüchterung erscheinen – nicht mehr als er selbst, als Traum.

Das erklärt den Mangel an Anschauung, das rhetorische, behauptende Element im Text, das das »Erstaunliche« nicht zur Evidenz brachte. Wenn das Gedicht so künstlerisch zwiespältig bleibt, ist es doch ein Zeugnis für die Schwierigkeiten des Schreibenden, die nichts anderes sind als Schwierigkeiten der Welterfassung, der Integration von Außen- und Innenwelt, Physis und Psyche: somit nicht bloß künstlerische oder literarische Probleme. Gerade in diesem Falle, in dem der Formel »ausgeträumt« kein wirklicher Traum mehr entspricht, ist es nötig, auf jene Intentionen hinzuweisen, deren Realisierung dem Autor in *diesem* Text nicht geglückt ist. Daß es Born auf die Gestaltung von Utopie ankommt, in der das Ich mit seinen Träumen einen Platz hat, zeigen »Nachbemerkungen«, die er dem Gedichtband *Das Auge des Entdeckers* beigegeben hat. Darin heißt es unter anderem: »Das Bewußtsein von der Existenz unserer positiven Möglichkeiten ist verkümmert und selbst unter den Strich der Realität geraten … Unsere besseren Möglichkeiten müssen besser ausgestellt und dargestellt werden … Jeder ist eine gefährliche Utopie, wenn er seine Wünsche, Sehnsüchte und Imaginationen wiederentdeckt unter dem eingepaukten Wirklichkeitskatalog.«[39]

Hier könnte die Analyse abbrechen, die Frage nach der Herkunft des Zitats unbeantwortet gelassen werden. Wo der Autor keine Aufklärung vorsah, muß der Leser mit dem Gegebenen auskommen. Aber es ist nicht unersprießlich, einen Schritt weiterzugehen. Ist es überhaupt ein reales Zitat? Es gibt ja auch fingierte Zitate – etwa in der Lyrik Friederike Mayröckers. Warum nennt Born seine Quelle nicht, wenn es eine gibt? Er ist kein Esoteriker, bei dem Dunkelheit eine besondere Qualität hat. Vermutlich kommt es nicht auf die Kenntnis des Textes an, dem die Formel »es ist ausgeträumt« entnommen wurde. Sie scheint bloß ein Stichwort zu sein, das seinen Dienst im Kontext getan hat. Dennoch möchte ich eine Auflösung vorschlagen, weil sie noch in anderer Hinsicht Licht auf unser Gedicht werfen kann.

Born verweist mehrfach auf literarische Vorbilder vor allem aus der neueren und neuesten amerikanischen Lyrik, er nennt Charles Olson und Frank O'Hara. Zu den Vätern der Beat- und Pop-Generation gehört William Carlos Williams, der von Born nicht ausdrücklich genannt wird. In einer von Hans-Magnus Enzensberger übersetzten Auswahl *Gedichte* findet sich ein kurzes Gedicht *Thursday (Donnerstag)*, das in seiner deutschen Fassung so lautet:

> Ich habe meinen Traum geträumt, wie andere auch,
> und er ist zu nichts geworden, und so
> steh ich nun hier, sorglos,
> die Füße in den Boden gestemmt
> und schaue hinauf zum Himmel –
> ich spüre an mir meine Kleider,
> das Gewicht meines Körpers in meinen Schuhen,
> die Krempe an meinem Hut, die Luft, die ein und aus
> durch meine Nase geht, und sage mir: es ist ausgeträumt.[40]

Williams' Gedicht nimmt die Ernüchterung eines Mannes als Bedingung für die eigentümliche Gefaßtheit, die der Text ausspricht. Entscheidend ist nicht der Traum, den der Sprecher mit allen Menschen teilt, sondern die sich selbst ermutigende Attitüde dessen, der entschlossen ist, auf dem Boden der Wirklichkeit zu bleiben: »with feet planted on the ground«, wie es das Original natur- und wirklichkeitsnäher ausdrückt. Wie hier die Übersetzung Williams' Realismus veräußerlicht, so auch am Schluß. Der in die Zukunft gerichtete Entschluß (»and decide to dream no more«) wird zu einem unbestimmt-allgemeinen Selbstzuspruch, zur Formel, die das Ich sich vorsagt: »und sage mir: es ist ausgeträumt«. Born verzichtet in seiner Zitierung auf die Kraft des Originals. Indem er den Kontext des Zitats preisgibt und es in einen ganz anderen Zusammenhang montiert, geht er über die Übersetzung noch hinaus: »es ist ausgeträumt« wird zur Leerformel. Der Kontrast beider Gedichte liegt nicht nur in der Differenz starker und schwacher, gebrochener Subjektivität, sondern auch in derjenigen von primärer und abgeleiteter Erfahrung. Borns Gedicht begnügt sich auf halbem Wege zur Erfahrung mit deren Reproduktion im Zitat.

Eindimensionale Poesie
Zur Lyrik der neuen Subjektivität

Die Entlastung

Gefühle, so hört man, seien wieder erlaubt; aus den Seiten von Büchern tönen Seufzer, in denen Autoren wie Leser sich erleichtern. Peter Handke, von jeher sensibel für die Schwankungen des Zeitgeists und durch die Entschiedenheit, mit der er sein Ich als Instrument dieses Geistes gebraucht, selber dessen Mundstück, hat es ausgesprochen, was manchem schon auf der Seele gelegen haben muß: »Was es, für mich vor zehn Jahren, noch für Einschüchterungen gab: Die konkrete Poesie, Andy Warhol, Marx und Freud und der Strukturalismus und jetzt sind all diese Universal-Pictures verflogen, und nichts soll *irgendeinen* mehr bedrücken als das Gewicht der Welt.«[1] Kein Zufall, daß dieser Stoßseufzer notiert ist in einem Journal, das nicht Vivisektion oder Reflexion betreibt, sondern sich emphatisch der weitgehend begriffslosen Welt- und Selbsterfahrung überläßt. Das Gewicht der Welt – welch absolutes, welch Donnerwort! – wird ausgespielt gegen das Falschgewicht von Theorien, Namen, Moden, die – soweit noch virulent – mit einer Geste zusammengerafft und dem Vergessen anheimgegeben werden sollen. Was die Zeit noch nicht geleistet hat, soll durch diese Unmutsgeste beschleunigt werden; und Handke *weiß*, diese Universal-Pictures, wie er sie höhnisch nennt, sind schon so gut wie verflogen – jedenfalls *für ihn*.

Warum habe ich bei der Bemerkung Handkes nicht bloß das Gefühl einer Entlastung, sondern zugleich das einer neuen Bedrückung? Weil neue »Universal-Pictures« dabei sind, die geräumten Positionen zu besetzen. Weil, wo die Theorien theorieloser, die Begriffe fadenscheiniger werden, die Einschüchterung durch die Begriffe der neuesten literarischen Saison nur noch massiver und folgenschwerer werden muß. Theorien können befragt, geprüft werden, aber eine Sensibilität, die sich für *neu* hält, verweist Einsprüche allzu leicht ins Abseits, in den Schmollwinkel derer, die die falsche Kleidung tragen oder einfach zu alt sind. Theorie war die Lust der ausgehenden sechziger und der beginnenden siebziger Jahre – Theorie, die das Wort Praxis um und um wendete, bis es nichts mehr hergab. Entsprechend wurde Reportage- und Dokumentarliteratur favorisiert, und selbst die Sprachspieler glaubten – auf dem Umweg ihrer Theorie – ihr Scherflein zur Veränderung der Welt beizutragen: erinnernswert, immer noch, ist Helmut Heißenbüttels Diktum: »Meine Arbeit, als solche, selbst wenn es keine Leser dafür gäbe, könnte mehr bewirken als alle Kriege der Reaktion und alle Proteste der Progressiven.«[2] Die neue Lust der Literaten ist die an der Theorielosigkeit – was nicht hindert, daß das Fehlen von Theorie des langen und breiten beredet wird. Hans Dieter Zimmermann hat das Fatale solcher Moden im Blick, wenn er sagt: »Die Autoren, die sich mal nach der einen, mal nach der anderen Mode richten sollten – auch wer opponiert, orientiert sich daran, wenn auch negativ –, kämen aus einem verhängnisvollen Kreislauf nicht heraus.«[3]

Die *neue Lust* ist die an der Theorielosigkeit. Rolf Dieter Brinkmann war ihr Protagonist. Seine blinde Wut auf alles, was sich ihm in den Weg stellte oder von dem er glaubte, es stelle sich ihm in den Weg, machte ihn *partiell* sehend. Und das nicht bloß für die Bedingungen *seines* Schreibens, das die Aggressivität mancher Pop-Sänger zu imitieren sucht: »Ich schlag euch nieder, / ich weiß nicht, ob aus Wut, / dann kommen die Lieder / besonders gut«[4] – da reimte sich vorübergehend, was er sonst nicht in Einklang zu bringen vermochte. Von Stil wollte er nichts wissen: »Warum soll ich mich ausdrücklich um Stil kümmern, wenn sowieso alles um mich herum schon so stilvoll ist!«[5] Theorie hielt er für eine falsche Erleichterung: »Hätte ich eine Theorie anzubieten, ein Weltbild, eine Ansicht, eine Ideologie, wäre mir zu schreiben leichtergefallen. So aber ist nichts außer dem einen Augenblick, an dem ich schrieb, dagewesen.«[6] Das ist, zumindest für den späteren Brinkmann, glaubwürdig.

In der Vornotiz zu seinem Gedichtband *Die Piloten* (1968) hatte er noch auf die Leichtigkeit, ja die Erleichterung des Schreibens gesetzt. Das haben einige Leute dann allzu wörtlich genommen. Später, als er die gesellschaftliche wie literarische Wende in der gleichzeitigen Verdüsterung seiner persönlichen Existenz erlebte, machte Brinkmann die »Theorie der industrialisierten modernen Gesellschaft« dafür verantwortlich, daß »in einer derartigen Umgebung auch ganz offiziell, öffentlich, Gedichte seit Jahren ausgerottet« würden. Denn »wer Gesellschaft sagt« – so Brinkmann –, »sagt Staat, in jeder Form, also Zwang«.[7] Destruktion war für Brinkmann, wie Dieter Wellershoff zeigt, ein Befreiungsversuch: »Diese anarchische Welt mit ihren delirös übersteigerten Erlebnisreizen mußte auf Brinkmann einen tiefen befreienden Eindruck machen. Wenn sich die Welt so zerstört und zerstörerisch sehen ließ, war man durch Überbietung entlastet von seinem privaten Unglück, man war im schrecklichen Ganzen aufgehoben und konnte ungehemmt seine destruktiven Phantasien ausleben.«[8]

Brinkmanns Entlastung hatte einen hohen Preis, die fortschreitende Selbstdestruktion. Seine Theoriefeindschaft aus individual-anarchischen Impulsen hat von dorther ihre Authentizität, ihre eigene Wahrheit. Um so problematischer, wenn dies Ineinander persönlicher Komplexe, poetologischer Vorlieben und politischer Aversionen wiederum für Theorie genommen wird und ihr Autor, der sich dagegen nicht mehr verwahren kann, der neulinken Sensibilität und ihrer Kameraderie zugeschlagen wird. Entlastung setzt ja die Last, das »Gewicht der Welt« voraus; sie ist anders nicht zu haben. In manchen Analysen, Selbstzeugnissen und Gedichten der neuen Sensibilität oder Subjektivität dominiert jene lässige Attitüde, die imaginäre Gewichte anstrengungslos hochpustet, eine Mischung aus Schlampigkeit und Prätention, die durch Chuzpe einschüchtern möchte. Davon, aber nicht bloß davon, soll die Rede sein.

Jörg Drews hat in seinem Vortrag beim Steirischen Herbst 1976 als erster polemisch-kritisch auf die Problematik der neuen Subjektivität aufmerksam gemacht und damit eine (vor allem in den *Akzenten* geführte) Diskussion ausgelöst. Drews kritisierte die neue Wendung zum Subjekt als »unfreiwillige Rückkehr in die Vereinzelung« aus enttäuschten politischen Hoffnungen: »Ich fürchte, die Individualität ist gar nicht sehr individuell, die Innerlichkeit ist manchmal von der geschmähten alten Innerlichkeit nicht weit entfernt; es finden sich fast schon wieder poetische Standard-Posen. Die Wohnung und die Stehkneipe werden zum neuen Standard-Interieur, und die Zuwendung zu den einfachen Dingen droht in eine neue zarte Ding-Mystik umzuschlagen.«[9]

Daß Drews mit seiner Skepsis gegenüber der »schick halblinken Melancholie« dieser Subjektivität einen neuralgischen Punkt getroffen hatte, verriet die gereizte wie hilflose Reaktion Jürgen Theobaldys. Drews warf er vor, dieser habe sich um eine Analyse des historischen Prozesses der Subjektivierung »herumgemogelt«, um dann, statt die gewünschte Analyse selbst zu liefern, zu dekretieren: »Dies aber stellt eine der Leistungen der neueren Lyrik dar, das Subjekt und sein Leben nicht von der politischen Geschichte abzutrennen, und genau dies unterscheidet sie auch von jeder Art von Innerlichkeit.«[10] Indem Drews eine »alte bürgerliche Auffassung vom Ich« unterstellt wurde, war fast schon, im Handumdrehen, ein neues unbürgerliches Subjekt konstituiert. Sendungsbewußt sprach Theobaldy von jenen, »die in unserem Namen sprechen«, ohne allerdings Namen zu nennen, und nahm ein Bild zu Hilfe, um seine (und der Seinen?) Distanz zur bürgerlichen Kultur zu markieren: »Man kann nicht auf einen Tisch hauen, an dem man schon lange nicht mehr sitzt.«[11]

Bürgerliches oder unbürgerliches Subjekt – dieser Streit war durch weitere Thesen nicht zu entscheiden. Der Lyriker und Literaturwissenschaftler Ludwig Fischer, wiewohl mit der Theobaldy-Fraktion sympathisierend, mußte, ein besserer Marxist, Theobaldy belehren, daß ein neues nichtbürgerliches Subjekt nicht voluntaristisch konstituiert werden kann. Fischer stellte die entscheidende Frage, »ob ›die neuere Lyrik‹ jene politisch bestimmten Erfahrungen und Erlebnisweisen der ›Sensibilisierten‹ auch wirklich ausdrückt, ob die politisch bestimmte Sensibilisierung der schreibenden Subjekte wirklich in den Texten erscheint, und zwar bis in die literarisch-handwerkliche Form hinein«.[12]

Also Textanalyse, Interpretation, Mikrologie. Ludwig Fischer konnte das in seinem Diskussionsbeitrag nicht leisten, aber er hatte einige handwerkliche Kriterien zur Hand, die Theobaldys Weigerung, sich auf »immanent poetologische Diskussionen« einzulassen, begreiflich erscheinen ließen. Fischer resümierte die schon von Drews geäußerten Kritikpunkte »fatale Ding-Magie«, »additive Beliebigkeit« und unreflektierter Gebrauch der Umgangssprache und brachte seinen entscheidenden Einwand auf den Satz: »Ich vermisse in allzuvielen Texten der hier erörterten Lyrik das Durcharbeiten auch der sprachlichen Form, der ästhetischen Organisation.«[13] Damit bestätigte er Drews, der – allgemeiner, aber auch umfassender – an der neuen Subjektivität die »Strenge der Selbsterforschung und Selbsterfahrung« vermißt hatte, nämlich das, »was man psychoanalytisch ›Durcharbeiten‹ nennen würde«[14]. Der Abwehrmechanismus funktionierte: Theobaldy schob das psychoanalytische Argument in die Ecke der Psychiatrie, so wie er ästhetische Einwände als »immanente« Diskussionen abgetan hatte.

Der weitere Verlauf der Diskussion in den *Akzenten* brachte noch zwei Argumente, deren Bedeutung darin liegt, daß sie an fundamentale, um nicht zu sagen selbstverständliche Einsichten erinnerten. Hans Dieter Zimmermann trat in seinem Beitrag *Die mangelhafte Subjektivität* einige Schritte zurück, operierte mit Sartre und Flaubert und rückte allein damit die Proportionen zurecht. Vor allem aber fragte er nach der Objektivation, erinnerte an die Unterscheidung von betrachtender und betrachteter Subjektivität und führte die Beschränktheit der Perspektive neuerer Romane (Gerhard Roth, Nicolas Born) auf eine Selbstbezogenheit zurück, die aus Selbstliebe und Wehleidigkeit komme, kurz aus mangelnder Distanz: »Es ist die Reproduktion der Banalität des Alltags, die durch keine Distanzierung des Autors, der sich ganz mit seinem Ich-Erzähler zu identifizieren scheint, durchbrochen wird.«[15] Auf die Lyrik ging Zimmermann leider nicht ein; in ihr sind ja die Relationen von poetischem und empirischem Ich heikler – die Gefahr der Sentimentalität aber womöglich noch größer.

Peter M. Stephan schließlich machte auf die Widersinnigkeit eines kollektiven Ich-Begriffs, wie er in den poetologischen Auslassungen der neuen Sensibilität spukt, aufmerksam: »Ein Gruppen-, Generations- oder Klassensubjekt ist eine ihre Kinder plagende Megäre, widerborstig gegen klares Denken und gute Poesie.«[16] Aber eben dies unspezifische typisierte Ich – »ein Ich, auf das sich alle Autoren gütlich geeinigt haben« (Peter Schneider) – ist ein Fetisch der neuen Sensibilität. Von ihrer Poetik hatte die *Akzente*-Diskussion nicht allzuviel übriggelassen – aber hatte es eine solche überhaupt gegeben? Ihre Positionen werden erst in einer kritischen Analyse deutlich – in der Negation. Ludwig Fischer hat das Unbefriedigende einer Kritik, die sich ihren Gegenstand erst einmal schaffen muß, mit einem Brecht-Zitat ausgeräumt: »Der Beweis der Güte des Puddings liegt eben im Essen.«

Den Kopf voll Suff und Kino, Lust und Schmerz

Die Überschrift, Kontraktion zweier Lyriktitel, soll die thematische Spannweite der neusensiblen Lyrik deutlich machen: Was geht in den neuen Subjekten vor? Wie sehen sie Ich-und-Welt? Welche Sprache reden sie? Unterschiedlich sind nicht bloß schon die Titel, sondern auch Erscheinungsart und Präsentation. Christoph Derschaus Band, erschienen in einem Kleinverlag, auf rosa Papier gedruckt, mit graugerasterten Photos durchsetzt, die maschinegetippten Poeme mit Randbemerkungen versehen – Privatheit subversiv, undergroundhaft. Godehard Schramms Band in einem großen literarischen Verlag, handliches Geschenkformat, Ganzleinen, auf dem Umschlagphoto, bunt, Papierschmetterlinge zwischen Sand und Wolken. Dennoch scheint mir das Gemeinsame so groß, wie es bei Autoren einer Schule nur denkbar ist.

Um Gehör zu finden, muß Derschau den Mund schon etwas voller nehmen: *Den Kopf voll Suff und Kino* – das suggeriert eine gewisse modische Kaputtheit. Der Untertitel bestimmt die angebotenen Texte näher als »Gedichte von Liebe, Tod und dem täglichen Kleinkram«. Und was noch an Rilkes *Cornet* anklingt, macht durch den »Kleinkram« deutlich, daß es um gegenwärtige Stoffe, um eine gegenwärtige Sensibilität geht. Dazu gehört auch die Zurücknahme des Kunstanspruchs, wenn Derschau sich fragt: »Ich meine eigentlich nur, in jedem, der lesen und schreiben gelernt hat, steckt ein potentieller Dichter. Wer ist schon ein richtiger Dichter? Was ist richtige Dichtung? Bin ich vielleicht ein richtiger Dichter? Ich bin ich und schreib manchmal etwas über mich und andere auf, etwas, das mit dem einen oder anderen zu tun hat und hoffentlich nicht allzuweit von seinen Gedanken weg ist.« [17]

Was Derschau diesem ja nun wirklich anspruchslosen Programm gemäß aufschreibt, sind in Zeilen abgeteilte Tagebuch-Eintragungen, die gelegentlich durch Pointen und Metaphern poetisiert werden. Solche Bescheidenheit kann einen gewissen Charme haben und hat ihn bei Derschau gelegentlich auch. Oft ist sie bloß das Resultat mangelnder Energie, Symptom von Wehleidigkeit, Distanzlosigkeit sich selbst gegenüber. Das Titelgedicht beginnt:

Und wieder saß ich rum
vergangene Nacht
den Kopf voll Suff und Kino.

Nachdenken über meine Wehmut
hieße nachdenken über mich.
So entschließe ich mich
dich in einen kahlen städtischen Baum
zu setzen und erst bei Vollmond
wieder herunterzuholen. [18]

Der Vorsatz, über sich selber nachzudenken, verfliegt, kaum daß er ausgesprochen ist. Das Ich zieht sich nicht am Schopf aus Suff und Kino heraus, sondern sucht sein Heil in einer Poetisierung des andern, von dem das Heil erwartet wird. Immerhin schimmert so etwas wie Selbstkritik des Schreibenden hindurch. Wo aber das Ich den eigenen Dunstkreis verläßt, gerät die Sprache ins Stolpern. Derschau produziert Stilblüten:

Der Anruf der mich aus dem Schlaf wiegt
gibt mir wieder festen Boden
unter die Füße

Am Schluß seines Buches bekennt Derschau denn auch, daß der Zufall ihm die Feder führt, und der ist – trotz Surrealismus und experimenteller Literatur – im Zweifelsfall ein schlechter Federführer: »denn der Zufall führt mir die Feder / und für meine Trauer kann ich nichts«. So möchte Derschau so schreiben, wie Lightnin' Hopkins singt:

Aber diese Musik hat mir so vieles voraus:
sie legt mir die Hand auf die Stirn
und flüstert mir Unerfaßbares zu
wo Wörter nichts mehr taugen [19]

Derschau folgt den Standardposen des subkulturellen Jargons. Dazu gehört auch, auf die Anstrengung zu verzichten, der Sprache das Sagbare abzugewinnen. Wenn Brinkmann einmal bekennt – in der Vorbemerkung zu seinem letzten Band *Westwärts 1 & 2* –, er könne leider nicht Gitarre spielen, so war das noch halb kokett gesagt. Derschau kapituliert vor der Sprache.

Godehard Schramms Band *Meine Lust ist größer als mein Schmerz* ist ernster zu nehmen und von einem Teil der Kritik sehr gelobt worden. Schramms poetische wie politische Sensibilität verleugnet nicht ihre Herkunft aus der Studentenbewegung. Ein Rückblick auf die APO-Zeit, das Resümee ihrer Erfahrungen und Irrwege, ist schon kein beliebiger Gegenstand. Daß Schramm seine Generationserfahrung nicht einem neuen politischen Glauben zuliebe verdrängt, mag schon als Verdienst gelten. Doch schwankt sein Poem *Ein Kleid aus Seide* zwischen leerer Deklamatorik und reinem Kitsch. Die hölzern geklopften, oft holpernden Jamben enervieren durch ihre Spannungslosigkeit:

Es waren dürre irre Jahre,
in denen deine Hände rauher wurden
und allergisch stumpf,
wenn sie ein Kleid aus Seide fühlten.
(...)
Wir rissen uns die Haut in Striemen ab

und nähten auf die nackten Knochen Lumpen,
nur weil die Menschen, die so radikal verneinten
– »alles nur bürgerliche Faxen!« –
die Häßlichkeit zu ihrem Gott erhoben.
Wir gingen mit. Ziele brannten auch in uns.
Doch auf den Tischen blühten keine Blumen,
von Orchideen ganz zu schweigen. (...)[20]

Die Studentenbewegung wird in Schramms Darstellung zu einer Büßer- und Flagellantenbewegung, der man nur in spätexpressionistischer Holzschnittmanier beikommen kann. Ihre Fehler und Versäumnisse scheinen gar nicht mehr politischer Natur, sondern:

Ich hatte die Vögel in deinen Augen vergessen,
und die Unruhe meiner witternden Ohren
rasselte vor dem Schwarm deiner Zunge knarrend herunter.
Ich vergaß deine Lust nach Beständigkeit
in diesen zehn Jahren, die nicht zerfielen,
ich vergaß deinen Hunger nach Grapefruits
aus einem Treibhaus mitten in der Wüste,
ich vergaß deinen Durst nach blauen Rosen
aus einem Garten in Palermo (...)

Läßt man das verkorkste Bild von den herunterrasselnden Ohrläden beiseite, ist das Ganze erst die *Reklame* für eine neue Sinnlichkeit, nicht die neue Sinnlichkeit selbst – denn dazu gehörte, daß auch die Sprache in einer neuen Weise sinnlich wäre. Im Gegenteil, die Grapefruits aus dem Wüstentreibhaus und die blauen Rosen von Palermo gereichten der Werbe- und Schlagerbranche zur schlechten Ehre. Man kann solch schlechte Poesie auch nicht mit dem Begriff der Utopie entschuldigen, als sei die Antizipation des Neuen etwas, bei dem man zwangsläufig auf die schlechte alte Sprache verwiesen bliebe. Schramm ist eigentliche Sprachskepsis fern; er scheffelt im Maß seiner Jamben das sprachliche Material wie es kommt in die schlaffen Säcke seiner Langgedichte. An einer Stelle – merkwürdigerweise im Zusammenhang mit dem Hören von Musik: Bach, nicht Ligthnin' Hopkins – kommt ihm das Gefühl, daß Schweigen mehr sein kann als redundante poetische Rede:

So bin ich manchmal voller Ungeduld,
ich kann eine wahnsinnige Freude spüren,
endlich soweit, der schönen Sozialutopie
kein schönes Gewand aus Wörtern zu schneidern:
endlich empfinden zu können
in diesem herrlichen Schmerz des Wartens[21]

Aber selbst dieser Schmerz scheint mir zu beredt, um glaubhaft zu sein.

Ichloses Ich, abgebrochene Kommunikation

Wollte man den Programmatikern glauben, dann hat die Lyrik der neuen Subjektivität »persönliche Erfahrungen und gesellschaftliche Perspektiven« (Theobaldy/Zürcher) zusammengebracht und die aus der hermetischen Lyrik stammende Barriere zwischen Autor und Leser überwunden. Die jüngeren Autoren wenden sich wieder an den Leser und erreichen ihn dann, wenn ihre Subjektivität die seine berührt. Andererseits fallen viele Texte in narzißtische Melancholien zurück. Kraftvoll dagegen hat Nicolas Born das utopische Moment solcher Berührung als *Anfassen* bezeichnet und die expressionistische O-Mensch-Gebärde aktualisiert:

Weißt du was Leser
  ich möchte dich anfassen
ich küsse dich Leser
ich frage dich ob wir beide noch da sind
oder ist das schon die Hölle
  wenn du dein Gesicht
  in meinem erkennst?[22]

Es bleibt bei Wunsch und Gebärde. Auch der Kuß, der nicht der »ganzen Welt« gilt, sondern dem Leser als einzelnem, Vereinzeltem, ist irreal. Aber das genügt, um alles fraglich zu machen. So wird in diesen Versen auch das illusionäre Moment der Verbrüderung deutlich, das Erschrecken darüber, daß die andern – im Sinne Sartres – die Hölle sind oder sein können.

Wie sich der andere im Ich spiegelt, ist die Probe auf die poetische Subjektivität; auch auf die sogenannte »neue«. Wie sieht das poetische Ich aus, das manche schon für ein neues unbürgerliches halten wollten? Ich will das an einigen Gedichten überprüfen, deren literarische Technik – im Gegensatz zu Derschau und Schramm – höheren Ansprüchen genügt; an Texten also, die ihre Problematik differenzierter entfalten. Ich erinnere zuvor an Günter Herburgers *Bürger als Edelmann* (vgl. S. 32). Demonstriert wird ein Ritual, dessen Realitätsgehalt weitgehend von der Füllung durch den Leser abhängt, der sich »etwas dabei denkt«.

Nicht bloß das geschilderte Rollen-Ich scheint in seiner Kommunikationsfähigkeit gestört, auch das darstellende ist es dann, wenn es sein Gegenüber nicht von ihm selbst getrennt sehen kann, sondern eine merkwürdige Symbiose eingeht: Wo keine Distanz ist, kann auch keine Kommunikation sein.

Herburgers changierende Darstellung hat den Vorzug, daß sie nicht die wohlfeile Perspektive besserwissender Gesellschaftskritik zuläßt. Sie beansprucht nicht das »richtige« Bewußtsein, das dem »falschen« der andern, der »outgroup«, entgegengesetzt werden kann. Wenn man auch in vielen Gedichten der neuen Sensibilität ein neues, unbürgerliches Ich nicht entdecken kann, so doch ein antibürgerliches, das freilich durch seine Feindstellung ans bürgerliche Wesen gebunden bleibt. Jürgen Theobaldy hat Herburgers *Bürger als Edelmann* in seine Anthologie *Und ich bewege mich doch* ... aufgenommen, die für die Tendenz einer neuen Subjektivität repräsentativ ist. In seiner direkten Nachbarschaft finden sich von F. C. Delius die Gedichte *Ein Faschist und ich* (über den Attentäter Weil) und *Armes Schwein*: »Um zwei Uhr nachts stürmten wir das Haus / des namhaften Kritikers (...)« – eine Phantasie, in der sich der Autor von politisch untunlichen Aggressionsgelüsten befreit. Es findet sich dort auch von Ludwig Fels das Gedicht *Partygast*:

Ich seh ihn schunkeln
rechts ein Schnapsglas, links nen Weinkelch
vom Bier hat er schon genug.
Mit Heil schwärmt er von alten Zeiten
und fühlt sich wohl
plärrt vom Krieg
ich hör ihm zu

wie er mich abseits denkt.
Seine Frau bleibt nüchtern
sie haben einen Wagen
er arbeitet mit Computern
das erklärt sein fehlendes Gehirn.
Zuguterletzt versucht er am Treppengeländer
ein Turnkunststück
im dritten Stock
und ich Arschloch kann nicht anders
halt ihn fest
und laß nicht los.[23]

Die Satire hat ein Recht auf Verzeichnung, aber sie schlägt auch auf den Sprechenden zurück – und damit auf den Autor, der sich von dem Ich des Gedichts nicht distanziert. Gerechnet wird zumindest mit dem solidarischen Einverständnis der Zuhörer oder Leser, die solche »Gewalt gegen Menschen« wenigstens als Denkmöglichkeit billigen. Menschlichkeit erscheint nur noch negativ, als Selbstbezichtigung: »ich Arschloch«.

Ludwig Fischer rügt in seinem *Akzente*-Beitrag die Neigung seiner Kollegen zur Voreiligkeit des politischen Gehalts, insbesondere die »billige, gelegentlich geradezu verächtliche Denunziation«. Manchmal zeigen einzelne Zeilen in Theobaldys Anthologie, wie sich der verächtliche Gestus in der Sprache niederschlägt: »Bevor er / zum Scheißen geht / stellt er das Radio / auf eine bestimmte Lautstärke« (Renate Rasp); »Er latscht in den Diskshop und gleich / auf die Platte los, die er will« (F. C. Delius); »Ich traf ein paar menschliche Heuschrecken in der Stadt, / studierte ihre Freßwerkzeuge« (Günter Seuren). Nicht minder abstrakt und entfremdet ist die poetische Menschenfreundlichkeit des Satzes: »Ich möchte einmal einen Fremden im Postamt umarmen« (Roman Ritter).

Zwischen solchen Extremen von Denunziation und utopischer Verbrüderung muß es etwas Mittleres geben, denn die neue Sensibilität will ja realistisch sein. Theobaldys *Käsesahne* könnte als Beispiel dienen:

Dann schob sie
den Teller beiseite
und sagte zu mir

sie habe immer
was Großes leisten wollen
was Außergewöhnliches
sie habe ihrem Leben
einen Wert geben wollen
aber jetzt merke sie
wie ihr alles zerfließe
in banale Gespräche
in gewöhnliche Nachmittage
mit Leuten die bloß
ihre Zeit totschlugen
und ich saß still dabei
denn ich mußte
wegen dieser Käsesahne
schon eine Weile aufs Klo
und traute mich nicht
zu unterbrechen
weil es schön war
was sie sagte und wie
bis sie mich fragte
wie das mit mir sei
ich schreibe doch Gedichte
und ich sagte ja
ich schreibe Gedichte
entschuldigte mich
ging endlich aufs Klo
und dachte über
mein wertvolles Leben nach[24]

Theobaldys Gedicht verkauft das Problem an einen Gag. Es beginnt mit einer alltäglichen Situation, die authentisch ist oder doch sein könnte. Sehr direkt – den Kuchenteller beiseite schiebend – eröffnet die weibliche Figur ein Gespräch, eine Beichte, eine Konfession, den ernst zu nehmenden Versuch der Kommunikation. Woran scheitert sie, besser: woran läßt Theobaldy diesen Versuch scheitern? An einer Banalität. Wer will leugnen, daß Triviales uns von wichtigen Dingen fernhalten kann – wie hier den männlichen Partner? Der Autor könnte auch sagen, die Wirklichkeit war eben gerade so – oder hätte doch so sein können; darüber habe ich ein Gedicht geschrieben.

Aber man darf das Gedicht, glaube ich, auch so lesen: unter dem Aspekt nämlich, daß der Autor ein Problem, das ihm naheging – womöglich eine ähnliche authentische Situation –, durch bewußte Trivialisierung verdrängt hat, abgedrängt in eine nicht ganz appetitliche Anekdote, deren trivialisierende Tendenz ihm besonders realitätsnah erschien. Nun ist Käsesahne – samt den möglichen Folgen – zweifelsohne ein Aspekt der Realität: zweifellos aber ein peripherer. Und die Herren Drews und Fischer, die den neusensiblen Lyrikern nicht nur Sensibilität für die *Oberfläche*, den Käsesahne-Aspekt der Realität, abverlangen, sondern von einem realistisch arbeitenden Autor die ästhetische *Durchdringung* jener Realität fordern, haben so unrecht also nicht. Man fragt sich, ob man nicht zu »bierernst« an solche »Käsesahne-Produkte« geht; aber wenn man so gefragt hat, kehrt man vielleicht für einen Augenblick zu den theoretischen Auslassungen des Autors zurück und liest, was Theobaldy, ernst und anspruchsvoll, über das Verhältnis von Gedicht, Gegenstand und Anlaß schreibt: »Selbstverständlich gibt es keine Identität zwischen Erlebnis und Gedicht, aber es gibt die Möglichkeit, den Abstand zwischen beiden gering zu halten, das Gedicht an seinen Gegenstand heranzuschieben, es ihm auf den Körper zu schreiben.«[25] In gewisser Weise hat Theobaldy realisiert, was seine eigene Poetik fordert: *Distanzlosigkeit* zwischen Erlebnis bzw. Anlaß und Gedicht. Nur nimmt diese Distanzlosigkeit dem Gedicht die Möglichkeit, über seinen Anlaß hinauszuwirken. Theobaldys *Käsesahne* verkommt zur privaten Anekdote; das ist um so bedauerlicher, als das Gedicht zu Anfang fast resolut eine exemplarische Situation exponiert: den Versuch, die Kommunikationslosigkeit »banaler Gespräche« und »gewöhnlicher Nachmittage« durch Sprechen zu überwinden. Im Gedicht ist dieser Wunsch sozusagen »aufgehoben«, aber unter der Käsesahne-Story erstickt. Nicht viel anders als das Ich des Gedichts, das doch wohl leise ironisiert wird, entzieht sich der Autor der Möglichkeit des ernsten Sprechens.

Aber was ist nun mit dem Ich – mit der neuen Subjektivität in diesen Gedichten? Ich habe nicht viel davon entdecken können: ein changierendes Ich bei Herburger, ein indifferentes bei Theobaldy, ein aggressives bei Fels. *Unbürgerlich* in einem besonderen Sinn scheint mir keines. Das Feindbild hält offensichtlich viele dieser schwachen Ich-Projektionen zusammen: ein Faschist und ich (F. C. Delius), ein Polizist und ich (Buselmeier) oder der

Hausbesitzer und ich (Anno F. Leven)[26]. Eine entschiedene, kraftvolle Subjektivität sucht man bei den meisten Lyrikern umsonst. Nicolas Born ist einer der wenigen, die ihre Subjektivität nicht borgen oder aus der Aggression bestimmen müssen. Sein *Fahndungsblatt*, das die Idee der Individualität persifliert, ist die Verlustanzeige des authentischen Ich:

Gesucht wird ICH
Alter unbestimmt
Ich nenne mich je nach Umgebung: Carlos Kalle Karl Carlo
Charly Charles Karel oder Günther (...)[27]

Eine neue Formlosigkeit

In Benders *Mein Gedicht ist mein Messer* (1955), einer inzwischen fast vergessenen Sammlung lyrischer Werkstattberichte, konnte ein Beitrag noch den Titel tragen *Die Form als erste Entscheidung*. Gut zwanzig Jahre später heben Theobaldy / Zürcher das Neue an der Lyrik so hervor: *Ein neuer Ansatz: die unartifizielle Formulierung*. Eben dieses Stichwort gab Nicolas Born schon 1967, in einer programmatischen Notiz zu seinem ersten Gedichtband *Marktlage*: »Weg von der alten Poetik, die nur noch Anleitung zum Poetisieren ist; weg von Symbol, Metapher, von allen Bedeutungsträgern; weg vom Ausstattungsgedicht, von Dekor, Schminke und Parfüm. Die Gedichte sollen roh sein, jedenfalls nicht geglättet; und die rohe, unartifizielle Formulierung, so glaube ich, wird wieder Poesie, die nicht geschmäcklerisch oder romantisierend ist, sondern geradenwegs daher rührt, daß der Schreiber Dinge, Beziehungen, Umwelt direkt angeht, das heißt also Poesie nicht mit Worten erfindet.«[28]

Nicolas Born war auch so fair, seinen Anreger zu nennen: Charles Olson und dessen Auffassung von der »Form als Ausdehnung von Inhalt«, vom Gedicht als »Feld« und vom »projektiven Vers« als »Atemausstoß« – insgesamt poetologische Reflexionen, die gewisse Überlegungen W. C. Williams' weiterführen, der das Gedicht, als Maschine verstanden, nicht literarisch, sondern physikalisch begründen wollte. Man weiß, wie sehr die amerikanische Lyrik von Beat generation, Black Mountain Group und

Underground die westdeutsche Lyrik seither beeinflußt hat, wieviel daran produktive Übernahme, aber auch bloße Adaption und Kopie ist. Mit Hilfe einiger Zitate ließen sich Frank O'Hara als Vater von Rolf Dieter Brinkmann und Charles Bukowski als Vater von Derschau und Fauser überführen. Aber nicht das ist entscheidend. Wo O'Haras Tagebuch-Spontaneität zu aufgekratzter Belanglosigkeit oder Bukowskis reale Kaputtheit zu schäbig-schicker Pose gerät, ist den Texten selbst abzulesen.

Entscheidend ist, daß bei diesem ganzen Übernahmeprozeß der hohe Reflexionsstandard der amerikanischen Lyrik verlorenging. Olsons *Brief an Elaine Feinstein* oder Creeleys 1966 in Berlin vorgetragene Reflexionen haben in der Lyrik der neuen Sensibilität keine Entsprechung. Einzig bei Brinkmann finden sich Ansätze zu einer Reflexion der technischen Mittel, so die Begründung seines Fragmentarismus: »Die fragmentarische Form, die ich verschiedentlich benutzt habe, ist für mich eine Möglichkeit gewesen, dem Zwang, jede Einzelheit, jedes Wort, jeden Satz, hintereinander zu lesen, und damit auch logische Abfolgen zu machen, wenigstens für einen Moment nicht zu folgen. Eine andere Möglichkeit sind die unverbundenen Vorstellungen, von einem Satz oder einem Satzteil zum nächsten jeweils ein anderes Bild zu bringen. Ist das neu? Nein, alles ist doch da! Diese springende Form, mit den Zwischenräumen, die vorhanden sind, Gedankensprünge, Abbrüche, Risse, und neu ansetzen, nach dem zuletzt Geschriebenen, hat mir jedenfalls die Gelegenheit mehrerer Abflüge gegeben. Daß diese Abflüge dann jeweils wieder dort landeten, wo ich gerade war, mag zeigen, wie schwerfällig tatsächlich Sprache ist, ein Fossil.«[29]

Mag auch diese poetologische Reflexion – wie die Reflexion, das Denken bei Brinkmann überhaupt – in die Ergebnislosigkeit, in die Frustration führen, ist sie doch ein Ansatz, den Brinkmanns Gedichte seiner späteren Zeit zu realisieren versuchen. Bei den meisten anderen Autoren der neueren Lyrik fehlen solche Reflexionen völlig oder zeigen sich hilflose Selbstverständlichkeiten: »Gerade die einfache Sprache verlangt nach einer stringenten Organisation. Das falsche Wort, die überflüssige Wendung, bedeutet immer noch die Verwundung des Gedichts, die tödlich sein kann, je kürzer das Gedicht ist. Es verliert seine poetische Spannung, die es noch immer von der Prosa trennt und ohne die eine Zeilenbrechung sinnlos würde.«[30]

Ein Großteil der Lyrik, die Theobaldy in seiner Anthologie vorstellt, ist metrisch naiv und formal von tödlicher Monotonie und Spannungslosigkeit. Der Parlandostil dominiert Mitte der siebziger Jahre nahezu unangefochten, und löst man diesen Begriff auf: die oft funktionslose Abteilung von Prosa zu Verszeilen. Poesie als typographisches Arrangement: Flattersatz. Auch das eine Form der Entlastung; der fundamental-demokratisch verbrämte Satz, jeder könne und solle dichten, wird zum trivialen: jeder kann's. Verglichen mit dem Formenreichtum der DDR-Lyrik ist die westdeutsche weitgehend eine Arte povera – aber nicht mehr die bewußte, disziplinierte, darf man sagen: asketische Antikunst einer Marianne Moore, eines Tadeusz Różewicz, sondern eine arme Kunst, die ihre Armut als neue Fülle anpreist, eine Kunst, die nicht weiß, wie arm sie ist. Dem ichlosen »Ich« der neuen Sensibilität, ihrer utopielosen »Utopie«, wie sie Hiltrud Gnüg diagnostizierte[31], entspricht die formlose »Form«, die sich auf trivialste Weise als Ausgießung von Inhalt versteht.

Ein Blick in Theobaldys Anthologie zeigt, daß die Gedichte der neuen Richtung stilistisch und formal weitgehend austauschbar sind. Verse von Rühmkorf oder Enzensberger erscheinen in dieser Umgebung wie Fremdkörper, anachronistisch, weil sie nicht in diese neue Formlosigkeit passen. Sie gehören noch zu einer lyrischen Moderne, die über Brecht und Majakowski zu Baudelaire und Rimbaud zurückreicht, für die Form und Rebellion einander nicht ausschlossen. Form – das sind die Väter, könnte man folgern, und damit wollen die formlosen Jüngsten nichts zu tun haben. Gleichwohl sind sie, mehr als sie vermeinen, Kinder ihrer Zeit und einer Gesellschaft, die sie zu bekämpfen glauben.

Dafür, daß Lyriker sich an der Form abarbeiten, weil das ihre Weise ist, sich an der Wirklichkeit abzuarbeiten, kann ein neusensibler Autor nur Hohn haben. In Theobaldy/Zürchers *Veränderung der Lyrik* wird eine Äußerung von Wellershoff erwähnt, der den Anspruch auf »eine vollkommene und notwendige Form« der Ideologie einer Mangelgesellschaft zuordnet, »die nicht angelegt ist auf Verbrauch und Veränderung, sondern auf Wertbeständigkeit und Dauer und die sich dafür im Kunstwerk ein Symbol geschaffen hat«[32]. Akzeptiert man diese Prämisse, dann entspricht eine kunst-lose, auf Verbrauch gerichtete Lyrik in unserer Wohlstands- und Wegwerfgesellschaft aufs trostloseste ihrer gegenwärtigen Ideologie.

Warten auf das lange Gedicht

Das sind doch erst Leute, die lange Gedichte machen,
was sind das für Leute, die kurze Gedichte machen.
F. C. Delius (1966)

Ja, was sind das für Leute? Aber damit wäre man eher bei Kretschmers Konstitutionstypen als beim Gedicht. Denn nicht die längeren oder kürzeren Lyriker sollen uns interessieren, sondern die langen oder kurzen Gedichte. Und das könnte mehr sein als eine Frage nach Quantitäten. In den letzten Jahren mehren sich die Lyrikpublikationen mit dem Anspruch: in einem Buch nur ein einziges langes Gedicht zu bieten oder wenigstens einen Gedichtzyklus, was schon ein Abstrich ist. Das lange Gedicht, das Großgedicht, scheint an Interesse zu gewinnen. Lang genug ist es ja erwartet worden.

Delius' Zeilen standen schon in einem längeren Gedicht *Verlegenheitsgedicht Nummer 1*; und abgedruckt war es in Peter Hamms Anthologie *aussichten* (1966), die eine Reihe neuer Lyriker präsentierte. »Statt eines Nachworts« gab es dort einen programmatischen Aufsatz *Die Entdeckung der Wirklichkeit*, der gegen experimentelle und konkrete Poesie für Realismus, Mißtrauen und Kommunikation plädierte. Und was das lange Gedicht anging, so hatte die Diskussion schon längst eingesetzt – angeregt durch Walter Höllerers *Thesen zum langen Gedicht*, erschienen April 1965 in den *Akzenten*. In der Folge wurde, eher freundschaftlich als heftig, gestritten zwischen Höllerer und Krolow, Bienek und Höllerer: ob lang oder kurz, realistisch oder hermetisch, atemhaft oder metaphorisch – »Republik, die sich befreit« oder erzwungene Preziosität und Chinoiserie. Kronzeugen wurden benannt, hier Saint-John Perse, Eliot, Pound, Neruda, Olson, dort Baudelaire und Poe; und manche konnten beiden Seiten dienen, hatten sie doch – wie W. C. Williams – sowohl sehr kurze als auch sehr lange Gedichte gemacht. Weshalb Höllerer, bereits am Schluß seiner Thesen, den Kopf listig aus der selbstgelegten Schlinge ziehen konnte, indem er erklärte: »Das lange Gedicht als Vorbedingung für kurze Gedichte.« [1]

Längere oder wirklich lange Gedichte, wie sie von Höllerer der stoff- und wirklichkeitsarmen deutschen Lyrik als Remedium verschrieben worden waren, erschienen denn auch nach und nach. In ihnen vollzog sich ein Stück der von Hamm postulierten Wiederentdeckung der Wirklichkeit. Vor allem das Ich der postrevolutionären Situation hatte – nach all den vergeblichen Agitationsversen – entschieden mehr mitzuteilen als das sich verschweigende lyrische Ich der fünfziger und frühen sechziger Jahre. Überhaupt wurden die Gedichte nun ausführlicher, stofflicher, prosanäher. Die Frage, *wann* und *warum* ein Gedicht *lang* genannt werden könne, wurde fällig. Genügte ein Dutzend Seiten wie in Enzensbergers *Sommergedicht* oder wie ein Handkes *Leben ohne Poesie* oder in manchen Stücken aus Brinkmanns *Westwärts 1 & 2*? Lassen sich lyrische Suiten wie Tumlers *Sätze von der Donau* (1972) oder Meckels *Säure* (1979) als *ein* fortlaufendes Gedicht lesen? Und was ist überhaupt mit so changierenden Gebilden wie Enzensbergers *Untergang der Titanic* (1978), das mit der Dante-Allusion »Komödie« spielt? Gibt es *das lange Gedicht* überhaupt? Ist es nicht bloß ein Phantom, eine Riesenschlange, unter deren schlaffer Haut die Zirkusgehilfen zappeln?

Einen Verdacht in diese Richtung hatte Poe schon 1846 geäußert: »Was wir ein langes Gedicht nennen, ist tatsächlich nur eine Abfolge von kürzeren – mit anderen Worten: eine Abfolge schnell verklingender poetischer Eindrücke.« [2] Und Lars Gustafsson präzisiert 1969, in einer Diskussion im Literarischen Colloquium Berlin, das Problem, wenn er sagt: »Das Problem des langen Gedichts geht aus dem Kampf gegen seine eigene Länge hervor. Es entsteht aus dem Bedürfnis, die große Linie, die Ausführlichkeit und die Zusammensetzung mit einem beibehaltenen Gleichzeitigkeitsereignis zu vereinen« [3] – also Entwicklung und Statik, Zeit und Dauer zusammenzubringen. Immerhin, bei aller Skepsis, ein Hauch von Optimismus. Das lange Gedicht, so scheint es, ist unter bestimmten Bedingungen nicht bloß denkbar, sondern auch machbar. Dazu drei Beispiele, drei Versuche; und eine Marginalie.

Pierre Imhasly:
Widerpart oder Fuga mit Orgelpunkt vom Schnee

Der Schweizer Pierre Imhasly, 1939 in Visp (Wallis) geboren und in seiner Geburtsstadt lebend, schrieb sein langes Gedicht nach dem Muster einer Fuge: *Widerpart oder Fuga mit Orgelpunkt vom Schnee*[4]. Die musikalische Analogie und eine Pounds *Cantos* abgelauschte Zitiertechnik machen den technischen, die Heimat des Autors, das Wallis, und die Schweiz insgesamt den thematischen Ansatz dieses Poems in über 1600 Versen aus. Anders als Celan, der mit sprachlichen Analogien zur Musik vorsichtig verfuhr (auch in *Todesfuge* und *Engführung*!), setzt Imhasly ganz auf das musikalische Pattern und überträgt die Gliederungsprinzipien der Fuge (Dux, Comes, Exposition, Zwischenspiel, Orgelpunkt usw.) Schritt um Schritt aufs Gedicht. So gewinnt er in der fugenhaften Strukturierung gewissermaßen einen abstrakten Handlungsverlauf, der mit dem Gedicht selbst zusammenfällt, d. h. dem Leser den Eindruck eines notwendigen Prozesses vermittelt. Immer vorausgesetzt, der Leser ist bereit, Sprache als polyphones Geflecht von Themen und Stimmen zu *hören*. Der Klappentext, quasi eine kleine Leseanleitung, vermerkt denn auch mit pädagogischem Gestus (und fast als wäre das eine Ausnahme in der Lyrik): »Auf den Rhythmus, die Musikalität und den Klang der Sprache ist genau zu achten.« Imhasly hat gut daran getan, sich nicht auf die Wortmusik allein zu verlassen. Seine Themen – und hier werden die Analogien zur Musik problematisch – sind nicht aus der Sprache genommen.

Die Exposition zur ersten Durchführung bringt eine erotische Apostrophe, die auch in den folgenden Partien immer wieder durchklingt: Einem Du, einer Frau, wird die Situation des Landes erklärt und nahegebracht. Zunächst dominiert die erotische Evokation: »Schiffbar sei dein Geäder« – aber der Poet meint weniger die vielen Flüsse und den exotischen Reiz ihrer Namen als – wie er sagt – »der Lust-Metaphorik eines italienischen Dialekts gehorchend, was die Frau am delikatesten und dem Manne voraus hat« – und das klingt dann so: BRETA, MARIULEINA, BERTOUNA, BARBONA, BARBUSOLA ... im Deutschen läßt er nur Luthers »punzelîn« gelten. Während die Einschübe und Zwischenspiele den anderen Obsessionen des Autors gelten – »spanienverfallen«, vor allem den Zigeunern, dem Stierkampf, den Partisanen, den Kämpfern des Bürgerkriegs –, vollzieht sich immer wieder die »Abdrift ins Heimatliche« als Kritik an der Schweiz und den Schweizern:

Den Scheiß karren die Italiener weg
                                        und Krieg ist Krieg
sagen helvetische Landesverbände
verbindlich
im Frieden
      und &
post coitum triste
                                        als obs wahr wäre

Moralische Kritik an Fremdenhaß und Heuchelei verdichtet und verschärft sich zur Kritik am Kapitalwesen (auch das, wie vieles sonst, eine Affinität zu Pound, freilich ohne dessen Exzentrik). Imhaslys Zorn freilich scheint durch Ironie und den musikalischen Duktus gebrochen:

Hier auf dieser Weid ist ein goldenes Kalb
Dabei ist die liebe Profitmutter mit herzliebster Rückversicherung
Ave Profitmutter   ave Profitmutter   ave Profitmutter   ave
Auch der herzallerliebste Herr Kapitalkoeffizient
behüte und bewahre uns alles was auf diese Weide gehört und ist
Das walt der einheimisch *Tod Langweil* und der heilig *Tod den andern*

Solch altertümelnde Allegorisierungen können wohl versuchen, den Widerstand oder *Widerpart*, wie ihn der Titel intendiert, zu fixieren, aber sie geben dem Gedicht etwas Rhetorisches, die Insistenz einer angenommenen Haltung. Ein auf Realität gerichteter Prozeß, d. h. auch ein Prozeß, der dem, was ist, gemacht würde, findet im Gedicht nicht statt. Das erscheint als Einsicht:

»und Poesie ist kein Gewehr mit Zukunft«. Die Poesie scheint auf sich zurückgeworfen, und die Zukunft, die sie entwirft, kann nur poetisches Bild sein. Es ist ein Bild ihrer selbst. Und so erscheint schließlich im »Orgelpunkt vom Schnee« ein chimärisches Wesen. Nicht konkret wie »Ezra Pounds Eidechs«, die gleichwohl zitierte, sondern phantasmagorisch:

Aus der Unruhe meines eigenen Herzens
will einen Hirsch ich euch machen
mit Flügeln vom wilden Schnee
Vielleicht daß er hinkommt
Vielleicht kommt er hin
mit der Asche des Morgens
mehr vermag ich nicht
e disperato cuor
non vuol consiglio

Chimärisch: halb der Hirsch, der nach frischem Wasser schreit, halb Pegasus, der durch die Negationen und Vereisungen moderner Poesie geht. Mir scheint dies eine passende Chiffre für das Gedicht selbst, für diesen Zwitter aus Sprache und Musik, aus Tüftlertum und rhapsodischem Gestus, für diesen ebenso hochzielenden wie angestrengten poetischen Entwurf, der in seiner zitiersüchtigen und assoziationsbeladenen Weltläufigkeit die Schwierigkeiten verrät, aus dem schweizerischen »Diskurs in der Enge« auszubrechen.

Paul Wühr: Rede. Ein Gedicht

Das war die eine Möglichkeit: die Geburt des langen Gedichts aus dem Geist der Musik. Näher liegend, wenn man so will natürlicher, die andere: in der Sprache selbst jene Mittel und Techniken aufzusuchen, die das lange Gedicht möglich machen. Zitatsysteme, Verstechniken, Allegorien, Collageverfahren können so zu Konstituentien jener inneren Handlung werden, die es dem Gedicht gestatten, »zugleich lyrisch und lang zu sein« (Gustafsson). All das ist, zwischen Heißenbüttel und Enzensberger, denn auch versucht worden. Paul Wührs *Rede. Ein Ge-*

dicht[5] ist dazu eine bemerkenswerte Modifikation. Wühr, der mit der Literaturcollage *Gegenmünchen* (1970) und dem Originaltext-Buch *So spricht unsereiner* (1973) hervortrat, verleugnet auch als Lyriker nicht seinen Ausgang von der Sprache als Material. Was dieses Material hergibt, entscheidet die Weise, wie Sprache traktiert wird. Wührs Ansatz dürfte zunächst sehr befremden: »Eine falsche Sprache, wie ich sie verstehe, setzt sich nicht in Widerspruch zu Richtigem. Sie eröffnet keine Diskussion. Sie ist nicht diskursiv. Sie will nicht überzeugen, sie belehrt nicht, sie teilt nichts mit. Ihr Stoff ist zwar der allgemeine, aber sie versetzt sich mit ihm nur in den Schwebezustand, der endgültige Aussagen über und unter sich läßt. Ich spreche von einer poetischen Sprache, die weder surrealistisch mit der Norm bricht, noch praktischen Aktionen das Konzept liefert für Sprengungen einer negierten Realität, sondern Sprache ist, in der unter anderm, aber insbesondere, ein Sprechen jenseits kruder Gegensätze und Entscheidungen geübt werden kann.«

Eine »falsche« Sprache – könnte sie am Ende die richtige sein? Weder diskursiv noch poetisierend, sondern manipuliert aus Assoziation, Zitat und O-Ton-Material – eben *Rede*: Rede, die, mit sich selbst beschäftigt, auf sich selbst zielend, wie nebenher jene Themen und Gehalte transportiert, unter deren Last andere Gedichte fast zerbrechen. Etwas von der Utopie der experimentellen und konkreten Poesie schwingt hier nach. Aber solche *Rede im Schwebezustand*, so unreglementiert und unzensiert sie sich geben mag, will doch auch strukturiert sein; anders wäre sie Leerlauf, Geschwätz.

Lars Gustafsson, mein Kronzeuge fürs lange Gedicht, hatte von der Allegorie als einem Begriff gesprochen, der seine Möglichkeiten noch nicht ausgeschöpft habe: »Die Allegorie lebt mit ihrer Vieldeutigkeit und stirbt in dem Augenblick, wo sie verschwommen und vage wird. Eine Allegorie baut auf einer umfassenden Bewertungsgemeinschaft und auf gemeinsamen Begriffen auf.« Ich glaube nicht, daß Wühr seine *Rede* als allegorisches Gedicht anlegen wollte; eher dürfte ihm die traditionelle literarische Allegorie ein Greuel sein. Aber ein Moment allegorischer Vieldeutigkeit liegt, wie mir scheint, schon im materialen

Sprachansatz. Das Wort des Diktionärs, das Wort in der Schwebe, zieht, wie ein Magnet, alle möglichen Bedeutungen auf sich. Bedeutsamer noch scheint mir, daß Wühr versucht, durch Benutzung einiger weniger Grundwörter, die im Fluß der Rede immer wieder auftauchen, Markierungszeichen, Gliederungselemente, Assoziationsauslöser zu schaffen. Wo es, im Sinne der Allegoriedefinition, an »gemeinsamen Begriffen« und einer »umfassenden Bewertungsgemeinschaft« mangelt, verdichten sich diese Wörter zu allegorischen Spielmarken, die zumindest während der Lektüre der Rede Geltung haben. Es sind dies vor allem zwei Wörter, die immer wieder und meist dualistisch aufeinander bezogen werden: *Loch* und *Mai*. Es läßt sich an Wührs Gedicht leicht zeigen, daß diese Wörter ein solch beträchtliches spezifisches Gewicht haben, daß sie ihren Schwebezustand verlieren können und sich als Bodensatz handgreiflicher Bedeutung niederschlagen. Das geschieht immer wieder im Lauf des Textes, und der Autor muß allerlei Anstrengungen unternehmen, die Wörter wieder aufzurühren und mit den übrigen in einen neuen Mischungszustand zu bringen. Zu Anfang ist das natürlich nicht abzusehen. Harmlos fast, wenn auch in etwas kurioser Dunkelheit, beginnt das Gedicht:

> Diese Rede wird gehalten im Mai ich habe
> vor einem Loch mein Beileid ausgesprochen
> in wie viele Hände
>
> habe ich meine Trauer gedrückt (...)

Nach und nach erst entfaltet sich das semantische Potential der beiden Leitwörter: Der *Mai*, natürlich, ist ein Monat, ist die Liebe, ist alles Positive, was man sonst mit Mai verbindet – vor allem aber »der Mai ist ein Monat / in Paris«, und Wührs Rede ist eine Elegie auf den Aufbruch des Pariser Mai von 1968:

> Der schöne Mai ist wieder da
> es war dieses somit ein herrlicher
> Sonnenaufgang

wie sich zum Schlafen legen
heute alle denkenden Wesen
haben diese Epoche

mitgefeiert mit großen Augen
der schöne Mai der liebliche
ich bin noch dort (...)

Und Wühr gedenkt jener Zeit, da »eine erhabene Rührung« herrschte und »ein Enthusiasmus des Geistes« die Welt durchschauerte. Er redet auch von den »Niederlagen über viele Plattformen gut verteilt«. Und dieses Scheitern, den Tod der Revolution, den Tod überhaupt faßt das »Loch«. Es ist, möchte man sagen, das Prinzip der Negation – aber da *Rede* das Moment des Diskursiven verabschieden möchte, bleibt es bei diesem changierenden Wort, das von Mal zu Mal etwas anderes meint: »Das schwarze Loch zwischen den Sternen«, das Loch, das »die Wörter ins Leere abschlägt«. Aber es ist – in der poetischen Wiederkehr des Mai – »ein erhabenes Loch«, ein sprachliches Paradox, das seine Bindung an Prinzipien des Denkens nicht verleugnet. Mir scheint, hinter dem Konzept einer »falschen« Sprache, die als poetische die »richtige« sein könnte, hinter der im Wortmaterial verborgenen Dialektik von »Loch« und »Mai« lauert doch wieder Hegelsches Denken.

In diesem Sinn läßt Wührs *Rede* sich lesen als Poem, das die Utopie des Pariser Mai »aufheben« möchte. Phantasie, die nicht an die Macht kam, wird nachträglich als Sprache – als »Rede« – inthronisiert. Das Gedicht, das nicht überzeugen, nicht belehren, nichts mitteilen will, soll die Möglichkeit eines anderen Sprechens offenhalten. Und damit, womöglich, den Gang der Dialektik. Aber was ist das für ein Sprechen? Es ist kein Mensch, der spricht, sondern gleichsam die Sprache selbst, als könnte sie aus verstreutem Material durch Manipulation Authentisches synthetisieren. Es ist ein Sprechen hinter dicken Milchglasscheiben, undeutlich, schattenhaft, kreisende Monotonie, gleichförmiges Gemurmel, auf mysteriöse Weise um ein schließlich doch sehr offenes Geheimnis bemüht. Die Sprache läßt etwas durchblicken, aber was man schließlich sah, ist nicht eben viel. Gewiß, man hörte eine »Rede«, aber was man behielt, ist eigentlich bloß ihr Tonfall.

Es gibt poetische, schöne Stellen in Wührs langem Gedicht, in denen Persönliches aufscheint:

(...) ich habe alles vergessen alles
bis auf den Flug mein schönster Vogel aber meine
Ferse

blutet heute immer noch warum in jedem Traum weinen
meine
Nerven sich aus meinem Gesicht in deine Augen
hinein

Das muß einen Vergleich mit Ingeborg Bachmanns Gedicht *Mein Vogel*[6] nicht scheuen. Nur daß aus dem »eisgrauen Schultergenoß« – »meine Waffe« – eine blutende Ferse geworden ist.

Anderes in Wührs Gedicht ist schlechter Leitartikel und noch als Parodie zu dünn. Und wenn es – selbstkritisch? – heißt, die Rede »schwätzt aus mir mehr Löcher als ich aus einem bekam«, dann hat der Leser noch etwa achtzig Seiten vor sich, von denen die Hälfte ausgereicht hätte, den Zweck des Gedichts zu erfüllen. Wührs Schreibmethode, die kaleidoskopisch immer neue Varianten eines Grundmusters anbietet, teilt sich dem Leser sehr bald mit und ruft von einem bestimmten Punkt an Langeweile hervor oder Überdruß. »Diese Zeit / muß uns gehören aber die Sprache redet uns über« – solche Übermacht der Sprache muß ja nicht gleichsam naturalistisch durch die Redundanz des Sprechens veranschaulicht werden. Es ist immer noch der Autor, der uns »über-redet« oder auch nicht; wobei man sich Benjamins Satz gewärtig halten kann, daß überzeugen unfruchtbar sei. Wührs Utopie, die »aufgehoben«, aufbewahrt werden wollte, hat sich in der Rede verflüchtigt. Ihr Elan ist verbraucht, ehe das Gedicht zu Ende ist.

Ursula Krechel: Rohschnitt. Gedicht in sechzig Sequenzen

Ursula Krechel, Autorin zweier Lyrikbände, setzt bei ihrem Versuch eines Langgedichts auf die Analogie zum Film. *Rohschnitt*[7] – so der Titel ihres Gedichts in sechzig Sequenzen –

meint in der Filmsprache eine erste Montage zusammengehöriger Teile. Das betont das Provisorische und Offene ihres Versuchs, bedeutet aber auch Verzicht. Warum bietet uns Ursula Krechel den »Rohschnitt« und nicht den fertigen Film? Weniger aus Bescheidenheit oder Sorglosigkeit als aus Methode.

Im Sinne Gustafssons sucht Krechel Ausführlichkeit und Gleichzeitigkeit, Zeit und Dauer zu vereinen: Im Anfang wird schon aufs Ende angespielt. So lautet die erste Sequenz:

> Beginne ich zum Ende spurlos
> aufgeklärt von Anfang an
> heiterer zwischen den Zeilen versteckt
> beginne ich zu sprechen beginne ich
> mich zu entfernen spurlos
> mein Ich verliert sich
> ich habe mir die Tür gewiesen
> wer sagt hinterrücks ich zu mir
> bei wechselnder Witterung?

Dichten selbst sei schon Verrat, hatte Goethe einst gemeint, aber durch diese Meinung sich nicht vom Dichten, vom Sprechen abhalten lassen. Wer »aufgeklärt« ist »von Anfang an«, hat es schwerer, macht es sich schwerer. Ihm ist Sprechen Selbst-Entfernung, Ich-Verlust – aber warum hilft er diesem Prozeß noch nach? »Ich habe mir die Tür gewiesen« – geht es um ein hassenswertes Ich, ein »moi haïssable«, oder ist ein methodisches Experiment im Spiel? »Die Grammatik gibt ein Kartenspiel aus / und wir kennen die Regeln«, heißt es zu Beginn der zweiten Sequenz. Aber was hat das für Konsequenzen?

Krechels Langgedicht lebt von einer eigentümlichen Widersprüchlichkeit: Es vermag sich zwischen Form und Formlosigkeit nicht zu entscheiden. Zum einen betont das sprechende Ich seine Abneigung gegen jede Verfestigung. Zum andern registriert es nervös und detailliert das Verfließende und Haltlose aller Prozesse und sehnt sich, wenn auch schlechten Gewissens, nach Form und Vollendung: »Einmal noch vor dem Zerbrechen die große Form.« Das Gedicht erhält etwas Changierendes, Ungreifbares. Auch ob man bei den »Sequenzen« lediglich an den Film zu denken hat und nicht auch an die Sequenzen der Kirchenmusik, an Tonwiederholungen oder gar an die Abfolge gleichfarbiger Karten beim Kartenspiel, bleibt offen. Offen und undefiniert ist überhaupt das Thema von *Rohschnitt*. Gleichsam ein Film ohne Titel. Von fern wird man auch an Flauberts Idee eines Buches über nichts erinnert.

Ursula Krechel bietet viel Phantasie auf, um zu demonstrieren, daß es für sie kein Ganzes gibt. So entstehen lauter Negativbefunde:

> Du siehst in den Lücken zwischen den Menschen
> die Distanz im wäßrigen Licht
> Schuhspitzen und Kragenspiegel
> Mantelsäume und Ärmelaufschläge
> (Aber das Ganze nie? frage ich.
> Aber das Ganze nie, sagt er.)

Und selbst dieser »er« bleibt konturlos, ein Mann mit Kamera, der »bekannte Fremde«.

Aber eine Handlung, einen Gang, einen Plot sollte dieser Sprachfilm schon haben, mag die Autorin sich gesagt haben. Doch wie bringt das lyrische Ich Handlung hervor, ohne die Krücken des herkömmlichen Erzählens zu benutzen? Durch einen Trick: Es multipliziert sich und maskiert sich zugleich. So kann das vielstrapazierte Ich seine Rolle abgeben und sich hinter Masken verstecken. Ein dem Buch beigegebenes Blatt erläutert: »Eine Reise beginnt, drei Frauen brechen auf, sie reisen aus der Gegenwart in die Vergangenheit und zurück in die Zukunft. Im Troß trippelt ein Kind mit, ›zerreißt Erziehungshandbücher‹, dauernd will es mitreden, ›klüger und weitsichtiger als Hansimglück‹ (...)« Die drei Frauen sind »Die Kluge die Schöne die Mutter« – drei weibliche Rollen als Ich-Projektion und Ich-Erweiterung. Weibliche Dreifaltigkeit, getrennt oder selbdritt, mal heiligmäßig, mal hexenhaft. Eine dreifache Allegorie, die das Ich heimsucht und zum Aufbruch drängt – Allegorie wofür, Aufbruch wohin? das fragt auch die Autorin gleich zu Anfang: »War ich ich, waren wir wir oder wer / wo war die Auffahrt und wohin brechen wir auf?«

Eine berechtigte, eine wichtige Frage. Aber es überrascht kaum, daß das Gedicht keine deutliche Antwort gibt. Auch das hat Methode, ich halte es gleichwohl für einen Mangel. Gewiß ist der Weg wichtiger als das Ziel. Aber selbst dieser Weg erscheint eigentümlich vage, seine Überraschungen haben etwas Beliebiges. Es ist keine Reise, eher ein Trip durch eine – gewiß hochsensible – Innenwelt. Dabei stößt man auf eine Reihe von Stücken – Balladen oder Meditationen –, die geradezu virtuos gerieten und als Einzelgedichte sehr wohl bestehen könnten. Wer kann so schön und verlockend vom Kauf von Schuhen sprechen? »Da lagen die Schuhe, weichgebettet / wie frischgeborene Kinder.« Aber diese Romanze vom Schuhkauf, bei dem der Hahn krähen muß, ist mit bedeutungsschweren Träumen überladen, so daß der Umriß der Sequenz verlorengeht. Die Bilder »verrutschen«; man meint, »in einen andern Film geraten« zu sein. Dabei ist viel kalkulierte Irritation. Aber was aus einer irritierten Welterfahrung kommen mag, kehrt sich gegen die Darstellung selbst – wenn sie so virtuos und widerstandslos erscheint wie hier.

So hart die Schnitte des Textfilms sind, so schnell die Bilder wechseln – der Gesamteindruck ist ein Treten auf der Stelle (und damit, im Sinne Gustafssons, eine *negative* Dauer). Es gibt viele intelligente Einsichten und Reflexionen, aber die Summe bleibt merkwürdig mysteriös. Ursula Krechel, die in ihrem ersten Gedichtband *Nach Mainz!* ihr politisches Engagement in präzisen Bildern zu formulieren wußte, kleidet ihre Ratlosigkeit in einen wolkigen Mystizismus – Symptom einer Krise oder einer »langsamen Heimkehr«? Ihr Gedicht schließt mit tröstenden – selbsttröstenden – Formulierungen: »So ging ich aus dem Haus / und sah mich nie wieder. Aber da / war ich schon über den Berg.« Diesen Berg, über den die Autorin gekommen sein will, habe ich nicht sehen können.

Marginalie zum »Untergang der Titanic«

Gehört eigentlich Enzensbergers *Untergang der Titanic* (1978)[8] in unsere Reihe – in die Frage nach dem »langen« Gedicht? Die Gattungsbezeichnung »Komödie« verweist auf Dante, spielt aber auch ins Ironische: der Autor salviert sich. Er hat gewiß den Erläuterungszettel, der dem Buch beiliegt, autorisiert. Dort fallen Begriffe wie »episches Gedicht« und »Versepos«. Im Text selbst heißt es, wiederum ironisch-vorbehaltlich:

Das ist verworren! schrieen wir (verworren) durcheinander,
das ist kein Gedicht! das ist ein Pasticcio! Da ging er endlich,
er ging, und wir sahen uns um und sahen unsere Obstmesser an
und fragten uns, ob es Metaphern gibt mit so spitzen Klingen.
Dann aßen wir weiter an unsern Kaiserbirnen und Aprikosen.

»Verworren« ist Enzensbergers Gedicht ganz und gar nicht; seine Gesänge sind einsichtig dialektisch aufeinander bezogen, manchmal mystifikatorisch, aber nie mysteriös. Deutlich wird die Gesellschaft an Bord als Abbild einer Klassengesellschaft thematisiert, deutlich daran schließt sich der Untergang, das Versinken und Sterben. Präzis wird die Genese des Text-Schiffs gegeben: das Ich, das sich im Sprechen erzeugt und einen fiktiven verlorenen Text rekonstruiert – und damit ein Stück persönlicher und politischer Biographie zwischen Kuba und West-Berlin. Eingeblendet sind lyrische Reflexionen zu Themen wie Geschichte, Erkenntnistheorie, Desillusionierung und Endzeit, vor allem aber Bildbeschreibungen fiktiver Gemälde. In einer dieser Beschreibungen wird gefragt: »Wie fängt man es an, / den Weltuntergang zu malen? (...) technische Fragen, Kompositionsprobleme.« Mit ihnen, mit dem Artistischen, hat der Autor kaum Schwierigkeiten. Aber was ist mit dem *Pasticcio*? Was ist mit den *Metaphern*?

Von einer Mahlzeit war ja die Rede im Zitat aus dem 15. Gesang, und als *Pastete* (pasticcio) ließe sich die gesamte *Komödie* vom Untergang des Schiffes Titanic bezeichnen – als *Pastiche* auch im Sinne von Stilmischung und Stilimitation; als ein alexandrisches Spät- und Endprodukt: Anlaß für zahlreiche Doktorarbeiten, die noch kommen mögen. Aber wie geht das zusammen: Apokalypse und Pastete, Untergang und Artistik? Eine grundernste, eine deutsche Frage? In *Abendmahl. Venezianisch, 16. Jahrhundert* gibt uns der Dichter Bescheid:

Wie oft soll ich es euch noch sagen!
Es gibt keine Kunst ohne das Vergnügen.
Das gilt auch für die endlosen Kreuzigungen,
Sintfluten und Bethlehemitischen Kindermorde,
die ihr, ich weiß nicht warum,
bei mir bestellt (...)

Eine alte Antwort, wie man weiß; eine Antwort auch in altem Gewand. Auch das ist – bei Enzensberger jedenfalls – nicht eigentlich überraschend. Überraschend ist allenfalls die Koinzidenz mit dem Zeitgeist, die sich im *Untergang der Titanic* zeigt und die viele alte Freunde irritierte. Hatte Enzensberger diesmal seine Anarchie nicht eine Spur zu gut getarnt? Kam seine Absage an den Revolutionstourismus, an die Revolution selbst, mehr noch: an den Sinn von Geschichte, nicht denen zupaß, die eine »Wende« herbeiwünschten, herbeiredeten? Kam es Enzensberger mit einemmal auf das Alte-Wahre an, in Geschichte, Kultur und Kunst? Und hatte er deshalb dies Pasticcio angerichtet und mit allen möglichen Bildungszutaten und Bildungszitaten gefüllt? Und war – poetologisch gesprochen – die Schiffsmetapher, ein ältester Topos, herabgekommen bis in die Reden der Politiker, wonach wir – in Krisenzeiten, versteht sich – alle in einem Boot sitzen? Und war schließlich – ästhetisch gesprochen – der *Untergang der Titanic* nicht ein alter Schwarzweißfilm, der uns nostalgisch anmutet?

Alles wahr, und auch nicht. Enzensbergers Erfolg – und er ist ja (fast) immer erfolgreich, wenn er etwas macht – ließe sich mit diesen Fragen erklären; nicht jedoch die beträchtliche Faszination, die das Werk auch dann noch vermittelt, wenn man sieht, wie alles gemacht ist und worauf alles hinausläuft.

Auf eines kann man sich bei Enzensberger verlassen: auf seine Prinzipienscheu, auf seine »Freuden der Inkonsequenz«, auf seine Lust an Ironie und Subversion. Vielleicht sind auch die Inkonsequenzen, die Enzensberger sich erlaubt, sehr bewußt in den Text eingearbeitet, so wie das Bündel, das im 30. Gesang »auf dem großen Tisch / in der Mitte des Zimmers« liegt und sich als der tote Mann entpuppt, den schließlich (im 32. Gesang) eine Unbekannte durch ihren Kuß in sich aufnimmt: »und nahm ihn mit, mit ihrem einzigen Mund«.

»Wozu war sie gut, diese Wasserleiche?« Auf der Ebene des Gedichts geantwortet: um die Poesie über die Konstruktion, die unverfügbare Wahrheit über die Ideologie obsiegen zu lassen. Aber damit komme ich auch auf die im ersten Zitat aufgeworfene Frage zurück, »ob es Metaphern gibt mit so spitzen Klingen«. Das ganze Gedicht ist ein Metaphernsystem mit seinen Subsystemen; das wäre, angefangen vom Schiffstopos, leicht zu zeigen. Anspielungen und Verbindungen gibt es die Fülle. Wo ist da Ding und wo Metapher? »Dieses Schiff ist ein Schiff! (...) und die zerreißende Leinwand (...) symbolisiert die zerreißende Leinwand« (15. Gesang); und wenig später heißt es: »es gibt keine Metaphern« ... weil *alles* Metapher wurde. So auch der Eisberg, das »unvorstellbare Messer«.

Schneiden also die Metaphern nicht wirklich? Das steht auf einem andern Blatt; auf dem Blatt des (kritischen) Lesers. Er darf – wie Frank-Thies Lehmann – auf Rimbauds *Trunkenes Schiff* verweisen; auf das »Ende einer Sprachfahrt, die, ungleich radikaler, die Konsistenz des Zeichens aufschnitt, spaltete und zu Bruch gehen ließ«[9]. Es fragt sich, ob die historische Stunde Sprachzerstörung als eine Himmelfahrt oder Kommunion der Poesie zuläßt. Enzensberger bleibt bei Skepsis und Genuß. Zur Pastete gehört das entsprechende Besteck; es schneidet, ohne zu verletzen. Es gibt nichts End-Gültiges; nicht einmal den Untergang. Es gibt auch, infolgedessen, nichts Heroisches. Oder ist es nicht etwa doch heroisch, den Gedanken der Wiederholung und die Wiederholung selbst auszuhalten? Die Wiederholung gehabter Revolutionen, Katastrophen, Untergänge – und dann:

> Erst muß alles desinfiziert sein,
> geschient, geflickt und begraben.
> Dann kommt die Rache dran,
> nach der Rache die Wiederholung (...)

Das hebt die Einmaligkeit von '68 auf, legt Bescheidenheit nahe. Das rechtfertigt auch, noch einmal, das Verfertigen von *Pasticcios*; den (vorläufigen) Abschied vom Gedanken der Avantgarde – ein Begriff, der schon früh die Kritik Enzensbergers provozierte. Das hat auch Folgen für die Idee des »langen Gedichts«.

Höllerers Thesen von 1965 formulierten eine Utopie, eine poetische wie politische: »Wer ein langes Gedicht schreibt, schafft sich die Perspektive, die Welt freizügiger zu sehen, opponiert gegen vorhandene Festgelegtheit und Kurzatmigkeit. Die Republik wird erkennbar, die sich befreit.« Über Enzensbergers »Freizügigkeit« ist nicht weiter zu befinden: Er zieht sich, wie weiland Münchhausen, aus jedem Sumpf, ohne seinen Zopf (und Kopf) zu verlieren. Aber von einer Republik, »die sich befreit«, wird er nicht reden.

Blickt man noch einmal auf die Versuche Imhaslys, Wührs und Krechels zurück, wird einem das emphatische, utopische, gleichsam naive Moment dieser Texte deutlich. Pierre Imhasly, mit Blick auf die Schweizer Enge, vertraut sich der Musik an, um einen »Widerpart« zu finden. Paul Wühr versucht es – ganz analog – mit einer »falschen« Sprache gegen die korrupte korrekte und die von ihr repräsentierte Realität. Ursula Krechel verzichtet auf den Halt eines Themas und schreibt einen Film aus Wörtern mit märchenhaften Zügen. Sie findet sich auf eine seelische Innenwelt zurückgeworfen, die sich nicht zur faßbaren Autobiographie auskristallisieren möchte – aus Angst wohl, ihren utopischen Impuls zu verlieren.

Die drei langen Poeme sind Texte *nach* Enzensbergers *Untergang der Titanic*. Haben sie noch nicht den heiter-gefaßten Distanzpunkt erreicht, oder sind es schon wieder Revisionen? Weder für die eine noch die andere Ansicht, scheint mir, gibt es genügend Anhaltspunkte. Obwohl alle drei Texte sich eigentümlich abseitig und speziell geben, haben sie teil an den Suchbewegungen einer ganzen Generation; und eben die verdünnte Erfahrung, wie sie sich in den Gedichten ausdrückt, spricht für den *Erfahrungshunger*. Michael Rutschky hat diesen Begriff geprägt und als Zeitbewegung der siebziger Jahre beschrieben. Im Rückzug aus den Allgemeinbegriffen – die für Enzensberger wenigstens *negativ* noch Geltung haben – entsteht eine neue Utopie: »eine Utopie der Unbestimmtheit, des Vagierens, der Strukturlosigkeit und Entgrenzung. Jederzeit muß jede Veränderung möglich sein. Vor dem Hintergrund dieser Utopie erscheint alles, was nach Bestimmung, Schema, Identität aussieht, schon auf den ersten Blick als Inbegriff von Einschränkung und Entfremdung.«[10] Lange Gedichte als Suchgedichte – das könnte ein Impuls der nächsten Jahre sein.

Wiederkehr der Formen*

Nach der neuen Sensibilität

Hegel hat uns das Bild eingeprägt, wonach die Eule der Minerva ihren Flug erst in der Dämmerung beginnt – ein ruhiges Bild, ein schönes Bild, offenbar hat Hegel mit langen Zeiträumen, mit ruhigen Vorgängen gerechnet. Wie gern würden wir, wenn eine Gestalt der Lyrik grau geworden ist, ähnlich denken, ähnlich verfahren. Aber wenn unser Empfinden nicht täuscht, vollzieht sich der Wechsel von Mal zu Mal schneller, werden die Gestalten des Lebens und der Kunst immer grauer, so daß unser Geist nach immer rascher wechselnden Eindrücken verlangt.

Im Mai 1979 wurde in Münster eine Bilanz der Gegenwartslyrik aufgemacht und in manchen Beiträgen die eben erst etablierte Richtung der neuen Subjektivität wieder verabschiedet. Jörg Drews konnte bereits nach Neuem Ausschau halten, und so nannte er seinen Vortrag *Nach der »neuen Sensibilität«*. Er, der doch durch seine entschiedene Kritik dieser Richtung ein – wenn auch weitgehend negatives – Profil verliehen hatte, verzichtete auf die begriffliche Festlegung dessen, was neben oder nach der neuen Sensibilität in Erscheinung trat. Dabei mag ihn die Scheu geleitet haben, wieder einmal eine Richtung oder einen Ismus zu präsentieren, wie sie zu den Verschleißartikeln unseres Kulturbetriebs gehören. Jeder, der sich an einigermaßen sichtbarer Stelle als Registrator einer wenn auch noch so dünnen Tendenz betätigt, muß damit rechnen, daß seine Beschreibung bereits als Parole aufgegriffen und verschlissen wird.

Wenn ich im folgenden von der Wiederkehr der Formen spre-

* Vortrag beim Lyrikertreffen Münster (Westf.) 1981

che, muß ich an meine Brust schlagen. Ich tue das um so lieber, als ich andererseits die Wirkung von Lyrikkritik und -analyse nicht überschätze. Also *Wiederkehr der Formen*. Ich verzichte aufs Fragezeichen, es hätte die Vermutung der Überschrift nicht fraglicher gemacht.

Ich rede von Form und Formen und meine damit etwas durchaus Partielles, Eingeschränktes – Form als metrische Struktur und strophische Konvention, aber auch als einmalige individuelle Strukturfindung. Heißenbüttel spricht ja von den »Sonderformen« und »Sonderregelungen«, die den Vers von der Prosa unterscheiden. Formprobleme also als Frage nach freiem oder gebundenem Rhythmus, nach Reim oder Reimverzicht, als Frage aber auch nach anderen Rastern, die dem Sprachmaterial Widerstand bieten, die es strukturieren oder aber auch – vergewaltigen. Zu sprechen wäre von Widerständen, die die Spannung erhöhen und die poetische Leistung unter Umständen erst ermöglichen. Es sind Probleme der Form, die in den siebziger Jahren in den Hintergrund getreten waren, nicht immer zum Vorteil der Lyrik; Probleme, die nicht nur Kritiker und Theoretiker beschäftigen, sondern auch die Autoren reizen. Ludwig Harig, der aus der Stuttgarter Ecke der experimentellen Literatur herkam, überrascht mit Sonetten, gar solchen im barocken Alexandriner. Karl Krolow, der Proteus der deutschen Poeten, der im Strophenreichtum der Naturlyrik begann, im Zeichen seiner Surrealismusrezeption den Vers libre kultivierte und zuletzt, wie endgültig, auf einen prosahaft ausgenüchterten Parlandostil eingeschworen schien, ist zum alten Spiel mit der Form zurückgekehrt. Krolow überschreibt ein Gedicht *Sonett – oder auch nicht*. Er schreibt – wie in seinem frühen Band *Die Zeichen der Welt* (1952) – auch wieder Terzinen; aber er nennt sie *Terzinen, blauäugig*, gewissermaßen in der Hoffnung, daß wir so viel Blauäugigkeit ihm nun doch nicht abnehmen. Er nimmt uns, aber nicht minder sich selbst auf die Schippe. Und die Zeilen, die ich aus diesen Terzinen zitiere, klingen fast, als hätte der Autor sie eigens für diese Überlegung verfaßt:

Denn nichts ist einzuwenden
gegen geregelte Normen,

die kein Gefühl verschwenden.

Das sind geregelte Normen,
blauäugig wie das Wetter,
mit richtigen Umgangsformen.

Das täglich günstige Wetter
ist doch für alles offen.
Das wird ja immer netter,

ist für zu vieles offen.
Da wirst du leicht verwirrt
und bist schon fast betroffen.

Ob sich da niemand irrt?[1]

Das nun ist freilich die Frage. Festzuhalten bleibt indes, daß Krolows *Ironisierung* der Normen sich eben dieser *Normen* bedient. Er weiß halt, wovon er spricht. Das weiß gewiß auch Helmut Heißenbüttel, Erzpoet einer experimentellen Literatur, ein Autor, dessen Entwicklung gerade in den letzten Jahren von Revisionen bestimmt ist, von Zurücknahmen seines Avantgardeanspruchs. Welcher Leser der *Textbücher* hätte die Wendung zu Selbstbekenntnis und Selbstentblößung in den neueren Texten, sagen wir ruhig: Gedichten, vorausgesehen? Eines der jüngsten Gedichte *Zweizeiler Februar 81* beginnt mit dem Eingeständnis:

auf der suche nach der verlorenen Wirklichkeit
ist der weg weit bis in die verlorenheit

Und es endet, persönliche und künstlerische Erfahrung in eins nehmend:

denn es genügte ihm ja nicht bloß Avantgardist zu sein
alles hereinzunehmen zu benutzen zu verschlingen schloß er mit ein[2]

Daß es nicht mehr »genügt«, bloß Avantgardist zu sein, ist eine unter den »fortgeschrittensten« Avantgardisten um sich greifende Stimmung. Der Fortschrittsglaube, der wähnte, künstlerisches Hervorbringen optimieren zu können wie technische

Produkte, ist ihnen abhanden gekommen. Es war der Glaube, es gehe immer weiter.

Aber geht es noch weiter, oder ist Umkehr vonnöten, eine konservative Revolution, eine schöpferische Restauration? Das alles sind leere Begriffshülsen, die die Geschichte beiseitefegt. Heißenbüttels Vers sagt, was möglich und nötig wäre, nicht begrifflich, sondern in sinnlicher Weise: »alles hereinzunehmen zu benutzen zu verschlingen schloß er mit ein«. Man beachte das »einschließen«, das Rezeptive wie die Hermetik, aber auch das »verschlingen« als Destruktion wie produktive Anverwandlung. Ist es nicht die Anverwandlung dessen, was man dort, wo man die Besitzverhältnisse attackiert, das »kulturelle Erbe« nennt? Ich will mir den jetzt fälligen Exkurs über DDR-Lyrik versagen. In ihm müßte von dem so provokatorischen wie produktiven Umgang mit Formen die Rede sein, wie ihn etwa Karl Mickel in Benutzung und Verfremdung antiker und klassischer Formen praktiziert. Ich erlaube mir, als Wink für Anfänger, ein Zitat aus Brechts *Arbeitsjournal*: »der neu anfangende, der die tradition nicht beherrscht, fällt leicht unter die herrschaft der tradition zurück.«[3] Ein Satz, der manchem der Jüngeren (à la Bukowski »den Kopf voll Suff und Kino«) ins Stammbuch zu schreiben wäre. Das heißt freilich nicht, daß man, Kaysers *Kleine deutsche Versschule* in Händen, Sonette, Oden und Elegien nach Schema und Muster herstellen sollte. Vor einem neuen Akademismus, den es in den nächsten Jahren geben könnte, ist ja schon prophylaktisch gewarnt worden. Er käme nicht aus der *Beherrschung* der Tradition, sondern aus *Unterwerfung*, aus der Schwäche, die opportunistisch die als Vakuum empfundene Situation durchs Alte, Bewährte auffüllen möchte.

Im Moment dominiert noch das Unbehagen am Massenausstoß von Parlandopoesie, am Flattersatz einer in Zeilen gehackten Prosa, an der sich darin artikulierenden stimmungshaft-privaten Subjektivität, die sich politische Motive borgt, um ihre Schwäche zu kaschieren. Dies Unbehagen besteht nicht bloß in der Einbildung der Kritiker, auch wenn die inzwischen geläufig gewordenen polemischen Formulierungen – »lässige Lyrik«, »Tagebuch im Stammel-Look«, »poetische Standardposen«, »eine neue Formlosigkeit« – von Kritikern und Germanisten stammen; gebündelt wurden sie noch einmal in Hans-Jürgen Heises »Zeit«-Artikel vom November 1980 als Kritik an der »neuen Weinerlichkeit und der neuen Schlampigkeit«.

Nun sollten wir aber unsere Unbehaglichkeiten und Idiosynkrasien nicht zu Aporien stilisieren. Die Tatbestände sind ja relativ einfach. Jörg Drews hat in seinem Münsteraner Vortrag den Grund des Unbehagens an der Formlosigkeit wie folgt verdeutlicht: »Wenn die Lyrik sich *alle* Freiheiten des Sprechens herausnimmt, dann aber sozusagen ihren Widerpart, die diversen Formen strenger gebundenen Sprechens, ›künstlich‹ strukturierten Sprechens ganz aus den Augen verliert, schlägt die Freiheit in Beliebigkeit um, das Befreitsein in die Spannungslosigkeit der Willkür. Wo alles erlaubt ist, ist nichts mehr reizvoll. Die Aufhebung von Normen hat eine Dialektik, die beachtet sein will.«[4]

Aus dieser Prämisse ergeben sich Konsequenzen. Es kann uns nun nicht mehr um simple Alternativen gehen wie »freier« oder »gebundener« Vers, sondern um das Verhältnis von ganz unterschiedlichen Versen und Verstechniken zur *Norm* oder, wie ich lieber sagen möchte, zur *Regel*. Denn die Regel ist nicht das oktroyierte Gesetz, das man repressiv nennen und ablehnen muß, sondern die überkommene oder ad hoc gefundene Vereinbarung zwischen Dichter und Gedicht, getroffen mit dem Blick aufs Vorhandene, aber auch aufs Künftige – Vereinbarung, die nur von Mal zu Mal gilt und immer wieder erneuert werden muß. Aber wozu bedarf der Lyriker der Regel? Ich antworte mit einem Maler. Es ist die Regel, sagt Braque, »qui corrige l'émotion« – und *daß* der Künstler ein Bedürfnis hat, seine Emotion nicht bloß auszudrücken, sondern auch zu korrigieren und zu transformieren, darüber sollte man nicht streiten müssen. Wem das aber zu sehr nach Sublimation klingt, den verweise ich auf einen so außerordentlich originellen Autor wie Raymond Roussel und auf die eigentümlichen Formalismen, die seinen Texten zugrunde liegen. Oder auf Michel Butors Kommentar in seinem Roussel-Essay, wo er feststellt, daß die wirkliche Bedeutung des Reimes ist, »den Gedanken zu zwingen, eine Richtung zu suchen, die er niemals selbständig gewählt haben würde«[5]. Was Butor vom Reim sagt, gilt gewiß für die paradoxale Freiheit überhaupt, die die Anwendung gewisser künstlerischer Formalismen bietet.

Ein weiteres. Drews sprach von »diversen Formen strenger gebundenen Sprechens« und von ihrer möglichen *Künstlichkeit*. Nun sollten wir das ernst nehmen und den Fundus der Möglichkeiten so groß sehen, wie er wirklich ist. Nichts gegen den Reim, nichts gegen das Sonett, aber das ist ja nicht alles. Warum fällt uns beim Thema Form immer bloß das Sonett ein – wie eine italienische Spezialität, die wir von Zeit zu Zeit einmal nachkochen, bis wir ihrer überdrüssig sind? Warum muß Rückkehr zum Reim Rückkehr zu Klang und Magie sein – wobei Rühmkorfs archäologische Bemühungen um eine »Naturgeschichte« des Reims so wenig geschmälert werden sollen wie seine poetischen Resultate selbst in Gestalt seltener und frecher Reimpaarungen. Man könnte aber auch vom versteckten und diskreten Reim Marianne Moores lernen. Strenge Form muß nicht Bastelei werden. So meine ich auch nicht, daß wir unsere Gedichte in der dritten asklepiadeischen Strophe schreiben sollten (obwohl ich auch das nicht ausschließe), und wenn wir schon nicht ernstlich zu Hölderlin zurück wollen, warum blicken wir dann nicht näher auf die poetische Technik der Anglo-Amerikaner? Auf die Reduktionstechnik Robert Creeleys, den »projektiven« Vers Charles Olsons und auf seine Hinweise auf die Silbe als Element des Verses. Ein silbenzählender (nicht alternierender) Vers böte womöglich Wirkungen, wie sie bisher kaum ausprobiert wurden. Warum also verwenden so wenige Lyriker Phantasie auf die Erfindung neuer Formen?

Wenn wir den Fortschrittsbegriff in der Kunst verabschieden und damit auch die starre Antithese von »freiem« und »gebundenem« Vers, dann brechen wir mit einem Innovationsbegriff, der im wesentlichen zu Reduktionen geführt hat, zur Spezialisierung und Verkürzung: zur Reduktion aufs Material in der konkreten Poesie, zur Reduktion auf die Botschaft im Agitprop-Gedicht, zur Reduktion aufs Protokoll im Verismus der neuen Sensibilität. Georg Jappe hat über eine mögliche *Rückgewinnung der Komplexität* nachgedacht und den Mut gehabt, so etwas wie ein Wunschbild zu zeichnen: »Unter Erlebnisdichtung stelle ich mir etwas anderes vor: Mut zu Ich und Inhalt, mit Mut zum Außersprachlichen und zur Abbild- und Evokationsfähigkeit der Sprache, einer lebendigen Hochsprache, die von Preziosität und Sterilität gleichermaßen entfernt ist wie vom Schablonendeutsch der Schlager und Nachrichten, Plastizität und Musikalität wiederfindend, aber ohne die materialen Genauigkeitserfahrungen der Konkreten Poesie und die observativen der Neuen Empfindsamkeit außer acht zu lassen. Formal so vielschichtig wie man kann (proteushaft, nicht eklektizistisch), die Reduktion auf einen Stil hat längst zum Markenartikel geführt (blaues Bild, aha Yves Klein, geschlitzte Leinwand, aha Fontana, Satzleier, aha Heißenbüttel).«[6] In einer solchen Poesie dächte nicht mehr das »Unkomplexere« über das »Komplexere« nach, bellte der avantgardistische Hund nicht mehr den klassischen Mond an.

Beispiele: Greve, Leisegang, Burger

Unsere Lyrik würde ärmer scheinen, als sie ist, hätten sich nicht einige Autoren den Zwängen der *eindimensionalen* Poesie entzogen. Zwar täten Namen durchaus etwas zur Sache, aber ihre bloße Aufzählung führte nicht weit. Es soll um Beispiele gehen, nicht im Sinne von Vorbild oder Muster; aber vielleicht können sie doch den einen oder anderen Wink geben, was die Formen, ältere oder neuere, mit der Rückgewinnung der Komplexität zu tun haben. Daß es sich nicht um längst eingeführte Namen handelt, ist für meine Beispiele nicht zufällig und unwichtig.

Vorher aber noch ein kurzer Rückgriff auf einen Autor der sogenannten neuen Sensibilität, um anzudeuten, daß es Übergänge oder Revisionen auch im Lager der Alltags- und Parlandolyrik gibt und daß das Problem der Form auch dort wieder als aktuell empfunden wird. Bei seinem Aufenthalt in der Villa Massimo (1977) experimentierte Jürgen Theobaldy mit klassischen Formen, Oden und elegischen Distichen. Aber nicht die lyrischen Resultate des Gedichthefts *Drinks. Gedichte aus Rom* sollen hier interessieren, sondern die poetologischen Schlüsse des Autors. Im Nachwort zu *Drinks* schreibt Theobaldy: »Hölderlins Oden leben, aber es kann nicht Ziel heutiger Lyrik sein, auf Stelzen zu steigen, und heute wären solche Formen Stelzen. Wenn das Spiel gelaufen ist, wirken diese strengen Metren vor allem aufdringlich und herrschaftssüchtig, oder es sind Rettungsringe, ein ›Immerhin‹ für jemand, der sich gar nicht in Gefahr begeben hat.«[7]

Ist das *Spiel* gelaufen, das Spiel der Form? Ich komme mit einem Exempel, das ich dieser These entgegensetze, einem, wie ich zugebe, nicht unriskanten Beispiel. Ludwig Greve, von dem ich spreche, ist zwanzig Jahre älter als Theobaldy. Sein erster Band hieß schlicht *Gedichte*, enthielt deren ganze zwanzig und erschien 1961 bei Hanser. Ein zweiter Band mit dreiundzwanzig neuen Stücken erschien 1974 in Kommission bei Klett. Der Titel: *Bei Tag*. Das ist bislang alles und beweist eine ostentative Zurückhaltung, die in Anspruch umschlägt. Daß Greve emigrieren mußte, nach Frankreich, Italien, Palästina, daß er Angehörige verlor, darunter seinen Vater, daß er erst spät – 1950 – ins Land seiner Muttersprache zurückkehrte, ist den Gedichten eher eingeprägt als oberflächlich abzulesen. Den Band *Bei Tag* eröffnet ein langes Gedicht in alkäischen Versen unter dem Titel *Mein Vater*. Es ist die späte Rechenschaft des Sohnes und der Versuch, das Bild des im KZ umgekommenen Vaters zu retten und im Bild zu beschwören. Ich zitiere vier Strophen, etwas mehr als die Hälfte des Gedichts.

Spät komme ich zu dir.
Wenn Staub mich riefe – aber ich höre nur
    im Spiel der feuchten, meiner Lippen,
        diese gehorsame Stimme rufen.

Wo niemand wartet, Vater, im Schweigen, wo
in Salz und Asche kenne ich deinen Mund,
    der nach den Kindern ruft und ächzend
        bittet um Gnade die Menschensöhne.

Die ehmals gute Jacke verriet den Herrn.
Du ohne Mantel, war auch kein Tier dabei
    noch Gott: wie sorgsam führtest du in
        zwiefacher Kälte dein Kind zur Grube.

Dein Aug, die Stirne, Tafel vom Sinai,
der Nase starker Bogen – ich sehe nichts

und halte Nase, Stirn und deine
Bitternis doch in den hohlen Händen.[8]

Ob man es zu *hören* vermag? Der Leser jedenfalls *sieht* es oder vermag es zu *sehen*: Das Gedicht beginnt mit einer Störung, einer Verletzung. Der erste Vers, der ein alkäischer Elfsilber sein müßte, ist unvollständig; er hat lediglich sechs Silben, und selbst diese sind kaum als Fragment des geforderten Schemas zu lesen. »Spät komme ich zu dir«, das ist ein Satz, wie nach langem Schweigen gesprochen, gepreßt und wie unter Druck. Und nur gegen Widerstand wird im Gedicht weitergesprochen. Diesen Widerstand bietet die Form der Odenstrophe; oder, vorsichtiger gesagt, die Form ist Analogie dieses Widerstands – aber sie ermöglicht auch seine Überwindung, die Überwindung einer Sprechhemmung. Nicht die Kunst fordert den Widerstand, sondern das schreckliche Faktum selbst, das allem Sprechen vorausging und das doch das Sprechen, die Auflösung in Sprache fordert. So bietet die Form eine Entsprechung, denn wie wäre der Widerstand anders zu fassen denn als Kunst?

Die Überwindung des Widerstands ist weniger ein Triumph der Artistik als des Menschen, der sich das Schwere zögernd, stockend von der Seele spricht. Und so werden wir weniger auf artistischen Glanz rechnen dürfen als auf ein Scheitern, das sich in der Form beglaubigt. Als Beispiel noch einmal Strophe 4:

Dein Aug, die Stirne, Tafel vom Sinai,
der Nase starker Bogen – ich sehe nichts
und halte Nase, Stirn und deine
Bitternis doch in den hohlen Händen.

Ein Mann versucht, sich das Gesicht seines toten Vaters ins Gedächtnis zu rufen, möchte es sich vergegenwärtigen und deutlich als ein Ganzes sehen. Aber die groß ansetzende Zeichnung verfehlt das Phänomen. »Ich sehe nichts« ist Eingeständnis des Versagens; und so scheinen die Details zunächst lediglich »membra disiecta«. Aber was meint das »doch«? Was birgt der Sprechende »in den hohlen Händen«? Sein eigenes Gesicht – aber als Entsprechung, ich möchte fast sagen als *Abguß* des väterlichen Gesichts. Im äußersten Schmerz des Verlusts wird er des Besitzes inne. Die Hände bergen das Verlorene – und so auch die strenge Form. Sie ist Gesetz – wie die »Tafel vom Sinai«, die gedankenvolle Stirn, die vom Vater auf den Sohn übergeht.

Scheitern und Triumph, beides geschieht in der hoch ansetzenden Kunstanstrengung der Ode. Müßig zu fragen, ob der Verzicht auf Odenform und -sprache ermöglicht hätte, was hier zwischen »nichts« und »doch« gelang. Hätte ein Parlandogedicht die Spannung fassen können? Greve kommt nirgends zur falschen Identität der Epigonen. Er ist nicht der Vater, aber er ist nicht bloß Sohn. Sein Credo angesichts von Verlust und Bewahrung kann nur das »credo quia absurdum« sein. Das Gedicht hebt, für seine Dauer, die Absurdität auf.

Wenn Theobaldy finden darf, er habe nicht erfahren, »was sich mit jenen gebundenen Formen noch beweisen ließe«, mag Greve auf *sein Gesetz* verweisen. »Andere«, so sagt er, »suchen Halt in einer Gruppe oder Überzeugung, ich fand ihn in der alten, immer neu zu gewinnenden Form der Ode. Anfangs scheute ich davor noch zurück, weniger aus Angst, einem Schulmuster zu unterliegen oder es zu parodieren als aus dem Gefühl des Ungenügens; erst als ich mich stellen mußte, in dem Gedicht an meinen Vater, faßte ich Mut zu ihr, weil sie der bald drängenden, bald stockenden Anrede Widerstand bot. Es zeigte sich, daß mir so eine Sprache, sagen wir, der Sterblichkeit gelang, die vielleicht vor beiden bestehen kann, den Opfern wie den Lebenden. Das gibt manchen Gedichten, ob ich auch schweren Mutes anfing, so einen Unterton von Glück, warum sollte ich das leugnen?«[9]

»Eine Sprache der Sterblichkeit«, diese Formel könnte uns zu dem nächsten Autor bringen; ob auch der »Unterton von Glück«, ist schon zweifelhaft. Die Rede ist von Dieter Leisegang. Im März 1973, vier Monate nach seinem 30. Geburtstag, schied Leisegang in Offenbach am Main aus dem Leben. Seine Gedicht- und Prosabände, kleinen Formats und in kleinen Verlagen erschienen, hatten wenig Resonanz gefunden: Leisegang lag quer zur damals herrschenden literarischen Tendenz. Es gab nur vereinzelte Hinweise. Was man später neue Subjektivität nannte, war bei Leisegang, mitsamt der Erkenntnis ihrer Problematik, schon vorhanden. Ich-Befangenheit mündete in Ich-Kritik. In einer aphoristischen Notiz schrieb er: »Alles bei mir läuft in Richtung auf mich selbst. Ist Selbstrichtung, Selbsthinrichtung.«[10] Diese Radikalität der Selbstbefragung unterschied Leisegang von vielen Späteren.

Zwar finden sich in den Gedichten der Jahre 1972 und 1973 Anspielungen auf Sterben und Tod – der Schreibende lehnt sich gegen den Tod auf und glaubt ihn überlisten zu können –, aber dieser Blick vom Ende her verstellt leicht die Einsicht in den besonderen Charakter von Leisegangs Produktion. Was für den Autor den Charakter letzter Worte gehabt haben mag, erscheint oft als lakonisch-beiläufige Mitteilung von verhaltener Ironie und gedämpftem Sentiment. Der besondere Charakter dieser Lyrik wird in zwei Gedichttypen sehr deutlich: im imagistisch-haikuhaften Kurzgedicht und im strophischen, oft auch gereimten Gedicht traditioneller Observanz. Ich zitiere eines seiner formal konventionellen Gedichte, *Traum* vom Oktober 1972:

Vor uns lief zu blauer Weite
Eine Linie her aus Hügeln
Drüber hingen wie auf Bügeln
Deutsche Wälder ausgebreitet

Unser Weg zerschnitt das Weben
Raunen, Rufen, diese Gegend
Zweifach auseinanderlegend
Ihrer Gänze Grenzen gebend –

Abends kamen manchmal Wagen
Uns entgegen aus der Ferne
Lauter abgestürzte Sterne
Die nicht mehr nach Hause fanden

Ihre langgezogenen Klagen
Rissen Wunden in die Ruhe –
Endlich zogen wir die Schuhe
Aus und kamen auch abhanden[11]

Eine romantische Form, der vierhebige Trochäus, mal gereimt, mal durch Assonanz verbunden, wir kennen sie von Brentano her bis zu Trakl. Dazu das Traummotiv, das überdies etwas von »blauer Weite« evoziert. Aber all das wird von Leisegang nicht epigonal reproduziert oder bloß intelligent als Pastiche dem Vergnügen des Kundigen überliefert, sondern zersetzt und zerschnitten: »Unser Weg zerschnitt das Weben / Raunen, Rufen, diese Gegend / Zweifach auseinanderlegend ...« Sektion einer toten Romantik, Aufbahrung, aber womöglich auch Aufbewahrung. »Deutsche Wälder« – Eichendorffsche, darf man annehmen – hängen, nein: hingen »wie auf Bügeln«. Wozu? Zum Trocknen, darf man annehmen, denn allzu lang wurden sie von unserem Gefühl, unserem »Weben, Raunen, Rufen«, befeuchtet. Und was ist mit dem Traum? Er wurde zum Antimärchen wie im *Woyzeck*; die entgegenkommenden Autos »lauter abgestürzte Sterne / Die nicht mehr nach Hause fanden«. Und schließlich der Mensch: Mit dem Ausziehen des Schuhs verliert er dadaistisch-grotesk seine Identität.

Eine simple Dialektik würde mit der Entleerung der Gehalte eine solche der Form diagnostizieren. Aber das Gedicht zeigt, daß gerade damit nichts getan wäre. Der Verlust dessen, was einmal Gehalt heißen durfte, ist an der gerüsthaften, scheinbar intakten Form abzulesen. Im selben Oktober 1972 schrieb Leisegang das Gedicht *Einsam und allein*:

> Einsam ist ja noch zu leben
> Hier ein Ich und dort die andern
> Kann durch die Alleen wandern
> Und auf Aussichtstürmen schweben (...)[12]

Es ist eine tödliche Dialektik, die Leisegang entfaltet. Was durch die Kopula »und« verbunden scheint, enthüllt sich als äußerste Grenze, mit schärfster Logik definiert: »zweifach auseinanderlegend« auch hier. Hier Möglichkeit des Lebens, der Sozialität, auch der Trauer – auf der anderen Seite die ungeschiedene Negativität: »Doch allein ist alles ein / Ist nicht da, nicht dort, nicht eben / Kann nicht nehmen oder geben / Leergelebt und allgemein.« Wo sich »allein« auf »alles ein« reimt, ist die Maxime der Negativität nicht anders als in der Form des Spruches zu fassen. Durch Form wird Negativität zur Melancholie gebrochen und damit noch einmal zu ertragen. Leisegang verstand diesen Zusammenhang freilich als Teufelskreis: »Es kommt in der Kunst nur noch darauf an, sie dauernd umzubringen. In sich fortwährend das Bedürfnis nach ihr zu töten. Aber genau dadurch kommt sie zustande, denn Bedürfnisse sterben nur, wenn man sie befriedigt.«

Leisegang vermochte dieses Bedürfnis nach Kunst in sich nicht abzutöten, wohl aber sich selbst. Wie hoch mußte er die Kunst schätzen, wenn er danach trachtete, sie *dauernd* umzubringen. Ein sprechender Doppelsinn oder eine Fehlleistung: der Mordversuch als äußerste Liebeserklärung.

Auch bei unserem letzten Exempel werden wir den Bereich der Melancholie und ihren Zusammenhang mit der Form kaum verlassen. Ich spreche von Hermann Burgers *Kirchberger Idyllen*. Burger, vom selben Jahrgang wie Leisegang (aber auch Handke), war bis dato als Erzähler hervorgetreten. Von seinen *Diabelli*-Erzählungen hat man gesagt, sie seien nicht nur artistisch bis zur ironischen Brechung, sondern machten diese Artistik »geradezu zu ihrem Thema: die Kunst und der Künstler, deren Verhältnis zum Leben und das heißt zum Tod«[13]. Eine Charakteristik, die man ohne Umschweife auf die *Kirchberger Idyllen* beziehen kann. Nun sind diese Idyllen mit einer gewissen Verlegenheit rezipiert worden, wohl auch mit Argwohn und Kritik. Nicht daß hier jemand Regionales, Abgelegenes, Zeitfernes – oder scheinbar Zeitfernes – zum Thema machte, war das Skandalon, sondern daß es wirklich Idyllen waren, eben in jener Form, die vom alten Voß bis auf Mörike zur Idylle gehört: der Form des elegischen Distichons. Zeitfern und weltfromm, mit einem Ruch von Pfarrersmäßigem setzen die Idyllen ein:

Was man denn, frug ich die Großmutter, wenn man studiere, studiere,
War mir doch längstens klar: Pfarrer, das ist mein Beruf!
Schwarz im Talar auf den Klängen der Orgel durch Kirchen zu schweben,
Unter dem Ärmel die Schrift, Scheiben-Apostel im Chor,
Stufe um Stufe das gotische Schnitzwerk der Kanzel zu stürmen
Atem zu holen fürs Wort: dies war ein lohnendes Ziel.
Heute bin ich ein Pfarrhaus-Verweser und brauche nur Wörter,
Neble das Südzimmer ein, wo einst die Predigt gedieh.[14]

Natürlich merkt man bald die Distanzierung und Verfremdung, der Behaglichkeit ist nicht zu trauen, der Fluß der idyllischen Verse zeigt Untiefen, und das Eingangsgedicht endet bezeichnend genug: »Zweimal im selben Fluß schwimmt man nicht gegen den Strom.«

Diese Heraklit-Paraphrase ist gewiß kein Plädoyer fürs Mitschwimmen; es ist ein melancholischer Befund, daß man nicht zweimal *gegen* den Strom schwimmt. Schon die Idylle des 19. Jahrhunderts, Mörikes zumal, war verkappte Elegie. Um wieviel gebrochener ist Burgers Idyllik, Spiel mit der Idylle und ihrem Behagen, jedoch grundiert von einem Ernst, der auch im Widerruf nicht verschwindet. Diabellis Frage, »woher sollte ich eine sogenannte Muttersprache nehmen, wenn es mir zeitlebens am mütterlichen Element gefehlt hat?«, ließe sich auch auf die Idyllensprache übertragen. Auch Burger ist, wie Leisegang, der Glaube ans Individuelle abhanden gekommen. Darum verzichtet er auf die sogenannte »eigene« Lyriksprache, die allzuoft Marotte oder Werbekalkül wurde.

Ein letztes Beispiel, das ich ganz unkommentiert lassen möchte: *Friedhof im Winter*:

Unter dem Galgen des Holzaufzugs steh ich im zugigen Estrich,
  Blick auf die Totenstadt: graues Manhattan im Schnee.
Grabstein an Grabstein, die achthundert Beete versinkend im Pulver,
  Stumpfes Granitgebiß ragt aus dem Eiswüstenweiß.
Lasset die Toten die Toten begraben, ich weiß, doch ich lese
  Wie eine Blindenschrift Friedhofgeschichte zutiefst
In den Annalen des Dorfes aus Holz und aus Schwedischem Marmor,
  Winterdämmerung bricht früh über Kirchberg herein:
Vor mir erstehen gespenstisch violette Kalvarien-Kapellen,
  Widder äsen im Schnee, Mörder werden gehängt;
Brautleute scherzen und küssen sich auf den Gräbern der Ahnen,
  Unter der Traufe kreißt grell die Hure im Schmerz;
Beinhäuser schießen wie Pilze hervor aus dem Humus der Leichen,
  Purpurn der Leuchten Schein, Schädel zu Bergen gehäuft;
Zwischen den Stelen, den Pfählen, den Pultsteinen und Obelisken
  Tanzt eine Prozession de profundis und wild,
Hippenmännchen, Oranten mit Sicheln, Madonnen in Larven,
  Kirchhof-Guggenmusik, Kappenfest, Narrenbetrieb.
Unter dem Galgen im Estrich steh ich und zähle die Knochen:
  Endloses Beinxylophon ostwärts als Leiter gelegt.[15]

Mit diesem Memento mori, gerichtet an uns »Todes-Analphabeten«, sind wir ans Ende unserer Überlegungen gelangt.

Wenn es etwas zu resümieren gibt, dann am ehesten dies, daß in unserer Lyrik ein neuer Zusammenhang von Artistik und Reflexion, Formkunst und Melancholie denkbar geworden ist, eine neue Gedankenlyrik, freilich nicht abstrakt und vorgefaßt, sondern konkret und persönlich. »Was alles hat Platz in einem Gedicht?« hat Helmut Heißenbüttel vor Jahren gefragt. Die Antwort heute lautet: Was in all diesen Gedichten Platz hat, ist die Melancholie. Ist die Furie des Verschwindens die letzte Göttin? Ich weiß es nicht. Ich weiß nur, daß die Bestände eine Verschwendung nicht länger rechtfertigen. Was haben wir denn, das wir noch zum Fenster hinauswerfen könnten? In einem Gedicht Michael Krügers heißt es: »es ist nicht entwürdigend / vom Eingemachten zu leben: / der scheinbar unveränderliche Bestand an Gefühlen nimmt ab« – und nicht bloß an Gefühlen. Denn wo wären Traditionen, die man heiter über Bord werfen könnte? Und wo steckt denn heute die Konvention, die man ablegen muß? Doch nicht in der Form, sondern in der Formlosigkeit. Zur Dialektik der Aufhebung von Normen gehört ja wohl auch, daß die Normen, wieder und wieder »aufgehoben«, sich wirklich verflüchtigen, und mit ihnen ihr möglicher Widerstand. Auch das will beachtet sein. Über die Verse freilich, die zu schreiben sind, hat der Diskurs keine Macht.

So schließe ich mit einer Paradoxie, die ich mir bei Dieter Leisegang entleihe. Was er in einem Aphorismus von der Kunsttheorie sagt, mag auch für die Lyrik gelten und ihr Verhältnis zur Form: »Alles ist erlaubt, nichts ist gestattet.«

Die Generation Volker Brauns
Lyrik in der DDR seit 1962

Eine neue Generation

Reden wir gegenwärtig von *DDR-Lyrik*, so meinen wir mit diesem verkürzten Ausdruck vor allem jene Lyrik, die sich zu Beginn der sechziger Jahre in der DDR entwickelte. Damals setzte eine regelrechte Lyrikwelle ein, und mit ihr kündigte sich eine neue Generation an, ein neues Bewußtsein und Selbstbewußtsein der Autoren, ein neues Verständnis von Bedeutung und Funktion des Gedichts und nicht zuletzt, mit den Leistungen der Autoren, eine positive Einschätzung dieser Lyrik in der DDR wie in der Bundesrepublik. Die polemischen Scheidungen des kalten Krieges wurden hinfällig. Anthologietitel wie *Politische Gebrauchslyrik aus der Sowjetzone* oder *Deutsche Lyrik unter dem Sowjetstern* verschwanden aus dem Angebot. Es ist das Verdienst des Holländers Ad den Besten, mit einem Aufsatz 1959 und der darauf basierenden Anthologie *Deutsche Lyrik auf der anderen Seite* (1960) einen ersten Anstoß zum Wandel gegeben zu haben. Die Leistungen einzelner wie Brecht, Becher, Arendt oder Huchel mußten nicht mehr der Masse unqualifizierter Aufbau- und Traktorenlyrik entgegengesetzt werden, sondern man hatte es mit einer wachsenden Gruppe von Talenten zu tun, die, bei unterschiedlichen Ansätzen und Begabungen, die Lyrik zu einem spezifischen Instrument von Erfahrung machte.

Die Generation, die sich ab 1962/63 auf Lyrikabenden und mit ersten Einzelpublikationen zu Wort meldete, ist zwischen 1930 und 1945 geboren: 1930 Adolf Endler, 1931 Heinz KahlAu, 1932 Manfred Streubel, 1933 Reiner Kunze, Uwe Greßmann, 1934 Rainer Kirsch, Wulf Kirsten, 1935 Heinz Czechowski, Karl Mickel, Sarah Kirsch, 1936 Wolf Biermann, 1937 Joochen

Laabs, 1938 Elke Erb, Peter Gosse, Kito Lorenc, 1939 Volker Braun, 1940 Bernd Jentzsch, Friedemann Berger, 1943 Manfred Jendryschik, Axel Schulze, 1945 Andreas Reimann. Bemerkenswert und für den Generationszusammenhang sprechend ist, daß die meisten der genannten Autoren (auch die jüngsten) so früh und in dichter Folge zu Wort kamen. Einzig Heinz Kahlau hatte schon Anfang der fünfziger Jahre debütiert, wie auch Günter Kunert (geb. 1929), dessen erster Band *Wegschilder und Mauerinschriften* bereits 1950 erschien.

Daß diese neue Generation einen Generations*gegensatz* einschloß und damit eine Reihe von Konflikten, wird auch in der DDR inzwischen anerkannt. Günther Deicke überschrieb ein Porträt Volker Brauns *Auftritt einer neuen Generation*; Brauns Generation sei als erste völlig geprägt von der DDR, er und seine Altersgenossen entdeckten, »wo wir Fortschritte sahen, schon Unvollkommenheiten« und »demonstrierten in der Praxis, was wir erst mühsam theoretisch begreifen mußten: die Schärfe und Härte und Lösbarkeit der nichtantagonistischen Konflikte«[1]. Eingeständnis dessen, daß sich die Generation der Jungen ihren Sozialismus nicht ausreden lassen wollte.

Die später so genannte Lyrikwelle setzte 1962 mit einer Reihe von Lyrikabenden in Halle, Jena, Leipzig und Ost-Berlin ein. Der bedeutendste und folgenreichste war der von Stephan Hermlin am 11. Dezember 1962 in der Akademie der Künste veranstaltete, auf dem u. a. Wolf Biermann debütierte und der zur Ablösung Hermlins als Sekretär der Sektion Dichtung und Sprachpflege der Akademie führte. Der *Sonntag* rügte »das Mißbehagen an unserer Umwelt«, das sich in den Versen zeige, und die »Gedichte voller Düsterkeit und mühsam enträtselbarer Bilder, in denen die Verfasser darüber klagen, daß Glück in diesem Lande schwer sei und es schwerer ist, genau zu hassen«[2]. Die Kritik zielte unter anderem auf Rainer Kirschs Sonett *Meinen Freunden, den alten Genossen* und seinen imperativen Schluß: »Und die Träume ganz beim Namen nennen, / Und die ganze Wahrheit kennen«[3].

Die parteiamtliche Kritik an der jungen Lyrik – etwa auf dem VI. Parteitag (15.–21. Januar 1963) – und die immer wieder aufkommende Pressepolemik vermochten die Welle nicht aufzuhalten. Die neue Lyrik wurde in den Zeitschriften *Sinn und Form* und *Neue Deutsche Literatur* gedruckt und diskutiert, und die Anthologien jener Jahre markieren die raschen Entwicklungsschübe: *Bekanntschaft mit uns selbst* (1961) mit Gedichten von Bräunig, Czechowski, Jentzsch, R. Kirsch, Mickel u. a., *Sonnenpferde und Astronauten* (1964), darin neben Gedichten von Braun, Uwe Greßmann und Sarah Kirsch zum ersten und einzigen Mal Gedichte Wolf Biermanns in der DDR erschienen; und *Erlebtes Hier* (1966) mit Beiträgen von Kurt Bartsch, Uwe Grüning, Peter Gosse, Wulf Kirsten, Andreas Reimann und anderen. *Saison für Lyrik* (1968) mit dem Untertitel *Neue Gedichte von siebzehn Autoren* zeigt die neue Generation in der Lyrik bereits als geschlossene Phalanx – und das, obwohl die voraufgegangene große Lyrikdebatte im Forum abgebrochen, ja abgewürgt worden war. Sosehr auch diese Sammlung wegen ihres »Subjektivismus«, ihrer »schiefe(n) Sicht auf die Probleme«, ihres »Traditionsschwunds«[4] kritisiert wurde: die Autoren, die hier publizierten, sind bis zur Stunde die wesentlichen Lyriker der DDR geblieben. Die Generation Volker Brauns ist bislang nicht abgelöst worden; die jüngeren Talente sind zahlenmäßig gering , und nicht alle können in der DDR publizieren; es sind Einzelgänger oder Vereinzelte.

Die Dialektik von Ich und Wir

Was ist das Neue an dieser Lyrik, die in den sechziger Jahren einsetzt? Die Betrachter in der Bundesrepublik sprachen von der »Rehabilitierung des Ich« und sahen »eine neue Subjektivität«, die die neue Realität formt[5]. So richtig das ist, es ist nur die eine Seite in einem dialektischen Verständnis. Die damals jungen Lyriker sprachen nicht bloß vom Ich; sie redeten emphatisch vom Wir, wenngleich auf eine höchst subjektive Weise; von einem Wir, das noch nicht existierte oder nur unvollkommen, das aber existieren sollte, also von einer Utopie. Zugleich sprachen sie vom alten Wir, das sie ablehnten und mit dem neuen nicht vermengen wollten; und sie taten all dies im *Gedicht*, also in jener Form, die immer noch als subjektivste literarische Form gilt. So kann, was die junge Lyrik in der DDR wollte, nicht abgelöst werden von der Form, in der es zum Ausdruck kam, und auch nicht von dem Form- und Gattungsverständnis, mit dem es geschah. Man wählte das Gedicht als Weise des Ausdrucks von Affirmation und Protest; das Gedicht und nicht irgendeine andere literarische oder publizistische Weise der Mitteilung. So bedarf auch das gesellschaftliche Wesen von Lyrik der Reflexion, und so gehörten in der Tat die *Lyrikdebatten*, mit zum Teil weitreichender Wirkung und Publizität, zum Gang der literarischen Entwicklung.

Läßt Lyrik sich als Stimme des einzelnen verstehen, so nur mit Adornos dialektischer Weiterung: »Von rückhaltloser Individuation erhofft sich das lyrische Gebilde das Allgemeine.« Adorno hat gezeigt, wie auch die Forderung reiner Subjektivität – sprachlich des »jungfräulichen« Worts – in sich selbst gesellschaftlich ist. Zur Lyrik gehört somit das Moment des *Bruches*: »Das Ich, das in Lyrik laut wird, ist eines, das sich als dem Kollektiv, der Objektivität entgegengesetztes bestimmt und ausdrückt; mit der Natur, auf die sein Ausdruck sich bezieht, ist es nicht unvermittelt eins. Es hat sie gleichsam verloren und trachtet sie durch Beseelung, durch Versenkung ins Ich selber, wiederherzustellen.«[6]

Diese auf den tradierten Begriff einer *reinen* Lyrik bezogenen Bestimmungen sind geeignet, die Problematik des subjektiven Ansatzes in der DDR-Lyrik zu erhellen. Wenn nämlich die Gesellschaft in einem Kollektivierungsprozeß gedacht war – eine Prämisse, mit der in der DDR von Anfang an gearbeitet wurde –, so konnte der Lyriker versuchen, aus der Vereinzelung ausdrücklich heraustretend zu beanspruchen, als Stimme des Kollektivs zu sprechen. Das Ziel einer aus der Perspektive des *Wir* gesprochenen Lyrik war somit die Aufhebung des Antagonismus von Individuum und Gesellschaft, zumindest aber utopische Antizipation. In der Propaganda- und Kampflyrik der Stalin-Zeit war die Versöhnung von Individuum und Kollektiv immer wieder als geleistet behauptet worden. Brechts *Lob der Partei* gab zwar der Partei »tausend Augen«, ließ dem einzelnen aber noch seine zwei. Louis Fürnbergs Lied *Die Partei* dagegen entzog dem Individuum Eigengesetzlichkeit und -verantwortlichkeit:

Sie hat uns alles gegeben,
Sonne und Wind, und sie geizte nie,
und wo sie war, war das Leben,
und was wir sind, sind wir durch sie (...)[7]

Die *Rehabilitierung des Ich* konnte sich dagegen ebenso direkt und plakativ geben, aber sie bedurfte, um Gehör zu finden, einiger dialektischer List. Günter Wünsches Gedicht dieses Titels blieb freilich rhetorisch, scheute vor der eigenen Courage zurück. Zwar beklagte es ein »gescholtenes, geschmähtes, denunziertes Ich«, verlegte aber das befreite Subjekt in die Zukunft: »Daher verleihen wir / deinen Namen dem Menschen des befreiten Jahrtausends, / dem kommunistischen Menschen.«[8] Andere waren weniger geduldig und meinten es ernster. Allen voran Volker Braun.

Brauns erster Band *Provokation für mich* (1965) war vor allem eine *gesellschaftliche* Provokation – durch sein kraftgenialisches Insistieren auf einer Subjektivität, die sich als unwiderstehlicher kollektiver Impuls ausgab: »Der Ungeduldige bin ich unter den Ungeduldigsten / Veränderlich bin ich in den Veränderungen.«[9] Brauns Utopie – wenn man will: sein *Programm* – einer Verbindung von Individuum und Kollektiv fand seinen Ausdruck in dem Gedicht *Jazz*, das schon wegen der in der DDR damals verpönten Musikgattung, vor allem aber wegen seiner anarchischen Züge heftig diskutiert wurde. Braun korrigierte und überarbeitete das Gedicht, hielt aber an der Vorstellung freier Kollektivität, wie sie ihm das Improvisieren im Jazz vermittelte, fest – und deshalb auch an der Schlußstrophe:

Jeder spielt sein Bestes aus zum gemeinsamen Thema,
Das ist die Musik der Zukunft: jeder ist ein Schöpfer!
Du hast ein Recht, du zu sein, und ich bin ich:
Und mit keinem verbinden wir uns, der nicht er selber ist,
Unverwechselbar er im Haß, im Lieben, im Kampf.[10]

Der Band *Wir und nicht sie* (1970) versuchte die Dialektik von Ich und Wir gegen alle Widerstände (»Einige unserer Köpfe können abreißen: / Aber nicht die Gedanken«) weiterzutreiben. Das Programm der Entfaltung sozialistischer Demokratie aus dieser Dialektik heraus wird in *Bleibendes* formuliert:

Wir gehn in die flachen Hallen, früh, wir schalten
Die kalten Maschinen ein, die Bänder flurren, der Plastefluß
Die Äcker fassen Fuß auf der Erde, breit, in Kolonnen
Auf den Knien liegen die Ämter vor unsrer Herrlichkeit
Wir arbeiten uns hinüber in die freie Gesellschaft[11]

Die vorgeführte Dynamik des lyrischen Sprechens soll zur realen Dynamik werden. Aber während man dem Schwung der Metaphorik noch folgen mag und selbst das Bild von den knienden Ämtern akzeptiert, wird die Problematik der auf Solidarisierung zielenden Sprache in der deklamatorischen Wendung unüberhörbar: »Wir arbeiten uns hinüber in die freie Gesellschaft.« Hier ist der Bruch zwischen Subjekt und Gesellschaft, subjektivem Wollen und objektivem Sein spürbar. Die Identifikation von Ich und Wir ist nicht mehr ästhetisch nachvollziehbar, sondern auf Überprüfung angewiesen: Das angesprochene Kollektiv selbst hätte das Urteil zu fällen. Daß dieses Urteil nicht auf bloße Akklamation des poetisch Anvisierten hinauslaufen würde, scheint auch Braun gespürt zu haben. An einigen seiner Texte brachte er Veränderungen an, teils als Differenzierungen, teils als Zurücknahmen zu lesen.

Das Gedicht *Arbeiter, Bauern* gibt ein Beispiel. Es wendet sich polemisch gegen die »verdufteten Herrn«, die das Rad der Geschichte zurückdrehen möchten. Die erste Fassung, in *Wir und nicht sie* (1970), unterstellt die erreichte Identität von Individuum und Kollektiv, mehr noch: die erreichte Veränderung der Menschen:

Jeder, wenn er sich
Sah, sah sich geändert
Unerklärlich aus seinen
Knochen. Unter seinen Füßen fielen
Die Äcker ineins! oder in
Den Händen die Bänder herrissen
Fabriken! jeder
Finger ein Katapult
Und er konnte mehr als er
In seiner Stunde
Und war mehr.[12]

In der Ausgabe *Gedichte* (1972) setzt dieser Mittelteil des Gedichts so ein: »Oft, wenn ich mich / Sah, sah ich mich geändert.«[13] Silvia Schlenstedt meint, die genauere Scheidung zwischen dem Ich des Gedichts und dem größeren Kollektiv, dem es sich zugehörig fühlt, führe dazu, »daß jetzt Kollektiverfahrungen als mitgemachte *und* mitgedachte reflektiert würden«. Freilich muß auch sie zugeben, daß der Bewußtseinszustand, den das Gedicht herstellen will, »zwar die allgemeine Tendenz, noch nicht aber die ausnahmslose Regel ist«[14] – eine Beschönigung der wirklichen Verhältnisse. Der Autor selbst mag Korrekturen wie die erwähnte im Auge gehabt haben, wenn er in einem Interview 1972 bekennt: »Es hat keinen Sinn, sich etwas vorzumachen und irgendwie *ästhetisch* vermitteln zu wollen zwischen dem Leben der Massen und dem, was wir als ästhetisches Ideal dieses Lebens sehn. Das ist bürgerlicher Zauber. Wir müssen die wirklichen Verhältnisse sehn. Es muß eine *wirkliche* Vermittlung geschehn.«[15] Diese theoretische Einsicht hat sich, wenigstens partiell, in Brauns Lyrik niedergeschlagen. Der poetische Furor des frühen Braun entäußerte sich in einem deklamatorischen »ich will, ich werde, wollt ihr nicht«, also in jener ästhetischen Vermittlung, die Braun »bürgerlichen Zauber« nannte. Die »wirkliche Vermittlung« aber ist geknüpft an die Entwicklung der Gesellschaft, zu der Literatur beitragen, über die sie aber nicht verfügen kann. Die Skepsis gegen Poesie wie Realität, die früher oft unter dröhnender Deklamation begraben schien, kommt im 1979 erschienenen Gedichtband *Training des aufrechten Gangs* zu unmißverständlichem Ausdruck. »Stufung«, d. h. Hierarchie, Ungleichheit, »Chef und Kuli«, ist dort genannt als Übel, das die wahre Vermittlung zwischen Ich und Wir verhindert. Es sind

> ... die Grenzen
> Die sich nachziehn seit Olims Zeiten
> In den Staat, gekränkt der ganz von Stufung
> Die Seuche, an der unsre Macht krankt und
> Sie zum Gespenst macht das auf Mauern geht.
> Das ist viel, doch alles.[16]

Deutlicher kann die Diskrepanz zwischen Ideal und Leben kaum formuliert werden. In die über Jahre gehende Vermittlung tritt der Staat als steinerner Gast und entlarvt sie als Illusion. Er selbst freilich entlarvt sich auch. Schon früh hat Braun vom maskierten Staat gesprochen:

In einer alten Maske
Die nicht paßt, hockt auf dem Kontinent
Der Staat der Arbeiter (...)[17]

Unter dieser Verlarvung sollte sein wirkliches, sein *positives* Wesen zur Erscheinung kommen. Zehn Jahre später ist der Hoffnungston zu Resignation gedämpft. Brauns Bedeutung für das Thema der Vermittlung von Ich und Wir bleibt von dieser späten Konsequenz (und jenen, die noch folgen mögen) unberührt. Enthusiastischer, tiefer, hoffnungsvoller, vor allem aber ausdauernder als andere hielt Volker Braun an seinem Thema fest.

Das postulierte neue Gemeinschaftsgefühl ist auch sonst in der DDR-Lyrik immer wieder Gegenstand von Überlegung und Beschwörung, vor allem Ende der sechziger und Anfang der siebziger Jahre. Das voluntaristische und rhetorische Moment ist dabei zumeist nicht zu überhören. Heinz Kahlau zum Beispiel hat es als *Ziel* und deshalb imperativisch formuliert:

Bilde alle Sätze mit wir
Auch in den Wüsten,
auch in den Träumen, –
noch in den Finsternissen.
Alle Sätze
bilde
mit: WIR.[18]

Das von Braun enthusiastisch antizipierte Wir scheint für Kahlau noch nicht zu existieren; daher die spruchhaft dürre Rhetorik, die in der Repetition Bestärkung erhofft. Das Subjekt möchte sich einreden, Subjektivität sei Vereinzelung und Vereinzelung Krankheit. Rückfälle in solche Vereinzelung scheinen immer wieder möglich. Stärker als die Postulate neuer Kollektivität bewegen den Leser die Bekenntnisse von Rückfällen. Aber ist die Rückkehr ins Kollektiv wirklich *Genesung*?

Nun
gehöre ich wieder
zu euch.
Meine Hände bluten wieder.
Wenn ich jetzt
unter euch bin,
fürchte ich nicht nur
um alle.

Nun
fürchte ich wieder
um mich.[19]

Auch wenn man den verschlüsselten Anlaß dieser Verse nicht kennt, wird deutlich, wie der Autor sich um eine Balance zwischen den Ansprüchen bemüht: Erst im Kollektiv, so scheint es, werden auch die Interessen des einzelnen artikulierbar; aber die Furcht des Ich bleibt eigentümlich ambivalent – das Bild der blutenden Hände läßt sich nicht auslöschen.

Wo es nicht um blinde Identifikation gehen soll, muß der einzelne sich sein Recht auf Vorbehalt gegenüber dem Kollektiv – wenn nötig auf Verweigerung – wahren. Daß dies eine *realistische* Position sein kann – realistischer als das rhetorische Einverständnis von Ich und Wir –, ist in der DDR oft geleugnet und als mangelnde politische Einsicht gedeutet worden. Zweifel am Kollektiv und Rückgang aufs Ich wurden mit der Forderung uneingeschränkter Positivität gekontert – so von Günther Deicke in einem Diskussionsbeitrag auf dem VI. Schriftstellerkongreß: »Jeder von uns kennt solche Stimmungen und wurde schon von solchen Gefühlen heimgesucht, deshalb ist uns das nicht fremd. Aber gestaltenswert, scheint mir, ist erst ihre Überwindung, das erst macht uns zu sozialistischen Poeten.«[20]

Eine solche Forderung, die die literarische Wahrheitssuche ans Positive bindet und somit reglementiert, führt zu Verdrängungen, und so ist dort, wo am meisten Zweifel verdrängt wird, die Positivität am affirmativsten gestaltet. Aber während Deicke Zweifel und Depression immerhin so weit konzediert, wie ihre

Überwindung dargestellt wird, dekretiert Reinhard Weisbach, »daß Verlorenheit und Aussichtslosigkeit durchaus nicht zum Wesen sozialistischer Dichter gehört und daß diese nicht gerade dann und insofern zu sozialistischen Poeten werden, indem sie ›solchen Gefühlen‹, von denen auch sie heimgesucht sind, mit ›Überwindung‹ bekommen.«[21]

Es war kein Zufall, daß sich diese Diskussion an der Lyrik von Sarah Kirsch entzündete. In der Tat zeigt ihre in der DDR entstandene Poesie immer wieder Regungen von Individualismus, Trotz und Melancholie:

Keiner hat mich verlassen
keiner ein Haus mir gezeigt
keiner einen Stein aufgehoben
erschlagen wollte mich keiner
alle reden mir zu.[22]

Damit ist das enervierende Moment einer Fürsorge getroffen, die das Kollektiv dem Individuum angedeihen läßt und die, bei mangelnder Resonanz, in Aggression umschlagen kann. Sarah Kirsch spricht in einem anderen Gedicht vom »Maultier, das störrisch ist«, und wendet sich, um dem Wort *Bruder* seinen Sinn zu erhalten, gegen eine fragwürdige Verbrüderung. Ihre Antwort ist ihr »einfältiges Schweigen«[23]. Im Kollektivreferat *Lyrik in dieser Zeit* (1968) wurde Sarah Kirsch anläßlich ihres Bandes *Landaufenthalt* »eine gewisse Passivität im Verhältnis zur Wirklichkeit« vorgeworfen: »Eine gewisse Verbitterung ist da spürbar, ein böser Ärger, aber auch eine Spur von unfruchtbarem Trotz«[24] – all dies gesagt mit der Selbstgerechtigkeit, zu der ein offiziöses Wir fähig ist. Die Kritik der DDR versuchte so die Kollektivierungstendenz der Lyrik in die Bahnen einer affirmativen Gemeinschaftsdichtung zu lenken. Allergisch reagierte sie auf jede individualistische Regung und verdächtigte sie der Häresie. Dennoch konnte sie es nicht verhindern, daß diese Lyrik, eingekeilt zwischen verordnetem Optimismus und einer Realität, die immer noch nicht oder immer weniger Anlaß zu Hoffnung bot, sich auf das Ich als Bastion von Freiheit, Authentizität und Realismus zurückzog.

Um die Probleme auf diesem Weg zu verstehen, muß man die Dialektik der lyrischen Form im Zusammenhang von Produktion und Kritik betrachten. Denn die sprachliche und formale Entwicklung ist unter der Anteilnahme einer Kritik vonstatten gegangen, die, anders als in der Bundesrepublik, nicht Sache einer liberalen Öffentlichkeit war, sondern zuzeiten eine administrative Steuerung erkennen ließ, deren Werkzeuge die bestallten Kritiker bzw. Germanisten waren. Deshalb hat auch die Kollegenkritik in der DDR eine besondere Funktion: als Moment der Solidarisierung. Die »Verteidigung der Poesie«, von der Johannes R. Becher sprach, wurde zur Sache der Poeten.

Läßt man die Lyrikpublikationen in der DDR seit Anfang der sechziger Jahre Revue passieren, so fallen dem westlichen Leser der durchweg traditionelle Formenkanon und die altvertraute Lyriksprache auf: Die Form- und Sprachexperimente der surrealistischen, hermetischen und konkreten Poesie fehlen entweder oder treten verspätet und verdeckt als Anregungen und Zitate auf. Selbst jene Lyriker, die man nach Gestus und Thema fortschrittlich nennen könnte, bleiben den tradierten poetologischen Vorstellungen verhaftet. Jene Angst vor Epigonalität, die bei uns zur hektischen Rezeption der internationalen Moderne führte, blieb der Lyrik in der DDR fremd. Das Marktgesetz, das sprachliche Innovation oder hervorstechende Subjektivität zu Erfolgskriterien macht, ist ohne Geltung. Daß die lyrische Entwicklung in ruhigeren Bahnen verlief, mag so mit der fehlenden Profilneurose der Lyriker zusammenhängen. Sie sind, von Marktrücksichten weitgehend frei, vor allem auf Differenzierung verwiesen, wobei dann scheinbar geringfügige sprachliche oder formale Unterschiede ein anderes spezifisches Gewicht erhalten als in der Bundesrepublik. Zum andern stand über der Lyrikentwicklung in der DDR lange Zeit das Negativkriterium *Formalismus*, das den formalen Spielraum entscheidend einschränkte. Nicht zu vergessen ist, daß Anregungen von auswärts überhaupt erst spät und zögernd aufgenommen werden konnten. Enzensbergers Anthologie *Museum der modernen Poesie* beispielsweise ist von DDR-Autoren deshalb als besonders wichtig empfunden worden. Erst in den siebziger Jahren, nachdem sich die Generation von Volker Braun, Karl Mickel und Sarah Kirsch etabliert hatte, sind diese und andere Autoren ihrerseits stilbildend geworden.

Festzuhalten bleibt, daß avancierte Weisen des Ausdrucks, sofern sie in Erscheinung treten, nicht Resultate bloß subjektiver Willkür sind, sondern den besonderen gesellschaftlichen Nötigungen entsprechen, das heißt, sie sind bestimmt durch spezifische Situationen und entsprechende Reaktionen, die ein komplexeres oder verdeckteres Sprechen erfordern. Andererseits ist das Beharren auf konventionellen Mustern oft das Symptom von Angepaßtheit und gesellschaftlicher Affirmation. So ist schon die *Form* ein Politikum.

Kein Zweifel aber auch, daß das konventionelle Gedicht die Verstehbarkeit begünstigt und breite Rezipierbarkeit auch bei einer nicht sonderlich massenwirksamen Gattung wie der Lyrik offiziell erwünscht ist. Eva Strittmatter, mit Titeln wie *Ich mach ein Lied aus Stille* (1973), *Ich schwing mich auf die Schaukel* (1975), *Mondschnee liegt auf den Wiesen* (1975), *Die eine Rose überwältigt alles* (1977) und *Zwiegespräch* (1980), ist wegen ihrer glatten, widerstandslosen Produktion so erfolgreich wie umstritten.

Allerdings macht solcher Traditionalismus fraglich, ob mit den Mitteln einer bürgerlichen Lyriksprache ein neues, unbürgerliches Bewußtsein zu formulieren ist. Daß hier ein Problem liegt, wurde gelegentlich erkannt, aber meist als bloßes Übergangsproblem abgetan. Noch sei die Literatur, so hieß es etwa, nicht wirklich imstande, die realen gesellschaftlichen Veränderungen zu spiegeln – oder aber, die Kraft der Antizipation sei noch nicht groß genug: »Unsere Vorstellungen von dem, was wir unserer Kunst und Literatur, unseren Künstlern und Schriftstellern von der Höhe unserer gesellschaftsgeschichtlichen Gesamtkonzeption her zutrauen und meinen zutrauen zu sollen, ist bedeutender oder auch, wenn man so will, *genialer* als die Verwirklichung dieser Vorstellung«, schrieb Inge von Wangenheim 1969 und brachte das Dilemma auf die Formel: »Wir wissen mehr, als wir können.«[25]

Daß dies auch ein Problem der literarischen Technik ist und

eine Frage des Mutes, sich ihrer zu bedienen, wurde kaum gesehen. Georg Lukács, dem man Überschätzung der Form gewiß nicht nachsagen kann, war immerhin der Auffassung, der neue gesellschaftliche, menschliche Gehalt des Sozialismus führe »zwangsläufig (!) zu neuen, höhergearteten künstlerischen Fragestellungen« und erfordere Ärudikal neue Probleme der Formgebung«[26]. Solche neuen künstlerischen »Fragestellungen« finden sich in den Debatten über Lyrik nicht allzu häufig, sind dann aber begreiflicherweise von besonderem Interesse.

»Formentraditionen werden ernst und streng genommen nur noch in Berlin und weiter östlich«, so befand Werner Ross in seiner gesamtdeutschen Übersicht *Lyrische Stile 1968*[27], wobei »weiter östlich« kein geographischer, sondern ein politischer Begriff war. Diese Behauptung gilt bis Anfang der achtziger Jahre, als es auch bei uns eine Renaissance der Form gab. Das sogenannte »kulturelle Erbe« ist, auch in Hinsicht auf den Formenkanon, für viele Lyriker der DDR verbindlich. Johannes R. Bechers praktische wie theoretische Beschäftigung mit der Sonettform, Erich Arendts und Georg Maurers Übernahme hymnischer Formen in der Hölderlin-Tradition, Johannes Bobrowskis Auflösung klassischer Odenmaße in rhythmisch prägnante freie Versgebilde gingen als Aneignungen des »Erbes« den Versuchen der Jüngeren vorauf. Auf der Ebene einer schon alexandrinisch-virtuosen Nachbildung bewegt sich Andreas Reimann (Jahrgang 1945) mit den Bänden *Die Weisheit des Fleischs* und *Das ganze halbe Leben*. Für Karl Mickel dagegen sind Formen wie Alexandriner und Blankvers, Ode und Sonett Widerstände, um die Kraft von Emotion und Gedanke nur höher anzustauen. Den Reim verwendet er in sparsamer verfremdender Manier, etwa zur scharfen Markierung des Schlusses eines sonst ungereimten Gedichts:

(...) unverkürzt
An Arm, Bein, Kopf und Hoden bau ich
Kartoffeln an und Lorbeer hier in Preußen.
Ich warte nicht auf Götter zur Montage.
Normal wie üblich ist mein EKG,
Wenn ich ein Messer, scharf und schneidend, seh.[28]

In der Negation des Tantalos-Mythos entwickelt Mickel die Dialektik von Antike und Gegenwart; aber selbst die Absage partizipiert noch an Geist und Form klassischer Vorbilder.

In vielen Gedichten, die sich des Reims und der Strophe, insbesondere der Volksliedstrophe, bedienen, wird die Dialektik von Form und Gehalt nicht ausgetragen. Deutlich wird die Diskrepanz tradierter Form und aktualisierender Tendenz in Gedichten, die die »Errungenschaften« der Technik in Volksliedmanier zu fassen suchen:

Unermeßliche Fernen
sind uns kaum noch genug.
Und der Flug zu den Sternen
ist bald wie ein Schwalbenflug.[29]

Orientiert sich Günther Deicke am Volkslied, so Heinz Kahlau in einigen Arbeiten am Schlager als dessen Derivat. Seine *Alltäglichen Lieder von der Liebe* benutzen die metrischen und sprachlichen Lizenzen von Schlagertexten, um Kommunikation herzustellen; besser: um eine bereits vorhandene zu behaupten. Dabei wird in der Anpassung ans entfremdete Medium die Intention, die Entfremdung des Menschen aufzuheben, selbst problematisch:

Komm, setz dich doch –
um etwas fernzusehn.
Ich komme gleich,
du mußt das schon verstehn,
ich komme gleich
und mach mich für dich schön.[30]

Anknüpfung ans kulturelle Erbe bzw. bürgerliche Formtradition – das zeigen die wenigen Beispiele – ist ein weiter Begriff. Das wird besonders deutlich, wenn man der Frage nachgeht, woran sich die jungen, insbesondere die debütierenden Lyriker in den sechziger und siebziger Jahren orientierten. Die unterschiedlichsten Anregungen wurden unbekümmert aufgenommen. So herrschte in den Erstpublikationen, für die etwa die *Neue Deutsche Literatur* (NDL) ein Forum ist, eine Unschuld der Adaption, für die der junge Rilke ebenso in Frage kam wie die abgesunkenen Farbmetaphern des Expressionismus. Erst in den siebziger Jahren ist Brecht im weiteren Umfang zum Vorbild für Junglyriker geworden. *Gedichte der Nachgeborenen* lautet, Brecht zitierend, der Untertitel einer Anthologie, die Lyrik der Jahrgänge 1945 bis 1954 sammelt. Doch folgt nun vieles allzu glatt dem Lakonismus oder dem Volkston Brechts.

Um so bemerkenswerter, daß das schärfste und engagierteste Votum gegen Epigonentum und Formverfall von einem Lyriker der jüngeren Generation stammt. Andreas Reimann hat 1974 *Die neuen Leiden der jungen Lyrik* diagnostiziert: »Festzustellen ist der Niedergang des Formbewußtseins in einem Grade, daß es bedenklich erscheint, noch auf dem Gattungsbegriff zu beharren. Das Neue, lächerlich artikuliert, wirkt bestenfalls lächerlich, verliert jedoch auf jeden Fall seinen Einmaligkeitswert. Auf diese Gedichte bezogen: Der neue Inhalt verkommt durch die Form. Dies ist nicht freundlicher zu sagen, weil es kein akzeptabler Zustand ist, daß unsere Gegner ihre Lügen teilweise besser an den Mann bringen als wir unsere Wahrheiten.«[31] Reimann bringt Beispiele, die den »Niedergang des Handwerks« belegen; anhand von Auszählungen bei Anthologien zeigt er den Rückgang des Reims und seine Banalisierung auf, den Verfall von Sprachgefühl und Bildlogik und die Inflation der freien Rhythmen im Gefolge der Brecht-Nachahmung.

Noch vernichtender, aber auch anfechtbarer urteilte Michael Franz bereits 1969 in seinem dreiteiligen Aufsatz *Zur Geschichte der DDR-Lyrik*: »Vergleicht man gewisse Tendenzen in unserer Lyrik, so muß man zu dem Ergebnis kommen, daß im Grunde genommen der Standard angestrebt wird, den die westdeutsche Lyrik Mitte, Ende der 50er Jahre erreicht hatte.«[32] Läßt man die Frage beiseite, ob lyrische Qualität sich statistisch fassen und vergleichen läßt, bleibt doch die These von der Unterlegenheit der DDR-Lyrik bemerkenswert genug, hält man sie gegen die offiziellen Beteuerungen, welche die prinzipielle und reale Überlegenheit der DDR-Literatur behaupten. Franz wendet sich – wie in anderer Weise Reimann – gegen das »pauschale Postulat der Indifferenz der Mittel« und meint, daß erst eine dialektische Durchdringung der Form-Inhalt-Relation den zunehmenden Mangel an Verbindlichkeit in der DDR-Lyrik beseitigen könne.

Das Kriterium der *Verbindlichkeit* bringt das überfällige gesellschaftliche Moment in die Form-Inhalt-Debatte. Hier soll zunächst auf etwas aufmerksam gemacht werden, das den Zusammenhang von Quantität und Verbindlichkeit berührt: die gesellschaftliche Förderung von Lyrik. Der »verkannte« Dichter ist für die DDR zumindest offiziell ein Phänomen der Vergangenheit. Seit der Biermann-Ausbürgerung und dem Exodus zahlreicher Schriftsteller freilich ist deutlich geworden, daß etliche begabte junge Lyriker in der DDR keine Publikationsmöglichkeiten erhielten und im Westen publizieren mußten; so etwa Wolfgang Hilbig und Frank-Wolf Matthies. Dennoch gibt es für Debütanten in einem weitgespannten Förderungssystem – Studium am Institut für Literatur »Johannes R. Becher« in Leipzig, FDJ-Poetenseminare, Stipendien, Anthologien usw. – bemerkenswerte Publikationschancen, aber auch die damit verbundenen Risiken verfrühten Publizierens, von Selbstüberschätzung und Fehlleitung. Es scheint weniger wichtig, *wie*, als vielmehr *daß* und *was* geschrieben und publiziert wird. Selbst eine auf Intensität angelegte Gattung wie die Lyrik ist immer wieder unter dem Aspekt von Produktion und Quantität gesehen worden. Konsequenterweise wandte sich ein Lyrikredakteur gegen die, wie er meinte, übertriebene Selbstkritik eines Einsenders: »Ich bin sehr für den Reifeprozeß, doch ein Prozeß muß sich nicht unbedingt in der Stille vollziehen.«[33] In seiner Rede auf dem VIII. Parteitag hatte Walter Ulbricht mit einem »drei- bis vierfachen Bedarf an Kunstwerken aller Art« gerechnet und gefordert: »Um diesen Bedarf annähernd zu befriedigen, müssen Voraussetzungen dafür geschaffen werden, daß alle literarischen (...) Talente rechtzeitig erkannt und ausgewählt werden.«[34] Unter diesem Aspekt von *Produktion* und *Verbrauch* ist auch das Verhältnis von *Lyrik* und *Singebewegung* zu sehen. Reinhold Andert, einer der führenden Vertreter der FDJ-Singebewegung, erhoffte sich von der Singebewegung »Impulse« für die Lyrik und meinte, es sei »ein großer Unterschied, ob man von einem hohen Podest aus Lyrik schreibt oder mitten unter Menschen steht und Texte macht«[35]. Die strikt formulierte Antithese von seiten der

Lyrik konnte nicht ausbleiben. Andreas Reimann wandte sich gegen die lyrische »Wegwerfkunst«: »Ich bin allerdings der Meinung, daß *für die Werktätigen*, die schließlich die Honorare bezahlen, *das Beste gerade gut genug ist.*«[36] Damit kommen Schwierigkeiten in den Blick, für die das Formproblem bloß ein Indiz ist – Schwierigkeiten, die sich in mehreren großen Lyrikdebatten äußerten.

Die Lyrikdiskussion im »Forum« und Mickels Gedicht »Der See«

Die Lyrikdiskussion, die im Sommer 1966 in der FDJ-Zeitschrift *Forum* geführt wurde, ist bis heute die wichtigste *öffentliche* ästhetische und gesellschaftliche Auseinandersetzung zum Thema Lyrik in der DDR geblieben – eine Debatte von erstaunlichem Umfang (im *Forum* begonnen und über mehrere Hefte ausgedehnt, von *Sonntag, Wochenpost* und der *Neuen Deutschen Literatur* aufgegriffen und fortgesetzt), aber auch von bemerkenswerter Insistenz: Ein einziges Gedicht, Mickels *Der See*, wurde etliche Male Gegenstand von Polemik, Verteidigung und Interpretation. Ausgelöst wurde die Diskussion durch die von Mickel und Endler edierte Anthologie *In diesem besseren Land*, in deren Vorbemerkung es hieß: »Wir erhoffen uns ein lebhaftes Streitgespräch, frei von jener Geschmäcklerei, die weitgehend unsere Gespräche über die Lyrik bestimmt.«[37]

Sie sollten es haben. Das Streitgespräch fand wirklich statt: nicht bloß frei von »Geschmäcklerei«, sondern direkt und oft derb, vor allem aber offen – die umstrittenen Gedichte wurden abgedruckt, kontroversen Standpunkten Raum gegeben –, ehe es, wie Heinz Czechowski fünf Jahre später formulierte, »ziemlich apodiktisch ›mit einem letzten Wort‹ von Hans Koch abgebrochen« wurde[38]. Hans Koch, der einflußreiche Literaturwissenschaftler, mußte in seiner Polemik gegen Mickels Gedicht auch zugeben: »Den 26 Zeilen wird die umfangreichste und in ihrer Art gründlichste Untersuchung gewidmet, mit der unsere Presse ein Gedicht je bedachte«[39] – ein klarer Beleg dafür, welche Bedeutung der Lyrik in der gesellschaftlichen Auseinandersetzung eingeräumt wurde. Das Gedicht sei vollständig zitiert:

See, schartige Schüssel, gefüllt mit Fischleibern
Du Antihimmel unterm Kiel, abgesplitterte Hirnschal
Von Herrn Herr Hydrocephalos, vor unsern Zeitläuften
Eingedrückt ins Erdreich, Denkmal des Aufpralls
Nach rasendem Absturz: du stößt mich im Gegensinn
Aufwärts, ab, wenn ich atemlos nieder zum Grund tauch
Wo alte Schuhe zuhaus sind zwischen den Weißbäuchen.

Totes gedeiht noch! An Ufern, grindigen Wundrändern
Verlängert sichs wächsts, der Hirnschale Haarstoppel
Borstiges Baumwerk, trägfauler als der Verblichene
(Ein Jahr: ein Schritt, zehn Jahr: ein Wasserabschlagen
Ein Jahrhundert: ein Satz). Das soll ich ausforschen?
Und die Amphibien. Was sie reinlich einst abschleckten
Koten sie tropfenweis voll, unersättlicher Kreislauf
Leichen und Laich.
Also bleibt einzig das Leersaufen
Übrig, in Tamerlans Spur, der soff sich aus Feindschädel-
Pokalen eins an (»Nicht länger denkt der Erschlagene«
Sagt das Gefäß, »nicht denke an ihn! sagt der Inhalt).
So faß ich die Bäume (»hoffentlich halten die Wurzeln!«)
Und reiße die Mulde empor, schräg in die Wolkenwand
Zerr ich den See, ich saufe, die Lippen zerspringen
Ich saufe, ich saufe, ich sauf – wohin mit den Abwässern!
See, schartige Schüssel, gefüllt mit Fischleibern:
Durch mich durch jetzt Fluß inmitten eurer Behausungen!
Ich lieg und verdaue den Fisch[40]

Auf Dieter Schlenstedts sensible und durchaus nicht unkritische Analyse im *Forum* 12/66 setzte Hans Koch den groben Keil seiner Polemik: »Ich war nie geneigt, dies Gedicht ernst zu nehmen (...) Und das zu neun Zehnteln in der Tonlage revolutionärer Offenbarung: ein völlig neues Welt- und Fischgefühl! Ich find's irgendwie komisch.« Kochs Attacke zielte auf den gesellschaftlichen Gehalt des Gedichts, darüber hinaus aber direkt auf den Verfasser: »Deutliche Gesellschaftssymbole, poetisch gewaltsam einem unangemessenen Naturgegenstand aufgepfropft (und nicht aus ihm ›herausgeholt‹, das eben bewirkt die formale Unstimmigkeit), können sich zu einem dialektischen Gesellschaftsbild nicht zusammenschließen. Das macht nicht einmal ihre völlige soziale und historische Unstimmigkeit. Das kommt daher, daß die Welt-Anschauung dieses Gedichts außerhalb des eigenen Subjekts nichts kennt und entdeckt, auch nicht andeutungsweise, was sich lieben ließe.«[41]

In einem Punkt hat Koch recht: Mickels Gedicht gehorcht nicht der von ihm statuierten Ästhetik, die den Begriff der Dialektik zum Vehikel vorgegebener Synthesen machen möchte. Harmonisierung war weder poetisch noch gesellschaftlich die Absicht des inkriminierten Gedichts. Mickels Gedicht ist brüchig, weil es die Erfahrung von Brüchigkeit nicht in Harmonie umfälscht. Seine Dialektik, die keinen harmonischen Übergang von Natur in Gesellschaft kennt, ist durchaus materialistisch und bis in einzelne Wendungen an den Marxschen Begriff der Arbeit angelehnt: »Die Arbeit ist zunächst ein Prozeß zwischen Mensch und Natur, worin der Mensch seinen Stoffwechsel mit der Natur durch seine eigene Tat vermittelt, regelt und kontrolliert. Er tritt dem Naturstoff selbst als eine Naturmacht gegenüber. Die seiner Leiblichkeit angehörigen Naturkräfte, Arme und Beine, Kopf und Hand, setzt er in Bewegung, um sich den Naturstoff in einer für sein eigenes Leben brauchbaren Form anzueignen. Indem er durch diese Bewegung auf die Natur außer ihm wirkt und sie verändert, verändert er zugleich seine eigene Natur.«[42]

Viel spricht dafür, daß Mickel die Marxschen Bestimmungen gegenwärtig waren und ihm bei der Ausarbeitung des Gedichts als Leitsätze dienten. Die bei Marx angelegte Sinnlichkeit der Bestimmungen hat er ausgeschöpft, indem er sie wörtlich nahm. Die Gewaltsamkeit der Bildbehandlung findet sich aber auch poetisch legitimiert. Dem Teich als Hirnschale eines abgestürzten prähistorischen Wasserkopfs entsprechen die Schädelpokale des mongolischen Eroberers; wie Tamerlan-Timur sich gegenüber den Unterlegenen, so soll der Mensch sich gegenüber der Natur verhalten. Mickel biegt im Gang des Gedichts den Naturprozeß in den historischen Prozeß um. Der Mensch bewegt sich »im Gegensinn aufwärts«, er verändert Natur in Richtung auf Geschichte; Fortschritt ist Fortschreiten, Aktion. Die Naturbilder als poetische Zeichen sind alles andere als erquicklich – aber eben sie wollen als Zeichen gewesener oder möglicher Geschichte gelesen werden. Was bedeutet, auf Historie und Gegenwart bezogen, die mit Nachdruck gesetzte Aussage: »Totes gedeiht noch«? Wenn die Aktivität, die historische Arbeit des Leersaufens, sich bloß gewaltsam, »in Tamerlans Spur«, vollziehen kann, welche historisch-politischen Rechtfertigungen ließen sich daraus ableiten? Wird mit Tamerlan auch Stalin gerechtfertigt? Ruft das Gedicht nach einem Tamerlan für die Gegenwart oder nach einem anarchistischen Selbsthelfer?

Den Interpreten in der DDR konnte Mickels Gedicht nur »Unbehagen« bereiten: »Das Gedicht bereitet Unbehagen, weil es eine einschichtige Deutung verwehrt.«[43] Zwar für Tamerlan-Timur konnte man sich noch auf Goethes Timur aus dem *West-östlichen Divan* berufen, und Hans Koch fand in Marxens Indien-Briefen die Vision einer Zeit, da »der menschliche Fortschritt nicht mehr jenem scheußlichen heidnischen Götzen gleichen« werde, »der den Nektar nur aus den Schädeln Erschlagener trinken wollte«[44]. Aber die Mickelschen Negativbilder von Schmutz und Verfall oder ihre anarchisch-aggressiven Setzungen wollte man nicht im einzelnen deutlich befragen. Man las sie nicht als mögliche Entsprechungen gesellschaftlicher Realität und des aktuellen Standes der Geschichte, sondern interpretierte sie als Wundränder des »gefallenen Mythos« (Schlenstedt) oder rubrizierte sie als geistige, moralische, ästhetische Verfehlungen (Koch). Die Lyrikdiskussion im *Forum*, die mit so viel Elan und gutem Willen begonnen und geführt wurde, blieb auf halbem Wege zur Erkenntnis stehen, weil hinter den Gedichten der wirkliche Zustand der Gesellschaft nicht deutlich werden durfte. Deutlich genug geworden war freilich, daß es zwischen Literaturadministration bzw. Germanistik einerseits und der Lyrik andererseits fundamentale ästhetische und gesellschaftliche Gegensätze gab. Die Diskussion konnte von seiten der Lyriker nicht offener geführt werden, weil sie das allenfalls Sagbare der verschlüsselten Mitteilung des Gedichts, nicht aber der kritischen Argumentation anvertrauen konnten. Die unausgetragenen Differenzen schwelten untergründig fort und kamen später als Auseinandersetzung zwischen Lyrik und Germanistik wieder ans Tageslicht.

Auf dem VI. Schriftstellerkongreß 1969 gab es keinerlei Diskussion, sondern Rügen und Verdikte. Max Walter Schulz bezichtigte Reiner Kunze des »nackte(n), vergnatzte(n) bei aller Sensibilität aktionslüsterne(n) Individualismus«; Günther Deicke zitierte Sarah Kirschs Gedicht *Schwarze Bohnen* und schrieb der Autorin eine »spätbürgerliche Position der Aussichtslosigkeit« zu[45]. Vier Jahre später dagegen wurde dasselbe Gedicht auf dem VII. Schriftstellerkongreß als Beispiel für die begrüßenswerte »Vielfalt unserer Poesie« gerühmt. Dazwischen liegt die Liberalisierung durch den VIII. Parteitag der SED mit dem Übergang von Ulbricht zu Honecker. Diese Liberalisierung brachte auch ein Aufflammen der durch Hans Koch abgewürgten Lyrikdiskussion.

Ausgelöst wurde die vor allem in *Sinn und Form* geführte Diskussion durch Adolf Endlers Kritik von Hans Richters Aufsatzsammlung *Verse Dichter Wirklichkeiten*. Endlers Polemik zielte auf zweierlei: deutlich und ausdrücklich auf die DDR-Germanistik und zweitens, weniger dezidiert, aber in der Sache belangreicher, auf die Situation der Lyrik, d. h. auf die Rivalität zweier konkurrierender Konzeptionen von Lyrik in der DDR. Der Literaturwissenschaft warf Endler »brutale(n) Dogmatismus« vor, Unfähigkeit zum »Kunstgenuß«, mangelnde Kenntnis der modernen Weltlyrik sowie das Bestreben, »auch die neuere Lyrik in Hinblick auf eine geplante Literaturgeschichte zu sortieren«[46]. Eine Replik durch die angesprochene Wissenschaft erfolgte nicht. Endlers Vermutung, die Literaturwissenschaft sei »im Zuge der gesamtgesellschaftlichen Systemverflechtung zu einer Leitungswissenschaft« avanciert und damit unangreifbar geworden, wurde – auch durch die politischen Anschwärzungen – eher bestätigt als entkräftet. Martin Reso sprach von einer »unverzeihliche(n) Haltung« Endlers und der Redaktion, und Wilhelm Girnus versuchte dagegen, in Berufung ausgerechnet auf eine Moskauer Quelle, die »öffentliche Diskussion als die wichtigste Methode zur Ermittlung der Wahrheit« in ihr Recht einzusetzen[47]. Was das Verhältnis von Lyrik und Literaturwissenschaft anging, konnte man, mit Endler, »vom vollkommenen

Abbruch der Beziehungen zwischen Germanisten und Poeten« sprechen.

In der Diskussion machten sich alte Kontroversen Luft. Erörtert wurde noch einmal das Neben- bzw. Gegeneinander zweier lyrischer Richtungen, die einmal – in der Terminologie Brechts – als »pontifikale« und »profane« Linie geschieden, ein anderes Mal auf den Gegensatz von Lieddichtung und »schwierigem« Gedicht gebracht wurden. Allein Michael Franz, Theoretiker mit eigenem lyrischen Ehrgeiz, reklamierte »die Linie Heine – Weerth – Herwegh und ihren weltanschaulichen Bogen« als die wahre »sozialistische Traditionslinie in der Geschichte der deutschen Lyrik«[48]. Heinz Czechowski wies dies als »ultralinke Verengung«[49] zurück und schlug vor, zur Tagesordnung überzugehen. Gemeint war damit vor allem die Publizierung der zurückgehaltenen Gedichte, von denen Endler gesprochen hatte. Jene Gedichte, so darf man annehmen, konnten in der Folgezeit tatsächlich erscheinen, so die Lyrikbände Sarah Kirschs und Reiner Kunzes Gedichtauswahl *brief mit blauem siegel*, die 1973 – als letzte Kunze-Publikation in der DDR – bei Reclam in Leipzig erschien. Die Lyrikdiskussion in *Sinn und Form* bleibt bedeutsam, nicht wegen ihrer sachlichen Substanz, sondern wegen ihrer Symptomatik: Sie demonstrierte in dieser Phase beginnender Liberalisierung die immer noch gegebene Notwendigkeit theoretischer »Selbsthilfe« der Lyriker.

Die Behauptung des Ich

Diese »Selbsthilfe« bestand vor allem darin, den grundlegenden Impuls der Subjektivität gegen alle Forderungen nach Anpassung festzuhalten. Subjektivität blieb weiterhin im Verdacht, wurde oft genug als Privatheit mißverstanden und als poetisches Prinzip verpönt. Ihre Verteidigung aber konnte nur Aussicht haben, wenn ihr Prinzip selber nicht bloß behauptet, sondern in Berufung auf anerkannte Traditionen abgesichert werden konnte. Man wird der Bedeutung Johannes R. Bechers im Kontext der DDR-Literatur nur gerecht, wenn man seine Rolle als Autorität in den literarischen Auseinandersetzungen begreift.

Insbesondere Bechers 1952 erstmals erschienene *Verteidigung der Poesie* wurde zum Arsenal von Argumenten, mit denen sich die Freiheit des schreibenden, suchenden, sich selbst verwirklichenden Subjekts begründen ließ.

Eine der zentralen Stellen bei Becher lautet: »Das Wesen des lyrischen Dichters besteht darin, durch seine Dichtung sich selbst Gestalt werden zu lassen, und diese Gestalt ist eine ebenso erfundene Gestalt wie die Hauptfiguren im Roman oder im Drama. Das ›Ich‹ des lyrischen Dichters ist danach nicht eine unmittelbare private Aussage, sondern es gestaltet sich eine poetische Figur, indem ein Ich von sich aussagt (...) Der Romancier und der Dramatiker leben in ihren Gestalten weiter, der Lyriker aber ist selbst Gestalt.«[50]

Reiner Kunze hat sich schon sehr früh auf diese Auffassung Bechers berufen. In einem Vortrag von 1959 schrieb er: »In der Lyrik werden die Erkenntnisse über den Menschen und das Leben nicht durch eine fremde poetische Gestalt vermittelt. Der Leser geht selbst in die poetische Gestalt der Lyrik ein.«[51] Diese »Macht des Lyrikers« dürfte Kunzes Sendungsbewußtsein als Lyriker und repräsentatives Subjekt bis in die siebziger Jahre bestimmt haben. Das Gedicht galt ihm dabei »als stabilisator, als orientierungspunkt eines ichs (...) als akt der gewinnung von freiheitsgraden nach innen und außen.«[52] Indem er die Aufhebung des Gegensatzes von Ich und Wir im Gedicht behauptete, konnte er immer wieder für den einzelnen plädieren und sich dennoch als Sozialist verstehen. So galt seine Kritik einer falschen *Ethik*: »Im Mittelpunkt steht / der Mensch // Nicht / der einzelne.«[53] Und auch das Gedicht *Entschuldigung* ist ironisch-kritische Absage:

Ding ist ding
sich selbst genug
Überflüssig
das zeichen
Überflüssig
das wort
(Überflüssig
ich)[54]

Kunze hat mit seinem Bekenntnis zum Subjekt den Zorn der Mächtigen auf sich gezogen. Er wollte keine Kompromisse, keine taktischen Zugeständnisse und verzichtete, indem er schließlich auch die Formen der Fabel und Parabel aufgab, auf die List als mögliche Zuflucht des bedrängten Subjekts. Volker Braun, auf andere Weise gegen Verdächtigung und Bedrohung gesichert, bewies Solidarität, als er in einem Gedicht mit dem Titel *R* – auf *R*einer Kunze bezogen – fragte: »Ist es erlaubt, von *einem* Menschen zu reden?« und: »Darf auch nur *ein* Mensch / Verlorengehn? // Hier?« In der Anmerkung zum Gedicht hieß es 1965 in Brauns Lyrikband *Provokation für mich*: »R. ist meinem Freund Reiner Kunze, gebürtig zu Ölsnitz im Erzgebirge, gewidmet.«[55] Als das Gedicht im Auswahlband *Gedichte* bei Reclam erscheinen sollte, wurde es beanstandet, worauf der Autor den Titel veränderte und den Hinweis auf Kunze strich. Das Gedicht heißt jetzt *Einer* und macht – gerade durch die im Zugeständnis erzeugte Verallgemeinerung – die Repräsentanz des Einzelfalls und damit die Berechtigung der Frage Volker Brauns deutlich. Freilich mit negativem Resultat. Es war offensichtlich doch nicht erlaubt, »von *einem* Menschen zu reden«, wenn dieser Mensch Reiner Kunze hieß. Und die DDR ließ es zu, daß »*ein* Mensch« verlorenging – mehr als einer und nicht Kunze allein. Kunze hatte sich auf besondere Weise exponiert, indem er einen Individualismus lediglich mit der Individualität seiner Leser vermittelt sehen wollte, ohne Rücksicht auf außerpoetische Instanzen. Der Dichter und sein Leser – dieses Programm konnte vom System nicht akzeptiert werden, weil das System selbst keinen Platz darin fand; auch wenn Kunze betonte, er würde das Land, in das er eingeschlossen war, »wieder und wieder wählen«[56].

Andere Lyriker konnten sich wesentlich mehr Subjektivität in Gebaren und Sprache erlauben, wofern sie nur die Realität von Partei und Staat in Rechnung stellten. So setzte Karl Mickel das Subjekt beinahe kraftgenialisch in seine Rechte, zielte dabei aber immer aufs Objektive der gesellschaftlichen Verhältnisse. Und das Pathos von Brauns persönlicher Rede resultierte nicht zuletzt aus dem Gefühl der Verbundenheit mit dem Kollektiv. So erscheint bei den meisten Lyrikern der sechziger und siebziger

Jahre Subjektivität nicht als prononcierter Individualismus, sondern als Instrument, Realität sichtbar zu machen und Wahrheit als etwas konkret Erlebtes zu bestimmen. Das Ich der Lyrik gilt als verläßlicherer Zeuge als jedes durch Propaganda verschlissene Wir. Wie sich die subjektiv erlebte zur objektiv gegebenen Wirklichkeit verhält, ist eine Frage, die sich weder vom Schreiben her noch von der Rezeption allein beantworten läßt. Michael Franz simplifizierte das Problem, wenn er schrieb: »Von großen Ausnahmen abgesehen, war die Selbstgestaltung in der Lyrik der 50er Jahre zu kurz gekommen. Das wollten die Poeten der 60er Jahre nun wieder wettmachen. Sie hielten das zum Teil für die Entdeckung der Lyrik schlechthin. Sie wollten das erlebende Ich in ganzer Widersprüchlichkeit wieder einführen, verwechselten es aber häufig dabei mit dem lyrischen Ich. Das lyrische Ich als kommunikatives Subjekt setzt die Souveränität des Autors gegenüber seinen Erlebnissen voraus, wie Brecht stets forderte. Sonst schrumpft der Autor zum Protokollanten. Die Mittel personaler Bewußtseinsdarstellung werden zu ›hemmungslosem Assoziieren und Summieren‹ genutzt.«

Franz polemisierte gegen den »abstrakten Empirismus« und die »Bilderflucht« der assoziativen Schreibweise am Beispiel von Sarah Kirsch und resümierte: »In der Regel wird Anekdotisches hochstilisiert zum lyrischen Erguß. Ikonische Abbilder werden nicht zu poetischen Symbolen.«[57] Sarah Kirschs Gedicht *Winter* wurde zum Aufhänger von Franz' Kritik. Liest man das Gedicht einigermaßen unvoreingenommen, findet man es kaum begreiflich, daß ein so unprovokanter Text so massive Verdikte auf sich ziehen konnte:

Ich lerne mich kennen, zur Zeit
die Wohnung die
wenigstens drei Generationen von Leuten
sah, immer hatten die Fenster
oben die Wölbung, die Bretter schmal
kaum geeignet für Blattwerk in Töpfen
die Wände
wie Bäume Jahresringe
tragen Tapetenschichten
ganz unten Jugendstil, dazwischen
Makulatur Zeitungsberichte

empörte Leser zu Freudenhäusern
zwei Zeilen Reichstagsbrand dann
bloß noch Tapeten, das Handwerk
ließ nach. Oder den Ausblick
auf Dächer (kaum ein Stück Himmel) das
hatten sie vor mir im Aug, vermutlich
ähnlichen Regen und Schnee, schwärzte
den Asphalt im Hof machte das Mauerwerk rot
andre
solln es noch sehn, eine Katze
begleitet mich ein paar Jahre was
weiß sie von mir sie liebt mein Parfüm
oder einfach den Platz, auf dem
ich hier sitze ich bin nicht sehr gut, aber
lernte Geduld als ich klein war bei
Wasserfarben:
wartet man nicht, verliert man das Bild –
und manchmal
bewegt sich mein Herz in den Aufhängebändern
das ist, wenn ich eine fremde Gegend seh
von mutigen Menschen höre oder
einer was fragt;
Ich liebe meinen Bauernpelz, meine Stiefel
und mein trauriges Gesicht[58]

Folgt man den Bild- und Gedankenverbindungen des Gedichts, dann zeigt sich, daß ihre Folge durchaus nicht willkürlich ist, sondern behutsam gelenkt als eine Entfaltung des Gedichtanfangs: »Ich lerne mich kennen«. Und bemerkenswert ist, daß die Autorin bei diesem Sichkennenlernen nicht mit dem Persönlichsten beginnt, sondern Geschichte aufblättert, die ablesbar ist aus der konkreten Umgebung. »Empörte Leser zu Freudenhäusern / zwei Zeilen Reichtstagsbrand« – kürzer kann man das Syndrom deutscher Historie kaum fassen. Im weiteren Verlauf des Gedichts besticht die sensible und diskrete Art, in der Wahrnehmungen in Erfahrungen umgesetzt werden. Subjektives Bekenntnis weist übers Private hinaus, wenn Sarah Kirsch – den Brecht-Ton in persönliches Idiom verwandelnd – schreibt: »und manchmal / bewegt sich mein Herz in den Aufhängebändern / das ist, wenn ich eine fremde Gegend seh / von mutigen Menschen höre oder / einer was fragt«.

Die Kritik an der Assoziationstechnik und der Vorwurf eines

»abstrakten Empirismus« reichen nicht aus, um die Irritation einer dogmatischen Kritik zu erklären. Der Rückgang aufs erlebende Ich bedeutet Verzicht auf jede Art von *Repräsentanz*. Die Autorin mißtraut ihr, weil Repräsentanz in Gefahr steht, abstrakt zu werden, zur Pose, die nicht mehr von der Person des Verfassers gedeckt ist. Die »Souveränitat des Autors gegenüber seinen Erlebnissen« kann dazu führen, daß der Autor sich von seinen *realen* Erlebnissen derart löst, daß die *gestalteten* Erlebnisse zu bloßen Fiktionen geraten. Wo diese Gefahr droht, kann der Rückzug in die Privatheit ein durchaus politischer Vorgang sein. Das lyrische Ich wird zum Zeugen; doch drängt es seine Zeugenschaft niemand auf. Erst die Lektüre legt den gesellschaftlichen Gehalt des Gedichts frei. Der Autor freilich wird durch solche Rezeption gezwungen, durch sein weiteres Schreiben zu reagieren. Legt man ihn fest, so ist denkbar, daß er sich den Festlegungen entzieht. Zuletzt haftet er, im realen Sinn, als Person, die dieses oder jenes verfaßt hat. So wird der »abstrakte« zu einem sehr konkreten Empirismus: zur Frage nach der Erfahrung des Autors beim Schreiben der Wahrheit.

Die Behauptung des Ich in der Lyrik der DDR vollzieht sich also in einer Rücknahme des Anspruchs auf Repräsentanz; selbst beim so ich-starken und selbst-gewissen Volker Braun ist das zu beobachten. Aber diese Zurücknahme muß – anders als bei den ichsüchtigen und ichschwachen Produkten »neuer Sensibilität« im Westen – als Indiz einer beträchtlichen Widerstandskraft erscheinen. Wenn freilich die Ressourcen dieses Ichs erschöpft sind, bleibt nur das Schweigen oder die Emigration.

Der Alltag und seine alt-neuen Themen

Die Dialektik von Ich und Wir mit der Herausbildung einer starken Subjektivität – das ist die wesentliche, »große« Tendenz der Lyrik in den sechziger Jahren; die Tendenz der »starken« Subjekte, der Protagonisten wie Braun und Mickel, die Tendenz einer solidarisch-kritischen sozialistischen Lyrik, die sich gegen Widerstände in Parteiapparat und Kulturbürokratie durchzusetzen hatte. Der Blick auf diese Tendenz läßt leicht vergessen, daß es neben dieser Hauptrichtung einen breiten Zusammenhang konventioneller Produktionen gab und gibt und daß deren Affirmationstendenz nicht minder bezeichnend ist als die Bestrebungen und Konflikte der »führenden« Autoren.

Auch dieser – größere – Teil der DDR-Lyrik geriet Mitte der sechziger Jahre in Bewegung. Etwas von den Errungenschaften der Lyrik Kunerts, Brauns, Mickels und anderer ging auch auf die Hervorbringungen der kleineren Talente über: eine gewisse Betonung des subjektiven Moments, eine Zuwendung zur Realität, eine Abkehr von den allzu plakativen Redeformen. Man kann von einer Zuwendung zum Alltag sprechen, die oft eskapistische Züge trägt. Der Übergang läßt sich gegen Ende der sechziger Jahre deutlich erkennen. Die sogenannte »Ankunftsthematik« verlor zunehmend an Bedeutung. Die DDR hatte, nach ihrem Selbstverständnis, die Stufe des entwickelten Sozialismus betreten oder schickte sich an, es zu tun. »Wir sind nicht mehr nur ›angekommen‹ im Sozialismus. Wir sind mittendrin. Wir gehen sehenden Auges und im vollen Bewußtsein auf die Tatsache des *entwickelten* Sozialismus zu, wir betreten seine zweite Stufe«, so umschrieb Inge von Wangenheim, was der VII. Parteitag der SED im April 1967 dekretierte[59]. Vollends brachte der VIII. Parteitag (1971) mit seiner ökonomischen Kursänderung in Richtung auf die Steigerung der Konsumgüterproduktion und seiner kulturpolitischen Liberalisierung die Vorbedingungen für eine Öffnung und Entspannung der lyrischen Thematik. Neben die Kampf- und Aufbaugedichte traten schon Ende der sechziger Jahren Verse, die sich mit dem täglichen Leben und der privaten Sphäre beschäftigten. Propagiert wurde ein *»neues Lebensgefühl«*. »Das neue Lebensgefühl ist nicht uniform. Es ist der Sphäre jedes Menschen gemäß. Wenn ich ihm nachspüre, öffnet sich mir eine Skala emotioneller Werte, die sehr breit ist«, mit dieser These versah die Zeitschrift *Neue Deutsche Literatur* 1967 eine knappe Anthologie jüngster Lyrik, in der Harmlosigkeit und Quietismus vorherrschten. Bezeichnend für die Rückgriffe und Reduktionen dieser konventionellen Alltagslyrik ist die Häufigkeit, mit der von den »kleinen« oder den »einfachen« Dingen geredet wurde:

Es muß geredet werden von einfachen Dingen,
die neben uns sind, und denen wir täglich begegnen,
Dinge, einfach wie Verkehrsschilder
mit ihren Farben, die jeder kennt,
frisch und kühl wie
der Geschmack des Wassers,
in das wir tauchen
mit geöffneten Augen.[61]

So beginnt Axel Schulzes *Mittag*, indem es die Zuwendung zu den einfachen Dingen ideologisiert. Signale, Verkehrsschilder sollen in einer kompliziert gewordenen Welt das Gefühl der Desorientierung aufheben, aber die erwünschte Einfachheit ist nur um den Preis der Außensteuerung (durch Signale) zu haben. »Seit ich in einem weißen Haus wohne«, heißt es weiter, mit »sehr fremden Menschen«, »sehne ich mich sehr nach Klarheit« – es ist die Klarheit der Regulative, die das einfache (vereinfachte) Leben ermöglichten. Das Ich, von der Idee seiner Autonomie abgedrängt, schafft sich Surrogate. Wenn die Dinge so vereinfacht sind, sollen sie wenigstens »klein« sein und so eine Überlegenheit des Ich suggerieren, eine Nähe und Verfügbarkeit der Objekte, die unmöglich wurde.

Gegen die Reduktionen, die nur durch Sentimentalität kompensiert werden, muckt das lyrische Ich gelegentlich auf, etwa ironisch wie bei Kurt Bartsch, der sich kritisch und ironisch mit der Bescheidung im Kleinen auseinandersetzte:

bevor die sonne, die zu kopf geht, mir
den eignen schatten vorwirft (große sprünge
kann ich mir nicht erlauben, mal ein bier)
versuche ich mein Glück: die kleinen dinge.[62]

Bartsch hat, solange er in der DDR lebte, seine Kritik am kleinbürgerlichen Eskapismus im Begriff *sozialistisches Biedermeier* zugespitzt:

Zwischen Wand- und Widersprüchen
Machen sie es sich bequem.
Links ein Sofa, rechts ein Sofa
In der Mitte ein Emblem.[63]

Die Flucht in eine sozialistische Idyllik zeigt eine Brüchigkeit vieler Gedichte, die zwischen Öffentlichem und Privatem, zwischen den Zwängen der Gesellschaft und den Möglichkeiten des Individuums vermitteln möchten.

Die Rolle, die Liebe und Erotik in der Lyrik der DDR spielen, läßt sich auch aus ihrer kompensatorischen Funktion erklären. Als eine andere Möglichkeit menschlicher Erfüllung tritt die Liebe neben die Arbeit, ohne daß der gesellschaftliche Zusammenhang beider reflektiert würde. Selten ist eine zynische Unbefangenheit, die Liebe und Erotik als Regeneration der Produktionskraft sieht oder – wie bei Volker Braun – als eine andere Weise von Produktion, die die Welt verändert.

Eros ist in Brauns *Glücklicher Verschwörung* ein Verbündeter in der Umgestaltung der Gesellschaft. Der Liebende führt die Geliebte auf eine Lichtung über »dem Rauch, der die Stadt bedrückt, dem Sand / in den Betrieben«:

(...) laß dich gehn
Auf dem Land, das wir belagern
Aus Lust, das wir einnehmen Elle um Elle
Gib dich hin,
                    wir rufen ihn her
Ins Leben, der mit uns verbündet ist
Der alles erhält
Oder ändert.[64]

Die Kühnheit der dialektischen gefaßten Gedichte über Eros und Arbeit, Weltveränderung und Liebe, wie sie Volker Braun und Andreas Reimann schrieben (Reimanns Ode *der lange weg* bringt die historischen Klassenkämpfe und das Glück der Geschlechter doppelsinnig zusammen), wird deutlich im Vergleich zu zahlreichen Liebesgedichten, die ihr Thema sentimental verinnerlicht oder als kleinbürgerliches Genrebildchen vorführen. Einige Gedichte Rainer Kirschs und Günter Kunerts müssen als Ausnahmen gelten. Kirschs einschlägige Sonette (nach dem Vorbild der Brechtschen) sind nicht ohne Renommiergehabe: »Genug, sprach sie, ists nie. Selbst sieben Male / (Ich will nicht lügen, fünf, doch gut für sie) / Sind nichts, wenn sie vorbei sind.«[65] Und Kunerts Bekenntnis zu Catull (»Nun wollen wir /

uns zu unseren Geschlechtsteilen / bekennen: / auf die Catullsche Weise«) ist ein lediglich literarisches Bekenntnis, zudem auch, wie eine Rezension vermerkt, durch das selbstverständliche und »schamlose« Verhalten der jungen Generation überholt worden[66]. Liebe erweist sich immer wieder als Kontrapunkt zu einer von Arbeit bestimmten Gesellschaft. Sie ist das, was den Alltag transzendiert und doch auf gleichsam natürliche Weise zu ihm gehört.

Ähnliches gilt auch für andere alt-neue Themen, wie sie seit Mitte der sechziger Jahre für die Lyrik der DDR Bedeutung bekamen: für die Natur, die Landschaft, die Reise, die ältesten oder neuesten Freizeitbeschäftigungen, schließlich für so urtümlich sinnliche Genüsse wie Essen und Trinken. Unmöglich, die Modifikationen dieser Themen auch nur ansatzweise zu erläutern; etwa zu zeigen, wie trotz Brechts Verdikt eine wachsende Zahl von Landschafts- und Naturgedichten entstand und wie die ökologische Thematik in einer von Naturausbeutung und Fortschrittsglauben geprägten Gesellschaft an Bedeutung gewinnt: Volker Brauns *Durchgearbeitete Landschaft* mit ihrer Vorstellung einer sozialistischen Ferien- und Erholungslandschaft repräsentiert bereits ein überholtes Bewußtsein, Heinz Czechowski fragte schon 1967 nach dem Preis des Fortschritts: »Aber wenn da etwas verlorenging / Vom Liebesgeflüster, von / Der Fahrt auf dem Fluß, vom Grün / Und der Wölbung des Bergs, was / Blieb?«[67]

Reisegedichte vermitteln eine Kompensation der Enge und der Provinzialität und damit etwas von jener Sinnlichkeit, wie sie im DDR-Alltag entbehrt wird. Dem »Mittelmeertourismus« der westdeutschen Lyrik der fünfziger Jahre folgt der »Schwarzmeertourismus« in der DDR-Lyrik der sechziger Jahre: bildungsbefrachtete Regression hier, reale, wenn auch begrenzte Horizonterweiterung dort – Entlastung vom schwierigen, nüchternen, »kleinen« Land. Bereits in *Landaufenthalt* (1967) publizierte Sarah Kirsch Reisegedichte vor allem zu Schwarzmeer-Eindrücken. *Rückkunft*, worin sie einer Freundin auf dem Land von ihren Reisen erzählt, bezeichnet sehr schön die Funktion solcher Eindrücke: »ich schlafe sehr gut dort am Rande der Welt / nachdem / ich sie gierig machte auf Schiffe und Meere.«[68]

Entlastende Funktion haben auch Tätigkeiten und Beschäftigungen, wie sie in der westdeutschen Lyrik kaum, in der DDR-Lyrik dagegen überraschend häufig poesiewürdig werden. Es gibt zahlreiche Gedichte über Sportarten (gesammelt in der Anthologie *Olympische Spiele*), darunter bemerkenswert viele Gedichte über das Angeln, aber auch übers Radfahren (Mickel) und Motorradfahren (Czechowski). Es gibt auch schon eine Tradition der Koch-, Eß- und Trinkpoesie, die baalische Weltlust mit materialistischer Weltaneignung verbindet und kompensatorische Funktionen im Sinne säkularisierter Rituale übernehmen dürfte.

In Reimanns Ode *Rede an eine reichliche mahlzeit* wird das Essen zum potenten Weltvorgang und zur genüßlichen Reproduktion:

> Nun hab ich gegessen, ich trink
> die sandfarbnen biere, den ziemlich verschnittenen schnaps,
> ganz ausgefüllt bin ich mit welt und mit mir und verdaue.
> Fast alles verdau ich. Ich preise die köche, ich sag:
> die köche verbessern die erde.[69]

Das läßt sich als hedonistische Kontrafaktur zu Mickels *See* lesen. Es wird freilich auch relativiert und kritisiert durch Manfred Jendryschiks Replik *Das Mahl. Für A. R.* Auch hier wird das Mahl als dionysische Kommunion der »Kumpane« gefeiert, aber auch ein nüchternes, ernüchtertes Fazit gezogen:

> So. Das ist ein Fressen demnach, und das war's. Und
> plötzlich: die Ruhe. Sie setzt sich, aufmerksam, zu
> uns, zeigt, wie sie ist die Tafel, nun Skelett Haut Schuppen
> das Zerschrammte. Und andres Licht; grüßend
> den nackten Teller mit den Worten: Ausgenützter!
> das ist dein Ende. Schluß! jetzt, flüstre ich
> komm uns, Spätrer, Tag
> Gebrechlicher, ein Mittwoch wie gewohnt (...)[70]

Auch dieses Gedicht vom Essen ist eine gesellschaftliche Allegorie; sie handelt vom Alltag des Zeitalters, von den Mühen der Ebenen, vom »Mittwoch wie gewohnt«.

Auf dem VI. Schriftstellerkongreß 1969 hatte Günther Deicke

behauptet, der »Alltag unserer Republik« sei »ein Ereignis von Weltbedeutung«. Bei gleicher Gelegenheit hatte er Sarah Kirsch eine »spätbürgerliche Position der Aussichtslosigkeit jeglichen Beginnens« vorgeworfen[71]. Das dabei inkriminierte Gedicht *Schwarze Bohnen* war freilich eines der wenigen Gedichte, die den Alltag unbeschönigt und dennoch poetisch – nämlich in der Umkehrung der alltäglichen Vorgänge – zur Sprache brachten:

Nachmittags nehme ich ein Buch in die Hand
nachmittags lege ich ein Buch aus der Hand
nachmittags fällt mir ein es gibt Krieg
nachmittags vergesse ich jedweden Krieg
nachmittags mahle ich Kaffee
nachmittags setze ich den zermahlenen Kaffee
rückwärts zusammen schöne
schwarze Bohnen
nachmittags zieh ich mich aus mich an
erst schminke dann wasche ich mich
singe bin stumm

Die Autorin hat später für die Buchausgabe *Zaubersprüche* (1972) das Gedicht um die ersten vier Zeilen verkürzt und ihm damit etwas von der Provokation, aber auch vom Realismus genommen: ein Zeichen dafür, welche Probleme die Darstellung des Alltags der DDR in der DDR aufwirft.

Das Bewußtsein des Gedichts

Die Behauptung des Ich – das zeigte schon Kunzes Rekurs auf die »Macht des Lyrikers« – hätte nicht geleistet werden können ohne ein neues Verständnis für die Bedeutung des Gedichts. Das politische Wesen der Lyrik bestand nicht mehr darin, daß mehr oder weniger brisante Themen behandelt wurden, sondern daß das *Gedicht* als eine Instanz angenommen und verteidigt wurde, die nicht mehr zweck- und fremdbestimmt war. Gleichzeitig blieben nach wie vor die Forderungen der Partei und die ästhetische Doktrin des sozialistischen Realismus in Kraft. So ist es kein gedankenloser Seufzer, wenn es bei Heinz Czechowski heißt:

Dichten ist schwer. Was
soll ich bedichten?: Die Bäume,
Die an den Hängen stehn,
Die milde Landschaft,
Die sanften Hügel? – Hier
Bliebe ich gern.[72]

Die Frage ist rhetorisch; offensichtlich will der Autor nichts mehr *bedichten*, d.h. etwas, das außerhalb ist, distanziert in Worte fassen. Der *Stadtgang* – so der Titel des Gedichts – wird Auslöser einer poetischen Reflexion, die zwar Anlässe kennt, nicht aber ein vorgegebenes Thema. So verliert sich der Gegenstand, aber in seinem Verschwinden wird die Frage nach dem Ganzen akut – und damit das Problem der Wahrheit:

Ach, Landsleute,
Ehrlich sein und
Sich nichts vormachen, so
Zwischen Leben und Tod
Leben, nicht
Für die Allmacht des Fließbands.

Der Gedanke der Endlichkeit individueller Existenz zieht den Gedanken des Fortschritts, ja den der Geschichte überhaupt in Zweifel. Czechowskis Bescheid kommt ex negativo: »Stadt, Bürgerinsel, / Nicht für die Geschichte / Leben wir hier.« Skepsis, Zweifel, Trostlosigkeit sind für Czechowski nicht Themen im konventionellen Sinn, sondern Resultate der Verfahrensweise des Gedichts und seiner immanenten poetologischen Reflexion. Diese ist nicht artistisch-selbstgenügsam, sie erwächst vielmehr aus der Frage, wie sich Realität und ihre Spiegelung im künstlerischen Bewußtsein auf offene, nicht vorgefaßte Weise zusammenbringen lassen. Indem das Gedicht sein Darstellungsproblem in sich aufnimmt, demonstriert es, daß die Realität und ihre Transponierung in Kunst voneinander nicht zu trennen sind. Ästhetiker und Kritiker in der DDR möchten immer noch die Autoren gern auf eine vorgegebene Objektivität festlegen, denn nur so vermögen sie ideologisch und ästhetisch »Richtiges« von »Falschem« zu scheiden.

Czechowskis poetische Reflexion ist repräsentativ für den

interessanteren Teil der Lyrik in der DDR. Daß dieser Zug von Selbst- und Sprachreflexion erst in den siebziger Jahren deutlicher wurde, dürfte viele Gründe haben; politische, gesellschaftliche, mit der historischen Situation der DDR zusammenhängende, aber auch solche, die mit dem Vordringen von Linguistik und Sprachreflexion zu tun haben. Der ästhetische Spielraum ist größer geworden. Das eigentliche Problem aber ist gewissermaßen konstitutiv: Vor dem materialistischen Erkenntnisprimat können Kunst und Literatur nicht als autonome Weisen von Erfahrung und Erkenntnis gelten. In der ästhetischen *Vermittlung* von Erkenntnis, deren Sinn und Tendenz vorgegeben ist, wird Literatur in die sekundäre Rolle der Verbreitung, nicht der Erweiterung der Erkenntnis gedrängt – eine Rolle, die insbesondere dem Gedicht schlecht ansteht.

In Günter Kunerts Band *Im weiteren Fortgang* (1974) – dem Fortgang einer ideologischen Desillusionierung – gibt es eine ganze Folge *Gedichte zum Gedicht*. Kunert findet, daß durch die anderen Medien die Möglichkeiten von Erkenntnis und Erfahrung noch nicht ausgeschöpft sind. So bleibt eine Lücke für »solche Gedichte / denen alles anvertraut / was aufgegeben ist«[73]. Was in der Gesellschaft von der Gesellschaft *aufgegeben* war, blieb – jedenfalls in den noch in der DDR geschriebenen Gedichten – verschlüsselt, d. h. dem Leser zu prüfen überlassen. Gedichte dieser Art – so Kunert – sind jedenfalls »zur Unterdrückung nicht brauchbar / von Unterdrückung nicht widerlegbar / zwecklos also / sinnvoll also«. Geraume Zeit vorher schon hatte Kunert angedeutet, daß es für die Lyrik der DDR darauf ankommen könnte, aus den vermeintlichen Sicherungen herauszutreten: »Daß Lyriker die Frage nach ihrer Wirksamkeit stellen, rührt daher, daß sie sich dem unbezweifelten Kodex der Kausalität unterwerfen, demzufolge jedes Unternehmen, und sei es das des Gedichteschreibens, ein konkretes, möglichst meßbares Ergebnis zeitigen müsse.«[74] Kunerts Plädoyer für ein »spezifisches Bewußtsein des Gedichts« ist ein wichtiges Zeugnis für die Emanzipation des Gedichts in der DDR. 1970 erschienen, markiert es den Beginn einer konfliktreichen Entwicklung, die mehr und mehr in die Aporie führte. Zwischen dem Bewußtsein des Gedichts und dem offiziell geforderten politischen Bewußtsein gab es kaum noch Vermittlungen. Das war nicht allein Kunerts Fall und Problem, aber Kunert hat in den Jahren bis zu seinem Weggang aus der DDR diese Aporie am deutlichsten ausgehalten, indem er noch das Verlöschen der Utopie, die Aufgabe der Hoffnung thematisierte:

> Die Hoffnung aufgeben
> wie einen Brief ohne Adresse
> Nicht zustellbar und
> an niemand gerichtet[75]

Noch diese Nachricht von der »Aufgabe« war ja eine Flaschenpost, und das heißt eine Hoffnung, eine Nachricht in eine immer dunklere Ungewißheit, in jenes Nirgend-Reich, das die U-topie ist. Nun war die Poesie, das Gedicht selbst die Botschaft und der Ort. Der Anklang an Benns Formulierung vom absoluten Gedicht – ohne Glaube, ohne Hoffnung und an niemand gerichtet – ist jedenfalls unüberhörbar, Kunert war schon lange isoliert in der DDR, endgültig jedenfalls seitdem er sich im November 1976 für die Rückkehr Wolf Biermanns eingesetzt hatte. Im Herbst 1979 verließ er die DDR mit einem befristeten Visum. Bei seiner Ankunft in der Bundesrepublik erklärte er, er habe zuletzt keine Zeile mehr schreiben können, weil er nicht mehr die Kraft für eine schöpferische Tätigkeit gefunden habe.

Am Ausgang einer Epoche

Man erwarte am Ende dieses Versuchs kein Resümee, das auf handliche Formeln bringt, was sich der Katalogisierung verweigert und was, seiner Geschichte nach, noch nicht abgeschlossen ist. Wenn aber die Zeichen nicht täuschen, befindet sich das Gedicht in der DDR am Ausgang jener Epoche, die so stürmisch und optimistisch mit der »Lyrikwelle« Anfang der sechziger Jahre begann. Eine neue Lyrik, eine neue Generation, neue Impulse, neue Talente in größerer Zahl sind nicht zu sehen. Die Generation Volker Brauns, immer noch repräsentativ für die Lyrik in der DDR, hat fast alles von den Hoffnungen zurücknehmen müssen, mit denen sie begann. Und das nicht bloß, weil etliche Lyriker – infolge ihrer Proteste gegen die Ausbürgerung Biermanns – die DDR verließen oder verlassen mußten. Der »Fall« Biermann hat nur öffentlich gemacht, was unübersehbar geworden war: die Unvereinbarkeit von geforderter Affirmation und von Wahrheitssuche im Gedicht. Noch im Weggehen der Autoren wird die Dialektik von Freiheit und Zwang deutlich. »Ich bin der Weggehetzte. / Nicht der erste, nicht der letzte«, schrieb Bernd Jentzsch, und Kurt Bartsch: »Wenn die Tünche aufgebraucht ist / Gehe ich fort, sage ich.«[76] Kein Zweifel, daß die Tünche aufgebraucht ist, auch für die, die in der DDR zurückbleiben. Wer von ihnen – wie Manfred Jendryschik – die Hoffnung auf den Sozialismus aufrechtzuerhalten sucht, tut es im Bewußtsein, daß auf die Mühen der Gebirge die größeren Mühen der Ebene folgen. Im Einleitungsgedicht von Jendryschiks Band *Die Ebene* heißt es: »Ein Leben / reicht doch, ein Land, eine, verschrumpelnde, Zuversicht.«[77] Präziser läßt sich die Begründung auszuharren kaum geben. Der Glaube an den Sozialismus wird immer mehr zur Sache des »credo quia absurdum«.

Noch in dieser Situation erweist sich Volker Braun als der wichtigste Repräsentant seiner Generation. Seine literarische und politische Position erscheint immer noch fest und schwer erschütterbar; aber es läßt sich nicht übersehen, daß es mehr und mehr eine einsame Position zu werden droht. Sein zuletzt erschienener Band *Training des aufrechten Gangs* (1979) enthält Zeugnisse kaum verhüllter Verzweiflung, aber auch – zu Anfang der ersten Sequenz *Ist es zu früh. Ist es zu spät* – ein einsam-heroisches *Statut meiner Dauer*, gedacht als Konstitution »Für eine Verschwörung der Gleichen«:

Vor allem aber, entgegen dem äußeren Anschein
Versammle ich in mir
Die Freude, den unbedenklichen Stolz
Das Aufatmen bei der Ankunft
Der Wahrheit[78]

Volker Braun – wie einige andere auch – versucht in seinen Gedichten immer noch, die Möglichkeiten für solche »Ankunft der Wahrheit« offenzuhalten.

Ziemlich zahme Vögel
Eine Rezension als Nachsatz

Gerüchte und Erwartungen gingen dieser Anthologie neuer DDR-Lyrik voraus. Im Juni 1983 hat sie der Ostberliner Verlag der Nation ausgeliefert. Redaktionell abgeschlossen war sie schon im August 1981, was auf der letzten Seite des Bandes ausdrücklich vermerkt ist. Angekündigt war sie für Herbst 1982. Man fragt, was der kreißende Berg geboren hat. Ein Mäuslein, einen Tiger? Doch schon etwas aus dem Tierreich.

Vogelbühne[79], so lautet der Titel. Er erweckt – wie die Ausstattung des Buches – den Eindruck problemloser Heiterkeit. Der Umschlag zeigt dekorative Kaltnadellineaturen mit aufgesetzten bunten Wimpelchen und Fähnchen, »geschmückte Windflüchter« sollen es sein. Aufgelockerte Typographie und eingestreute Graphikreproduktionen betonen den Geschenkbuch-Appeal – die abgebildeten Radierungen, Zeichnungen und Aquarelle wirken etwa so avantgardistisch wie der Wandschmuck in Sparkassen hierzulande. Sie sollen – laut Umschlag – »den experimentellen Charakter dieser Ausgabe« unterstreichen.

Experimentell? Da dürften die Begriffe hüben und drüben sehr auseinandergehen. Aber daß das ganze Unternehmen der Anthologie ein Experiment gewesen sein muß, dafür gibt es freilich schon Indizien. Und wenn es das Vorwort ist, das sich aller dogmatisch trockenen Deduktionen enthält und – mit offenkundiger Ironie – in seiner Überschrift versichert: »Nicht alle frühen Vögel holt die Katz«.

Nicht alle. Aber doch wohl einige. Bert Papenfuß zum Beispiel, der experimentelle Lyrik schreibt, wurde aus der Sammlung entfernt. Lutz Rathenow dagegen, ursprünglich ausgesperrt, durfte schließlich doch erscheinen. Und Sascha Anderson, der bislang nur im Westen publizieren konnte, ist mit drei

Gedichten vertreten. Das ist nicht viel, wenn man bedenkt, daß von den meisten Beiträgern ein halbes oder gar volles Dutzend Texte abgedruckt ist. Deutlich unterrepräsentiert sind auch Rüdiger Rosenthal und Uwe Hübner mit nur je zwei Gedichten. Ob der innere oder ein äußerer Zensor im Spiel war, ist nicht auszumachen. Schlechter als der Durchschnitt der anderen sind diese Autoren gewiß nicht.

So beginnt man diese Lektüre mit einigen Erwartungen. Steckt die Volière voll schräger Vögel? Wird auf dieser *Vogelbühne* ein kulturpolitischer Aufstand geprobt? Tritt hier – wie einst mit der »Lyrikwelle« der sechziger Jahre – eine neue Poetengeneration auf den Plan?

Nichts dergleichen. Wir müssen unsere Erwartungen herabschrauben. Die »Raubvögel«, die uns die Herausgeberin Dorothea von Törne verspricht, habe ich auf dieser *Vogelbühne* nicht erkennen können. Sie selbst wiegelt ja auch ab: »Dennoch kam es nicht zum blutigen Federkrieg, sondern zu einem Stück in Dialogen. Keine Angst, auf der Vogelbühne wird miteinander gespielt, nicht gegeneinander.« Aber wo man dergleichen betonen muß, ist vielleicht doch etwas Zündstoff versteckt. Und was die neue Poetengeneration angeht, die man nach dem Exodus so vieler Dichter erwarten möchte: nur 14 der 26 Autoren sind wirklich junge Autoren, sind »hineingeboren« in die DDR. Uwe Kolbe vom Jahrgang 1957, der dies Wort über seinen ersten Gedichtband 1980 setzte, ist nicht in der Anthologie vertreten – wie alle Autoren, die vor Abschluß der Sammlung bereits eigene Gedichtbände veröffentlicht hatten.

Interessant sind die Biographien der Debütanten. Geradlinige Karrieren wechseln mit vielfach gebrochenen ab: Da macht man Abitur, auch Dienst in der Volksarmee, aber dann ist man Maschinist oder Packer in einer Druckerei oder vermerkt einfach: »danach verschiedene Tätigkeiten«. Man ahnt, was das bedeuten kann: Nichteinverstandensein, Nichtangepaßtsein, ein prekäres Ineinander persönlicher und gesellschaftlicher Probleme. Wieviel Lebensstoff – aber wie wenig davon ging in die Gedichte dieser Anthologie ein.

Erstaunlich ist, wie bildungsfromm die jungen Autoren sind. Vorbilder werden erkoren, Vorbildliches wird nachempfunden,

Malerei vor allem: Kandinsky, Klee, Chagall, Macke, Munch und immer wieder Picasso. Kunstpostkarten als Gedichtvorlagen, die einstige Avantgarde, klassisch beruhigt, bewegt immer noch – die Gemüter freilich eher als die Köpfe. Einem verspäteten Nierentisch-Avantgardismus wird alles verfügbar. Derselbe Autor begeistert sich für »Rasternetze, / rhythmische Eingitterung / ausschweifender / Saxophonemanationen« wie für Öldruckantike: »Und auf den Bildern in den Galerien / sieht wirklich Syrinx man vor Pan entfliehn.«

Aber selbst das ist Versuch der Welterweiterung, ist Flucht aus der Enge. Und wie eng die DDR geworden, besser: als wie eng sie gegenwärtig empfunden wird, geht aus zahlreichen Gedichten hervor. Es sind allesamt Fluchtgedichte. Sie formulieren den »Einwand gegen die Rechtwinkligkeit« einer normierten Welt. Sie probieren den kleinen Aufschwung und wollen »vom Kai des festgelegten Denkens / abstoßen, ausufern, / davonziehen, / der Weite verschrieben, / der Sehnsucht, / dem Glück, das / nicht begrenzt werden kann / vom Naheliegenden.« Man sieht, wie unsinnlich und abstrakt, wie kraftlos also dieser Wunsch formuliert ist. Sprachliche Ohnmacht zeigt die wirkliche Ohnmacht. Der Autor nennt sein Gedicht selbst »Stabilisierung« und tut recht daran – der kleine Aufschwung führt nur wieder in die Anpassung zurück.

An wirklich dichterischen Impulsen ist die *Vogelbühne* arm. Sie finden sich, paradoxerweise, am ehesten dort, wo das Scheitern und die Ausweglosigkeit thematisiert werden. »Über der ganzen Szene fliegt Ikarus«, heißt es im Vorwort, aber dann wird gleich wieder abgewiegelt – Symptom dafür, wie beunruhigend der Gedanke war. Ikarus, der einen Anlauf nimmt »für das Unmögliche«, war ja lange die Hoffnungsfigur Günter Kunerts. Was aus dieser Utopie wurde, demonstriert Gerd Adloff, indem er den frühen zynischen Benn paraphrasiert (»Da fiel uns Ikarus vor die Füße«): »Da fiel er uns vor die Füße: / Ikarus, sah ich sofort / rot, das Wachs verlaufen.« Und was es mit diesem Ikarus-Sturz auf sich hat, macht die Überschrift unmißverständlich deutlich: *Selbstmord*.

Der Mythos beweist auch in anderen Texten der Anthologie neue Aktualität. Uwe Hübner läßt Odysseus als Fahrer des städtischen Unfallwagens figurieren: Odysseus rast »flaggengehißt / psychios die Sirenen – / durch menschenleer / engschluchtige / Straßen im Kreis. // Nirgends das offene Meer.« Wie man dies Bild im einzelnen deuten mag, als Chiffre der Vergeblichkeit ist es nicht zu verkennen.

Hier und an einigen anderen Texten gewinnt man den Eindruck, daß es den Autoren nicht so sehr auf die Stimmigkeit der Bilder ankommt als auf eine diffuse Allegorisierung und Bedeutsamkeit. Das ist nicht mehr »kritische« Lyrik, die sich der »Sklavensprache« bedient, um Mißstände und Mängel des Systems zu treffen, sondern der Ausdruck eines generellen Unbehagens, einer Unlust, die das allgegenwärtige System im einzelnen nicht mehr zur Kenntnis nimmt. Mit diesem Bewußtsein rechnet der Autor auch beim Leser. Ihm kann er – wie Sascha Anderson in einem längeren Gedicht – refrainhaft erklären: »alle dinge liegen klar in meinem herzen« und darauf vertrauen, daß sich selbst die dunkelste Allegorie beim Leser zu Klartext auflöst. Gewiß hat dies Verfahren Risiken. Manch dunkler Text ist bloß unpräzis formuliert. Aber das Hauptrisiko trägt doch der Autor. Thomas Luthardts *Vernissage* bringt es auf den Begriff. Zwar steht der Maler abseits und »stört weiter nicht«, aber »dann / Zwischen Rede und Rotwein, / Überkommt ihn die Angst, / Seine Bilder würden / Hier verstanden«.

Solche riskanten Bilder gibt es nicht allzu viele in dieser Sammlung. Es geht zumeist harmlos zu in der heiteren Volière. Neben den genannten wüßte ich nur einen Autor, den man hier entdecken könnte: Klaus Körner, Jahrgang 1946, an Techniken Celans, Bobrowskis und anderer Moderner geschult und doch kein Epigone. Er zeigt – etwa in seiner *Buckower Ansichtskarte* – eine zarte, aber bissige Ironie und verspottet »die kunstbeflissenen Kaninchen«, die die Ohren anlegen, wenn sie »falsche Ver- / fremdung und / widrige / Trauer« wittern. Diese ja gar nicht so zahmen Kaninchen dürften auch in der nach langem Hin und Her erschienenen Anthologie einiges an Trauer und Verfremdung wittern. Viel ist es nicht. Aber selbst das wenige dürfte ihnen zuviel sein.

Vom sozialistischen Pathos und DDR-Selbstgefühl, wie es einst (1966) der Anthologietitel *In diesem besseren Land* zur

Schau trug, ist nichts mehr übrig. Diskret verweist Dorothea von Törne auf diesen Befund, wenn sie schreibt, »wichtige Markierungspunkte« seien ihren poetischen Vögeln wohl aus dem Blickfeld geraten. Aber dann bemerkt sie sehr hübsch und schnippisch: »Die Ursachen mag die Forschung ergründen.«

BEISPIELE

Die Glaskugel, in der es schneit
Ein Filmmotiv in neuer Lyrik

Als der Pressekönig Kane in seinem Palast Xanadu stirbt, hält er eine Glaskugel in der Hand, in der ein vom Schnee eingehüllter Schlitten zu erkennen ist. In der nächsten Einstellung kommt der Mund Kanes groß ins Bild. Seine Lippen bewegen sich, und er flüstert ein Wort: *Rosebud* (Rosenknospe).

Von dieser rätselvollen Szene her rollt Orson Welles' Film *Citizen Cane* (1941) die Lebensgeschichte eines einsamen Erfolgsmenschen auf, der in seinem Kampf für Recht und Gerechtigkeit seiner nächsten Umwelt und sich selbst zum Verhängnis wird. Als Kanes zweite Frau, die er zur großen Sängerin hat machen wollen, ihn verläßt, verwüstet er in einem Tobsuchtsanfall ihr Zimmer. Er hält erst ein, als er die Glaskugel erblickt, und nimmt sie fasziniert in die Hände. Wiederum flüstert er das Rätselwort, und Tränen stehen in seinen Augen. Eine der Figuren im Film vermutet: »Vielleicht war *Rosenknospe* irgend etwas, was er gerne haben wollte oder was er einmal verloren hatte. Ich glaube, man kann das Leben dieses Mannes überhaupt nicht mit Worten erklären. Keinesfalls. Ich glaube, *Rosenknospe* ist nur einer der Mosaiksteine, die uns für das Bild noch gefehlt haben.«

Eine Auflösung, wenn auch nicht Erklärung ergibt sich für den Zuschauer am Schluß, als in einem Kellergewölbe allerlei Dinge aus Kanes Nachlaß verbrannt werden. Auf einem brennenden Schlitten liest man das Wort *Rosebud* und erinnert sich der Szene aus Kanes Kindheit. Da spielt er im Schnee vorm Haus und wehrt sich mit dem Schlitten heftig dagegen, daß er von einem Herrn, den er nicht kennt, mit dem Einverständnis der Eltern in die Stadt entführt werden soll, wo man ihn darauf vorzubereiten gedenkt, eine bedeutende Erbschaft anzutreten.

Der Schlitten symbolisiert Kanes Widerstand gegen Trennung und Entfremdung, der fehlende Mosaikstein scheint gefunden.

Niemand, der *Citizen Kane* sah, wird das Motiv der Glaskugel, in der es schneit, vergessen – ein scheinbar banales Motiv, aber von größter lyrischer Zartheit und unausschöpfbarer, jedenfalls nicht in Begriffen faßbarer Bedeutungsfülle; nicht zuletzt ein klassisches Exempel filmischer Ikonographie. Da in unserem Jahrhundert auch die Dichter ins Kino gehen, verwundert es nicht, daß dieses Motiv in die Lyrik Eingang gefunden hat. Ein Motiv, das man »nicht mit Worten erklären« kann, muß sie besonders reizen. Und so will es der Zufall – aber was ist Zufall? –, daß es gleichzeitig bei zwei Lyrikern auftaucht, die fast gleich alt sind, und dazu in ihren Erstlingsbüchern: nämlich 1976 in Karin Kiwus' *Von beiden Seiten der Gegenwart* und in Michael Krügers *Reginapoly*.

Karin Kiwus macht *Citizen Kane* zu einem autobiographisch getönten Rollengedicht:

Lang war jeder Tag
und der Schnee
das Licht meines weichen Himmels
und die Kälte
das Blut meiner glühenden Haut
und das Spiel
der Garten meiner tollwütigen Heiterkeit

Danach ist es nie Sommer geworden
Jahre sind vergangen in zugigen Häusern
nach den Uhren anderer
an Schreibtischen mit flüchtigen Papieren
mit falschen Wörtern in kaltem Zigarettenrauch

Manchmal noch nehme ich tastend
die Glaskugel auf und kehre
still für mich die Welt um
meinen erfrorenen Erdball
mein Winterauge
blind vor Schnee

Die Glaskugel wird zum Bild für eine poetische Welt- und Zeitumkehrung, mit der das Vergangene der melancholischen Betrachtung zugänglich wird. Glück und Verlust der Kindheit (Strophe 1), eine entfremdete Biographie (Strophe 2) ist auch ihr, der Autorin, Teil. Resignation macht den Schluß in stiller Betrachtung: In der meditativen Umkehrung der Glaskugel wird die kleine Welt (die Kugel, das lyrische Ich) mit der großen (dem gefrorenen Erdball, der Welt) identisch. Karin Kiwus' Gedicht ist eine Miniatur der Entfremdung und Kälte in der Welt. Regression ist zur melancholisch-distanzierten Umkehr geworden; folgenlos, »blind vor Schnee«.

Trägt bei Karin Kiwus das Bild der Glaskugel das ganze Gedicht und seinen im überkommenen Sinn lyrischen Ausdruck, so erhält das Motiv bei Michael Krüger einen fluktuierenden und transitorischen Aspekt. Ihn interessieren – um im Bilde zu bleiben – mehr die wehenden Flocken als die Geschlossenheit der Kugel. »In diesem Haus ist Platz für vieles«, heißt es in *Widmung*, dem Eingangsgedicht von *Reginapoly*, und das Haus (sprich: Gedichtbuch) enthält geradezu ein Partikelgestöber diverser Motive oder Minimotive:

In diesem Haus ist Platz für vieles. Für die Druckfehler
in meinen Träumen, die die Anmut in Armut verwandeln:
eine ko(s)mische Katastrophe. Für das unordentliche Glück
und die heidnischen Spiele der Katze. (Übrigens mag ich es,
daß wir die Katze Katze nennen.) Es ist beruhigend, an diesem Tisch
zu sitzen und in den *dunklen Verliesen des Bewußten* zu flanieren:
in der Hand die Glaskugel, in der es schneit: hier ist Platz genug
für Rückkehr und Aufbruch. Natürlich ist es schwer geworden,
einen Gedanken ganz für sich zu haben. Aber es sollte auch
natürlich sein, ihn ganz für sich behalten zu dürfen. Auf diesem Tisch
ist er mühelos unterzubringen, neben dem Papier, zwischen den Büchern
und der Kaffeekanne. Wer spricht da? Angeblich weiß man heute,
wer spricht. Aber das ist natürlich Schwachsinn. Jede Bewegung,
jede Geste wird schwerer werden. Du weißt das. Ich breche
diese Widmung hier ab. Ich. Du kennst diesen Trick und weißt, warum
ich ihn anwende: auch Melancholiker haben gelegentlich Hunger.

Wo das Bewußte in paradoxaler Umkehrung als dunkles Verlies – im Sinne von Piranesis *Carceri* – gesehen wird, erscheint die Glaskugel in der Hand als eine kleine Antiwelt, in der so etwas wie Bewegung noch möglich ist. Aber die Erhellung durch die

Kugel, in der es schneit, führt in die Abstraktion des Gedankens. Welcher Art »Rückkehr und Aufbruch« sein könnten, erfährt man nicht. Ein biographischer Anschluß, wie bei Karin Kiwus, oder nur ein Verweis auf den Film fehlt. Der Autor verweigert uns die Füllung der Begriffe und tut das mit Vorsatz, ja mit einer gewissen Lust: »Natürlich ist es schwer geworden, / einen Gedanken ganz für sich zu haben. Aber es sollte auch / natürlich sein, ihn ganz für sich behalten zu dürfen.« Nur ist das alles andere als »natürlich«, nämlich eine manieristische Begründung von Krügers Hermetismus. Paul Celan fragte noch – in *Mandorla*, im Band *Die Niemandsrose* (1963) –: »Was steht in der Mandel.« Und die Antwort war: das Nichts, und im Nichts »der König«. Im Raum der Glaskugel gibt es bloß künstlichen Schnee – den Schnee von Vokabeln. Und gewiß ist nicht einmal die Stimme, die da spricht – nur die Frage ist deutlich. Das lyrische Ich – diese artifizielle Fiktion – geht daran, sich selbst in Frage zu stellen – und mit sich selbst den ganzen Ich-Begriff. Hermetismus in Potenz, Irritation auf allen Denkebenen. Aber dann folgt der Umschlag: Das eben bezweifelte Ich ist ganz leibhaft vorhanden – es spürt einen Mangel, der ihm zur Existenz verhilft. Hunger. »(...) auch Melancholiker haben gelegentlich Hunger.« Aber auch Leser, wenn sie aus der dünnen Abstraktion hinausverlangen.

Ich weiß nicht, ob der folgende Appendix diesen Hunger stillt. Christoph Derschau, ein Lyriker der sogenannten neuen Sensibilität, liefert ihn uns. *Den Kopf voll Suff und Kino* heißt einer seiner Bände, ein anderer *Grüne Rose* (1982). Wie weit ist es von Kino und grüner Rose zu Kanes *Rosebud*?

Einen Gedichttitel *Grüne Rose* gibt es freilich schon bei dem polnischen Lyriker Tadeusz Różewicz, aber Derschau bezieht sich, dem Nachwort seines Buches zufolge, auf einen böhmischen Lithographen, der im Zweifarbendruck eines Reiseprospekts auch die Rosen grün eingefärbt haben soll. *Rosebud* also als grüne Version, wenngleich nicht ökologisch. Das lange Gedicht ist eine neusensible Litanei, mehr sprung- als einfallsreich, und zur Apotheose der grünen Rose gehört auch das Folgende:

Grüne Rose
in meiner freien Hand
und wir beide
unter dieser Ansichtskarten-
Käseglocke in der es schneit.
Mit der anderen Hand
umfasse ich das Empire
State Building
wie ich es King
Kong abgeschaut habe
und wir amüsieren uns königlich
wie die Freiheitsstatue
zusammenkracht

Derschau trivialisiert und denunziert das eine Kinoerlebnis durch das andere, *Citizen Kane* durch *King Kong*. Ihn irritiert offensichtlich die poetisch-beziehungsreiche Glaskugel, in der es schneit, und er geht über zum Bild der Destruktion. Man muß eher um die Freiheitsstatue fürchten als um das Bild aus Orson Welles' Film. Es wird uns weiter faszinieren.

Eine Utopie der Worte
Zu einer Konstellation Eugen Gomringers

vielleicht

vielleicht baum
baum vielleicht

vielleicht vogel
vogel vielleicht

vielleicht frühling
frühling vielleicht

vielleicht worte
worte vielleicht

»knappheit im positiven sinne – konzentration und einfachheit – sind das wesen der dichtung«[1], so lautet ein Satz in Eugen Gomringers erstem Manifest *vom vers zur konstellation* aus dem Jahr 1954. Einfachheit zumindest kennzeichnet den vorstehenden Text auf den ersten Blick; eine Einfachheit in Vokabular und Struktur, die sich dem Leser, um nicht zu sagen dem Betrachter (denn Gomringers Konstellationen wollen ebenso *betrachtet* und *meditiert* wie *gelesen* werden) sogleich mitteilt.

Einfachheit im Vokabular: Es gibt nur fünf Wörter, welche, die Überschrift eingeschlossen, insgesamt siebzehnmal vorkommen. Deutlicher noch werden die Einfachheit und Symmetrie des Textes, wenn man nach Wortarten teilt. Die vier Substantive (man könnte durchaus *Dingwörter* sagen) erscheinen je zweimal, also insgesamt achtmal; und zwar die ersten drei im Singular und nur das vierte im Plural. Das Modaladverb »vielleicht« erscheint ebenfalls achtmal, hält also den Substantiven die Waage oder, rechnet man sein Vorkommen als Überschrift hinzu, gibt ganz knapp den Ausschlag zu seinen Gunsten. Der Begriff *Adverb* lenkt den Blick auf die Tatsache, daß es in Gomringers Konstellation kein einziges Verbum gibt.

Einfachheit der Struktur: Der Text folgt dem Prinzip der *Reihung* und dem der *Umkehrung*. Das Modaladverb »vielleicht« wird jeweils einem Substantiv zugeordnet, und anschließend in der Folgezeile werden beide Wörter in umgekehrter Folge wiederholt. So entsteht eine rudimentäre Syntax; man könnte von Zwei-Wort-Sätzen reden. Jeder Verbund zweier Wörter kann als Satz gelesen werden. Seine Wiederholung in Form eines Chiasmus kann als Antwort im Sinne des Aufgreifens, der Erweiterung oder der Einschränkung begriffen werden. Und schließlich ergibt die Folge der diversen Reihungen und Verkehrungen (graphisch wie »Strophen« abgesetzt) eine Abfolge strukturell fast gleicher Elemente. Lediglich der Plural »worte« im vierten Abschnitt markiert eine Differenz. Die Deutung muß deshalb – und nicht hier allein – die semantischen Gehalte in die strukturelle Abfolge einbeziehen. Jede Deskription, wie sie hier ansatzweise auf der Ebene von Vokabular und Struktur versucht wurde, muß gegenüber der augenfälligen Simplizität des Textes (bei gleichzeitiger Komplexheit) pedantisch und komplizierend wirken. Und jeder Leser, der einigermaßen unvoreingenommen an diese Konstellation herangegangen ist, wird keine sonderliche Mühe gehabt haben, den *Text* als *Gedicht* zu lesen; als ein ungemein reduziertes, aber in seinen Bezügen durchaus vollständiges oder im Lesen komplettierbares Gedicht. Lesegewohnheit und graphische »gedichthafte« Präsentation treten zusammen. Die Frage ist, wie weit eine Interpretation reicht, die sich nicht ausdrücklich auf die Theorie der konkreten Poesie bezieht, der die Konstellationen Gomringers zugerechnet werden. Eine solche »theorielose«, wenngleich nicht naive Lektüre könnte etwa folgendermaßen verlaufen:

Das Gedicht gibt sich als zögernder, vorsichtiger Entwurf. Das »vielleicht« des Titels setzt einen imaginären Rahmen, innerhalb dessen vieles, wenn nicht alles möglich wird. Eine sehr behutsame Stimme scheint zu sprechen. Sie wählt nicht den Modus des Indikativs als Weise der neutralen Setzung, als Modus der Realität, sondern den aufs Modaladverb »vielleicht« verkürzten der Möglichkeit. Das Sprechen, das heißt Setzen der Worte (oder Dinge!) geschieht wie unter Vorbehalt: »vielleicht baum«. Das Gesetzte wiederum, das nun einmal hypothetisch vorhanden ist, wird anschließend wieder abgeschwächt, in Zweifel gezogen: »baum vielleicht«. Aber schon die erste hypothetische Setzung hat Konsequenzen. So vage und allgemein sie ist (denn nicht ein bestimmter, konkreter »Baum« wird gesetzt, sondern die Spezies »baum«, sozusagen dem Diktionär, nicht der Realität entnommen), sie ist nicht mehr rückgängig zu machen: Im Modus der Sprache ist sie real oder, wenn man lieber will, »konkret«. Wo »baum« gesagt wurde oder geschrieben, ist »baum« da.

Auf diesem hypothetischen sprachlichen »Boden« (die Metapher stellt sich zum Verständnis ein) wird nun weiteres möglich. Wo »baum« ist, da ist auch »vogel« und »frühling« – alles freilich unter dem gleichen Vorbehalt des »vielleicht«. Lauter naheliegende, älteste, einfachste Assoziationen, wie wir bemerken. In der Form des Indikativs, in der Weise tradierter ausgeführter Syntax wäre die Banalität nicht fern. Aber das diskrete und skeptische »vielleicht« und die isolierenden Reihungen verfremden den allzu vertrauten Zusammenhang von Baum, Vogel und Frühling. Man beginnt sich zu fragen, ob das Zusammenlesen der drei Elemente überhaupt legitim war. Der vierte Abschnitt, spätestens, kann einen daran zweifeln lassen. Die *Zäsur* (oder der *Sprung*) ist grammatikalisch und semantisch markiert. Nicht der Singular »wort«, sondern der Plural »worte« tritt an die vorgesehene Stelle. Die Reihung erhält eine neue Qualität. Sie wird bekräftigt durch den Charakter des vierten Abschnitts als Schluß. Nach unserer Lesegewohnheit erwarten wir so etwas wie Zusammenfassung, Deutung und Überhöhung. Das mag zu Mißverständnissen führen, muß aber nicht in jedem Fall falsch sein. Was besagt, was »bedeutet« der vierte Abschnitt?

Er gibt nicht die vielleicht erwartete Eindeutigkeit, sondern bleibt mehrdeutig, offen. Und das nicht bloß wegen Wegfalls der üblichen syntaktischen Verbindungen. Die Ambivalenz liegt in der Pluralform »worte«. »vielleicht worte«, das ließe sich in Hinsicht auf Sprachskepsis lesen. Extrem formuliert: »baum«, »vogel«, »frühling« sind »vielleicht« *nur* Worte. Ihr möglicher Realitätscharakter geriete so in den Sog des Sprachzweifels. Der hypothetisch gewonnene sprachliche »Boden« bräche ein; die langsam steigende Kurve des Gedichts hätte einen Knick. Anders die, wie mir scheint, naheliegendere und befriedigendere positive Lesart. Die aufsteigende Linie »baum«, »vogel«, »frühling« fände ihre Aufgipfelung in »worte«. Das »vielleicht« erhielte einen Ton von Hoffnung, der Hoffnung auf »worte«. »worte«, verstanden als Setzung, als menschlich poetische Leistung.

Nur schwer, glaube ich, kann man sich an dieser Stelle einer möglicherweise implizierten, aber unausgesprochenen Analogie entziehen, der topologischen Verbindung von »Vogel« und »Sänger«, zumal das übrige verbale Ambiente diese Verbindung nahelegt. Freilich ist das ungebrochene »Ich singe, wie der Vogel singt« dem Gedicht Gomringers nicht mehr möglich. Das allzu naheliegende »vielleicht lieder / lieder vielleicht« wird eben *nicht* realisiert. Wenn also diese Konstellation überhaupt ein poetologischer Text ist, ein Text über das Machen, dann mit der nüchternen Einschränkung auf die »worte« – auf sprachliche Elemente, die gesprochen und geschrieben werden, nicht aber gesungen.

Alle Deutungen, seien sie negativ oder positiv akzentuiert, konvergieren im Rekurs des Gedichts auf seine Sprachlichkeit. *Vielleicht* ist ein Gedicht über Sprache, über die Möglichkeit, Worte zu setzen, über die Möglichkeit sprachlicher Resultate. Sprachskepsis und Sprachhoffnung kommen in der Ambivalenz des Wortes »vielleicht« zum Ausdruck. Das Modaladverb, das auf die nähere Fixierung durch das Verb und auf die mögliche Negation des mit dem Verb verbundenen Vorgangs verzichtet, verharrt in der reinen Möglichkeit; in einer sprachlichen Welt, in der es keine Vorgänge und keine Dinge gibt, sondern nur »worte«. »worte« – aber nicht »wörter«. Nicht »wörter« in beliebiger, allenfalls alphabetischer Folge des Diktionärs, sondern »worte« in einer nachvollziehbaren Struktur, die Gomringer eine »Konstellation« nennt.

Was bis hier versucht wurde, ließe sich als »immanente« Interpretation bezeichnen. Ihr kann zum Vorwurf gemacht werden, daß sie Gomringers Text als traditionelles Gebilde, als reduziertes Gedicht betrachtet; vor allem aber, daß sie den für manchen Verfechter der konkreten Poesie unabdingbaren Zusammenhang von Theorie und Praxis vernachlässigt. Immerhin, so meine ich gezeigt zu haben, läßt sich der Text so »verstehen« und »aufschließen«, und zum andern begreift sich Gomringer selbst (sehr im Unterschied zu manchen seiner Kollegen und Nachahmer) als Verfasser von Dichtung; und 1967, in einem Rückblick auf *die ersten jahre der konkreten poesie*, wünscht er der konkreten Poesie, daß sie sich nicht zu einer Form der Dichtung entwickelt, »die jenseits der haupttradition angesiedelt ist«[2]. Wenn die konkrete Poesie in die »Haupttradition« der Lyrik gehört, dann kommt es weniger auf die Betrachtung einer entscheidenden *Differenz* als auf die wesentlichen *Modifikationen* dieser Sonderform der Lyrik an. Gomringer selbst hat die wesentlichen Hinweise in knapper Form gegeben. Zum Grundsätzlichen seiner Dichtung bemerkt er: »das wort: es ist eine größe. es ist – wo immer es fällt und geschrieben wird. es ist weder gut noch böse, weder wahr noch falsch. es besteht aus lauten, aus buchstaben, von denen einzelne einen individuellen, markanten ausdruck besitzen. es eignet dem wort die schönheit des materials und die abenteuerlichkeit des zeichens. es verliert in gewissen verbindungen mit anderen worten seinen absoluten charakter. das wollen wir in der dichtung vermeiden. wir wollen ihm aber auch nicht die pseudoselbständigkeit verleihen, die ihm die revolutionären stile gaben. wir wollen es keinem stil unterordnen, auch dem staccato-stil nicht. wir wollen es suchen, finden und hinnehmen. wir wollen ihm aber auch in der verbindung mit anderen worten seine individualität lassen und fügen es deshalb in der art der konstellation zu anderen worten.«[3]

Die Form der Konstellation hat Gomringer mehrmals definiert, am knappsten und deutlichsten so: »Unter Konstellation verstehe ich die Gruppierung von wenigen, verschiedenen Worten, so daß ihre gegenseitige Beziehung nicht vorwiegend durch syntaktische Mittel entsteht, sondern durch ihre materielle, konkrete Anwesenheit im selben Raum. Dadurch entstehen statt der einen Beziehung meist deren mehrere in verschiedenen Richtungen, was dem Leser erlaubt, in der vom Dichter (durch die Wahl der Worte) bestimmten Struktur verschiedene Sinndeutungen anzunehmen und auszuprobieren. Die Haltung des Lesers der Konstellation ist die des Mitspielenden, die des Dichters die des Spielgebenden.«[4]

Und ein letztes, entscheidendes. Gomringer entlehnte den Begriff der Konstellation Mallarmés »coup de dés«, wo es heißt:

rien n'aura lieu
  excepté
    peut-être
      une constellation

Lenkt man von der *Theorie* zurück aufs *Gedicht*, so ergeben sich Bestätigungen wie Ergänzungen der versuchten Interpretation. Bestätigt wird die im Text geleistete Behauptung einer sprachlichen Autonomie gegen syntaktische und semantische Verbindungen, die relative Offenheit möglicher Deutungen und der Spielcharakter des Textes. »worte sind schatten (...) worte sind spiele« heißt es in einer anderen Konstellation oder – in des Autors kommentierender Prosa –: »worte sind druckerschwärze, worte sind wellen, worte sind projektionen, worte sind taten, worte sind gestalten, worte haben formen. man sagt auch: worte haben gewicht. was aber sind worte noch? darüber wollen wir schweigen. ich sage aber auch: worte sind spiele. spiele sind keine spielereien. spiele setzen lust, heiterkeit und bejahung voraus. wer worte als spiele erkennt, erkennt sie auch als schatten.«[5] Bemerkenswert, wie sehr der Autor in Metaphern redet, um den »konkreten«, das heißt materialhaften wie auch den spielerischen Charakter seiner Poesie zu verdeutlichen. Bemerkenswert auch, wo er in seiner Selbstdeutung einhält und aufs Schweigen verweist. Was der Autor verschweigt, darf der Leser enträtseln.

Dem Leser wird überhaupt eine aktivere und weiterreichende Rolle als üblich zugesprochen. Das semantisch näher bestimmte Gedicht konstituiert sich sozusagen erst im Akt des Lesens. Dabei darf ausdrücklich die herkömmliche *Leserichtung* umgekehrt oder verändert werden. Die *Umkehrung* betrachtet Gomringer als seinen »vermutlich wichtigsten beitrag zur konkreten poesie«[6]. Solche Umkehrung der Strukturen oder der Leserichtung geht über die semantische und syntaktische Mehrdeutigkeit traditioneller Observanz auf »konkrete« Weise hinaus. Im vorliegenden Gedicht ist sie als Umkehrung der Zeilen praktiziert und ließe sich auch durch rückläufige Lektüre realisieren. Auch das gehört zum Sinnpotential dieser »audiovisuellen« Konstellation. Aber was für ein Potential ist das?

Es begrenzt sich durch den Charakter der Konstellation als konkretes Sprachspiel. Rechnet der Autor mit Lesern, die spielend ergänzen, was der Spielgeber offen gelassen hat, so verweist die Struktur des Textes den Leser immerfort auf sich selbst. Der Autor hat als Spielgeber nur eine begrenzte Verantwortung. Der *Sinn* ist immer Zutat, für die der Leser (und Interpret), nicht der Autor das Risiko trägt. Die Konstellation »nennt die ›allzumenschlichen‹, sozialen und erotischen probleme nicht«. Gomringer verweist sie ins Leben zurück, oder in die »fachliteratur«. Das ist eine rigorose Einschränkung, welche die konkrete Poesie auf das sprachliche und formale Interesse des Lesers, auf seinen Sinn für die Schönheit von Strukturen gerichtet sehen müßte – aber ist es auch die durch Lektüre erprobte Wahrheit? Gomringer öffnet seine Einschränkung mit dem Satz: »die konstellation ist eine aufforderung.«[7] Die Konstellation »vielleicht« ist es in besonderem Maße. Bescheidener als Mallarmés »Würfelwurf« versucht sie mit einem tastenden »vielleicht« eine Utopie der Worte. Aber wo die Worte ertastet und gesetzt werden, sind die Dinge – einfachste, uranfänglichste – mitgesetzt.

Gefaßte Negation
Zu einem Gedicht Dieter Leisegangs

EINSAM UND ALLEIN

Einsam ist ja noch zu leben
Hier ein Ich und dort die andern
Kann durch die Alleen wandern
Und auf Aussichtstürmen schweben

Einsam ist noch nicht allein
Hat noch Augen, Ohren, Hände
Und das Spiel der Gegenstände:
Und die Trauer, da zu sein

Doch allein ist alles ein
Ist nicht da, nicht dort, nicht eben
Kann nicht nehmen oder geben
Leergelebt und allgemein

Oktober 1972

Der zweiundzwanzigjährige Dieter Leisegang schrieb in einem Gedicht: »Wladimir hat recht / Nur keine Erinnerungen / Schießt sich den ganzen Klimbim / Aus dem Hirn.« Schnoddrige Todeskoketterie, so schien es; unpräzise dazu, denn Majakowski, der solcherart Angesprochene, schoß sich ins Herz, nicht in den Kopf. Aber dann, am 21. März 1973, vier Monate nach seinem 30. Geburtstag, wählte Leisegang eben jene Weise des Suizids, die er Majakowski zugeschrieben hatte.

Sein Freitod war keine Nachricht, die die literarische Öffentlichkeit bewegte. Leisegangs Gedichtbände, schmal und in kleinen Verlagen erschienen, hatten kaum Resonanz gefunden; ihr Autor lag quer zur herrschenden Tendenz, die das Persönliche verpönte. Was man später neue Subjektivität nannte, war bei

Leisegang schon vorhanden – zugleich mit der Erkenntnis ihrer Problematik. Ich-Befangenheit wurde ihm zur Ich-Kritik, die sich in diesem Leben nicht mehr zu helfen wußte. Eine aphoristische Notiz Leisegangs lautet: »Meine Gedichte bestehen aus lauter letzten Worten. Schon von daher geht ein Zwang aus, mich in Kürze aufzulösen.« Warum datierte er so viele seiner Gedichte? Um die tödliche Konsequenz zu fixieren oder um sich im Schreiben seiner eigenen Existenz zu versichern?

Einsam und allein ist auf den Oktober 1972 datiert. Der Titel nimmt eine Gedankenlosigkeit auf – wie oft sagt man so, wenn man mitleidheischend Verlassensein oder Sich-verlassen-Fühlen benennen will. Was wir mit dem Bindewort »und« aneinanderpappen, reißt Leisegang auseinander in seine Differenz, markiert es als Grenze von Leben und Tod. Hier noch, wenn auch eingeschränkt, die Möglichkeit des Lebens – dort die absolute Negativität, das leere Allgemeine. Der Einsame kann ja immer noch »durch die Alleen wandern«, wie Leisegang Rilke verkürzt. Er ist bloß einsam, nicht wirklich allein. Sein »Schweben« auf Aussichtstürmen ist zwar ein bißchen prekär, aber nicht *aussichtslos*. Noch gibt es Möglichkeiten für den melancholischen Narziß, dessen Name *Einsam* heißt: das Spiel der Sinne und der Gegenstände (die ihren Wider-Stand verloren), schließlich die Trauer der Existenz, immerhin noch ein Gefühl.

Darauf will der Sprechende schon nicht mehr hinaus. Ein schneidendes »Doch« kappt das »Noch« der voraufgegangenen Strophen. Der Gedanke tritt in die Finalität. Formal klingt das wie Synthese, denn Reimklänge aus Strophe 1 und 2 kehren wieder. Doch der Gleichklang höhnt, er meint die Monotonie der leergelebten Existenz. Der trochäische Vers kommt fallbeilartig, der umarmende Reim stranguliert. Die Sprache gerät in tödliche Verlegenheiten, ihre Negationen weisen über »da« und »dort« auf ein vages »eben«. Meint das Räumliches oder Zeitliches, oder schafft es nur »eben« den Reim zum kurzen Prozeß? Die Mechanik der Sprache ist eben nur intakt, mehr nicht. Aber der Kunstfehler ist erlaubt, wo es auf Kunst nicht mehr ankommt. Nur die präzis gefaßte Negativität gilt: nicht mehr nehmen oder geben, das hebt den Menschen auf. Will das Gedicht auf diesen tödlichen Schluß hinaus?

Dann hätten wir einen Wink überlesen, den uns das Wortspiel gibt: »Doch allein ist alles ein«. Das ist nicht bloß negatives Summieren, das klingt wie Rätselspruch. Ist Leisegangs »allein« womöglich die Kontraktion eines uralten »All-Einen«, das die frühgriechische Philosophie gedacht hat? Kontraktion der Fülle zum Nichts? Wird nicht, wo *allein* auf *alles-ein* verweist, an eine Totalität erinnert, die doch einst positiv war? Und kehrt erst das leergelebte Leben in dies Allgemeine, All-Eine zurück? Mir scheint, zu dem Philosophen Leisegang, der bei Theodor W. Adorno und Julius Schaaf studierte, hätte solche negative Dialektik sehr wohl gepaßt.

Mondzauber und Hexentradition
Zu einem Gedicht Friederike Roths

AUF UND NIRGENDS AN

Mir durch Wort und Gemurmel
in zügelloser Phantasie
einen tiefblassen Mann erschaffen
Federlin, Hölderlein, Allerleiwollust.

Und ein unbekanntes dunkles Weib
einsam, einfältig trauernd, bedrängt
will sie den Mond
vom Himmel herab reißen.

Im vertrauten Verhältnis
mit jungen, hübschen Verderbten
hinterläßt er sein Mal
an Bauch, Hüften, Schenkeln
am Leib der Schönen.

So über Nacht
verwandelt sich manches zu Dung, dürrem Laub.

Ihr aber durch Wort und Gemurmel
zerplatzt der Rachen der Natter
auch die Eich', aus dem Boden gerüttelt, rafft sie hinweg
und reißt den Mond vom Himmel herab
fahrig, wunderbar kalt.

Auf und nirgends an – das scheint keine verlockende Überschrift für ein Gedicht, kein heiteres »up, up and away«, das uns entführt. Und doch ist Verführung im Spiel, Zauberei; schwermütig, schwerblütig, und sie zieht uns ein Stück weit ins Vertrauen.

Jemand beginnt, wie aus tiefem Selbstgespräch, mit einem Vorsatz – und gleich mit dem kühnsten, der sich denken läßt:

Menschen zu erschaffen. Aber die Zeit der Götter und Halbgötter ist vorbei und auch die des Genies, das stellvertretend sagen kann: »Hier sitz ich und forme Menschen nach meinem Bilde.« Eine vorsichtigere, weichere Stimme spricht wie zu sich selbst: »Mir durch Wort und Gemurmel«. Und in diesem Schwanken zwischen Artikulation und Beschwörung soll etwas zustande kommen, soll der Vorsatz Gestalt werden: ein Mensch, ein Mann. Und da die Phantasie sich schon einmal verstiegen hat, was die Sprechende als »zügellos« leise zu rügen scheint, kann sie auch gleich aufs Ganze gehen: der »tiefblasse« Mann – *tiefblaß*, weil noch vom Schöpfungsakt gezeichnet – muß selber ein Mann der Schöpfung, der Feder, der Poesie sein, im Silbentausch dem höchsten, holdesten Namen verwandt und doch – im zärtlichen Diminutiv »Federlin, Hölderlein« – dem Gefühl erreichbar.

Denn auch die Fühlende ist schon zur Stelle, als Liebende und Geliebte, auf jeden Fall unbekannt und dunkel, dazu im voraus verlassen – denn nur so kann ihre Kapazität ungeheuer sein; im Leiden, aber auch im Handeln, das alles Leiden kompensiert. Denn sie leidet ja nur – so läßt sich vermuten –, damit sie nach dem Höchsten greifen kann. Warum aber nicht prometheisch nach der Sonne, sondern nach dem Mond, dem Widerschein wirklichen Feuers? Vielleicht, weil längst etwas vorgefallen ist, das Einsamkeit, Trauer und Bedrängnis erzeugte: die alte Geschichte von Untreue, Schuld und Verletzung. Sie muß nicht ausführlich erzählt werden – auf das Mal, das sie hinterläßt, kommt es an. Und so lautet sibyllinisch und zugleich sehr nüchtern das Resümee: »So über Nacht / verwandelt sich manches zu Dung, dürrem Laub.«

Manches, aber nicht alles. Denn jetzt beginnt die eigentliche Aufwärtsbewegung, wird der Zauber gültig, wird die weibliche Figur zur Zauberin, die ihren Vorsatz wahr macht durch »Wort und Gemurmel«. Wie überzeugend, daß ihr die Routine noch fernliegt. »Ihr aber zerplatzt« – so könnte ein Mißgeschick beginnen; aber es ist ihr erster Triumph. Fragen wir nicht der Natter nach, woher sie kommt und wen sie verschlingen will; und bei der »Eich'« nicht, ob sie etwa ein Relikt aus Goethes *Prometheus* ist. Das wird offenkundig alles hinweggerafft, um freie Bahn zu haben für den entscheidenden Griff, der noch Ungeduld und Nervosität zeigt, »fahrig« ist. »Wunderbar kalt«, so darf man annehmen, ist schließlich beides: die Gebärde und das Errungene, der vom Abglanz leuchtende Mond – das poetische Objekt, die Poesie selbst. Alle Bewegung mündet in diesem »nirgends«, dem Nicht-Ort, der U-topie des Gedichts.

Tollkirschenhochzeit ist der Titel des ersten Gedichtbands von Friederike Roth; dort steht auch dieses Gedicht. »Schöne Braut«, heißt es im Titelpoem, »sie soll sich auf mancherlei Künste verstehn.« Nicht daß Friederike Roth einmal Linguistik studierte, macht diese Kunst aus, sondern daß sie in die Gegenwartslyrik Zauberei, Goldmacherei, ja Hexerei brachte. Auf der »Bettelmannswies'« der geräderten und verdorbenen Sprache soll noch einmal die »Wunderblume« erwachsen. Nur ist sie nicht mehr blau wie die der Romantik, sondern eine »milchweiße Blume mit schwarzer Wurzel« – eine Blume auf dem Papier, das Schwarze der Buchstaben auf dem Weiß des Papiers, eine Blume aus Sprache. Von Mallarmé über George zu Celan führt die Reihe der Sprachmagier, die solche – wenn man so sagen darf – »linguistische« Poesie schufen. Friederike Roth ist Enkelin von Enkeln, wie sollte es anders sein. Auch Hexen haben Tradition.

PORTRÄTS

Proteus als Lyriker
Karl Krolows lyrisches Werk

Seit über dreißig Jahren ist Karl Krolow als Lyriker präsent; seine Anfänge liegen sogar noch weiter zurück. Seit 1940 erschienen einzelne Gedichte in Zeitungen und Zeitschriften und 1943 eine erste schmale Buchpublikation *Hochgelobtes gutes Leben*. Zumindest seit dem 1952 erschienenen Band *Die Zeichen der Welt* muß man den Autor zu den führenden Vertretern der deutschen Nachkriegslyrik rechnen, und diese Position hat Krolow über alle Veränderungen des literarischen Klimas halten können. Außer Celan hat es in dieser Zeit keinen Autor gegeben, der seine literarische Produktion wie seine persönliche Existenz so sehr und so ausschließlich auf das Gedicht konzentriert hätte. Im Unterschied zu Celan freilich bewies Krolow solche Hartnäckigkeit, obwohl weder Schicksal noch besondere subjektive Gegebenheiten ihn dazu disponierten; Krolow ist nicht der Typus des Dichters, den Apoll geschlagen hat, und gewiß nicht jemand, der das als Nachteil empfände und durch falsche Aspiration kompensierte. Das Geheimnis seiner umfangreichen und niemals stockenden Produktivität mag mit dem zusammenhängen, was man schon früh (1955) Krolows »Medialität« [1] genannt hat, und dieser Befund konnte 1965 anläßlich der ersten Sammelausgabe der Gedichte bestätigt und präzisiert werden; er ist noch heute gültig. Krolow, hieß es da, »schreibt sich nicht aus, weil er im Gedicht nicht sein persönliches Ich aussagt; weil er nicht über ganz individuelle Themen und Probleme verfügt, die sich eines Tages erschöpfen könnten. Sein leises Gedicht gehorcht den Strömungen und Veränderungen des lyrischen Bewußtseins.« [2] Doch würde man Krolows Wandlungsfähigkeit mißverstehen, wollte man sie lediglich als Anpassung an den Zeitgeist und als Adaption von Einflüssen und Mustern deuten. Krolow hat die

Entwicklung der deutschen Lyrik seit 1945 nicht nur begleitet, sondern auch maßgeblich beeinflußt – über die eigene Lyrik hinaus durch Übersetzungen, kritische Essays und Rezensionen. Wichtige Entwicklungsschübe der Nachkriegslyrik sind in seinem Werk modellhaft repräsentiert.

Krolows »Medialität« wie seine Fähigkeit, das Eigene in allen Metamorphosen zu behaupten, dürfte mit seiner Neigung und Fähigkeit zur Distanz zusammenhängen; es ist Distanz gleichzeitig zu sich und zum Werk. Krolow ist Artist ohne Artistenmetaphysik; das Gedicht, als Lebensinhalt, ist nicht schon deshalb auch Lebensrechtfertigung. Nicht als Priester-Magier tritt der Autor auf, sondern als »maître de plaisir«, dem Selbstgenuß und Lust der Leser gleich wichtig sind. Die Tätigkeit des Gedichteschreibens erscheint ihm als etwas Chimärisches, als ein dauernd widerleg- und widerrufbares Geschäft, als Abenteuer. So fordert Krolow »Distanz zwischen Autor und Gedicht«: »Leute, die sich nicht von dem lösen können, was sie produzierten, und mit dem, was sie hervorbrachten, in einer Art Handgemenge bleiben, bekommen zu wenig Luft für das, was noch aussteht, was sie noch nicht schafften (...) Es geht darum, weiterzukommen von Gedicht zu Gedicht.«[3] Distanz also verbürgt die Möglichkeit von Entwicklung. Dementsprechend ist Krolows Gedicht in beständiger Fluktuation; es kennt nur Übergänge, keine Brüche, Fortschreiten und nicht Verfestigung. Deshalb auch geben die vorgeschlagenen Periodisierungen – die Teilung in eine naturmagische, eine surrealistische und eine realistisch-lakonische Epoche – lediglich Stichworte für das jeweils dominierende ästhetische Klima. Sinnvoller lassen sich Einteilungen und sogar Datierungen dort vornehmen, wo nachweisbare Einflüsse zu erkennen sind. Artur Rümmler hat nachgewiesen, wie schnell und produktiv Krolow Anregungen aus der französischen und spanischen wie aus der deutschen Naturlyrik aufgenommen hat; in jüngster Zeit zeigt Krolow sich beeindruckt durch Pop und neuen Realismus, aber auch die neueste Simplizität und Sensibilität ist ganz und gar ins eigene Idiom eingegangen.

Krolows »Weiterkommen von Gedicht zu Gedicht« meint zwar Fortschreiten, aber nicht Fortschritt; notwendig negiert es die Vorstellung von Abgeschlossenheit und Vollendung. So mußten alle Versuche, Krolow in eine Reihe mit Celan, Eich und Ingeborg Bachmann zu stellen, zu Mißverständnissen führen. Krolow ist kein Hermetiker, dessen Sprache am Rande des Schweigens operiert; sein Gedicht ist nicht der Pression des Alles-oder-Nichts ausgesetzt, an der das Gedicht und zuletzt auch der Autor zu scheitern droht. Man kann das, von einem bestimmten emphatischen Dichtungsbegriff her, beklagen, aber vor allem muß man es zur Kenntnis nehmen. Krolow hat sich immer wieder für das »offene«, »poröse«, »luft- und lichtdurchlässige« Gedicht ausgesprochen, das sein Thema, seinen Stoff an ein nächstes weitergeben kann[4]. Solche ununterbrochene und unabgeschlossene Poesie macht eine wirklich umfangreiche lyrische Produktion erst möglich, aber sie wirft natürlich auch Fragen der ästhetischen Wertung auf. Krolow, dem das beständige Training von Aufmerksamkeit, Sensibilität und Sprache wichtig ist, hat auch seine Etüden publiziert, viele Gedichte, die nur in Zeitungen erschienen und nicht in die Gedichtbände eingingen. Die Bibliographie von Rolf Paulus belegt das vor allem für die fünfziger und sechziger Jahre. Und auch der Autor hat, bei der Redaktion der *Gesammelten Gedichte* von 1965, selbstkritisch die Einzelbände in zum Teil drastisch verkürzter Form in die nach Jahrgängen gegliederte Sammelausgabe aufgenommen. Eine gewisse Paradoxie ist unverkennbar. Peter Härtling hat die »zwei Krolows« unterschieden, die es verdienten, »als einer angesehen zu werden«; er bekannte ausdrücklich sein »Faible« für »die glitzernden Perlen aus der Gablonzer Ecke seines Repertoires«[5]. Problematischer sind Wertungen, die sich auf Krolows Entwicklung beziehen und etwa eine bestimmte Phase des Werkes zu kanonisieren suchen. Heinz Piontek, als Lyriker selbst von Krolow beeinflußt, meldete Vorbehalte an gegen »die Angewohnheit zahlreicher Kritiker, den Concettisten Krolow gegen den Naturlyriker auszuspielen«[6].

Pionteks Plädoyer für die Naturgedichte des frühen Krolow kann sich legitimiert fühlen durch Krolows spätere Abwendung vom Concettismus; auch diese Phase war nicht der »eigentliche« Krolow. Ihn muß man hinter allen Häutungen zu fassen suchen. In einer Selbstinterpretation heißt es: »Einiges ist unverändert geblieben: Das Momentane, das Widerrufbare, das Zögern im Erscheinen und eine Art Furcht, zuviel Aufhebens von diesem Erscheinen zu machen.«[7] Man kann das Beständige im Wechsel kaum prägnanter bezeichnen, als es der Autor selbst tut – wie Krolow überhaupt zu jenen Autoren gehört, die so gut über sich Bescheid wissen, daß der Interpret Gefahr läuft, das jeweils entworfene Selbstbildnis für das wahre Bild zu halten. Der Kritiker findet sich ähnlich entwaffnet, wenn Fragen nach Substanz und Gewicht der Krolowschen Produktion vor diesem Poeta ludens gegenstandslos werden: »Ich erreichte – so glaube ich – einige Leichtigkeit. Etwas bei uns durchweg Verdächtiges.«[8]

Das Ungewicht der Welt

Karl Krolow beginnt als Landschaftsdichter, als Schüler der deutschen Naturlyrik und ihrer Vertreter Lehmann, Loerke, Britting und Elisabeth Langgässer. Krolow hat sich mehrfach über solche Beeinflussungen durch »literarische Vorbilder« geäußert. Von Lehmann, der Krolow nach eigenem Zeugnis am stärksten beeinflußt hat, heißt es: »Lehmann wies mich damals jedenfalls auf einen mir unerschöpflich scheinenden Stoff, auf Natur hin, die immer noch deutlich von jenem Goetheschen ›Naturgeheimnis‹ in der literarischen Praxis beeinflußt blieb, das es ›nachzustammeln‹ galt.«[9] Die Berührungen in Stoff, Motivik, Metaphorik und – nicht zu vergessen – Versbau fallen ins Auge. Dem genaueren Hinsehen freilich erschließen sich aber auch die Differenzen im Werk des Späteren. In Lehmanns *Fliehender Sommer* (aus dem Band *Der grüne Gott*, den Krolow noch im Erscheinungsjahr 1942 las) heißt es:

Pappel braust wie ein Prophet.
Aus dem vielgezüngten Munde
Stößt sie orgelnd ihre Kunde.
Elster hüpft, die sie versteht.[10]

Auch Krolows *Pappellaub* (1946) gestaltet das magische Verhältnis von Lebewesen und Pappel und zugleich die »Kunde«, in der die Natur sich selber aussagt:

Sommer hat mit leichter Hand
Laub der Pappel angenäht.
Unsichtbarer Schauder ist
Windlos auf die Haut gesät.

Zuckt wie Schatten Vogelbalg,
Spötterbrust als winzger Strich:
Ach, schon wird es Überfall,
Wie sie blätterhin entwich!

Luft, die unterm weichen Flug
Kurzer Schwinge sich gerührt,
Schlägt wie blaue Geißel zu,
Die die dumpfe Stille führt.

Grüne Welle flüstert auf.
Silbermund noch lange spricht,
Sagt mir leicht die Welt ins Ohr,
Hingerauscht als Ungewicht. (GG I, 16)

Unübersehbar, wie bei Krolow das Motiv an spezifischem Gewicht verliert. Aus prophetischem Orgelbraus der Pappel wird das Flüstern eines schon fast ungegenständlichen Silbermunds. Während Lehmann im Bild des »vielgezüngten« Mundes noch das mythische Pathos der Naturverkündigung bewahrt, unterhält die Substantivmetapher »Silbermund« nur noch vage Verbindung zur Gegenständlichkeit des Pappellaubs; sie bekommt etwas Preziös-Dekoratives. Zugleich wird aber die schwere Gegenständlichkeit – und damit das Gewicht der Welt – aufgehoben, wird zum »Ungewicht«. Aufhebung hat auch hier den Doppelsinn von Erleichterung und Aufbewahrung – aufbewahrt wird die Natur als etwas schon Vergeistigtes, fast schon Abstraktes: ein Prozeß, der sich in der späteren Lyrik Krolows voll entfaltet. Und nicht zufällig ist es, anders als bei Lehmann, nicht die Natur, die ihre eigene »Kunde« vernimmt, sondern der Mensch, das lyrische Ich, dessen Fähigkeit zur Distanz das Vernehmen der Botschaft erst ermöglicht.

Solche an einem Einzelgedicht gewonnenen Beobachtungen lassen sich generalisieren und erweitern. Artur Rümmler hat Krolows Naturauffassung seiner ersten Schaffensperiode so resümiert: »Die Natur erscheint als eigenständig, sie führt ihr Eigenleben. Sie ist dem Menschen fremd *(Im Leben, Das Paar)*, andererseits steht der Mensch in magischer Verbindung mit ihr *(Waldmusik, Traum von einem Wald, Kommt die Nacht, Der Kranke, Die Schläferinnen, Der Dichter spricht, Mond bei Tag)*; dabei ist die Wirkung der Natur auf Mensch und Körperwesen größer als umgekehrt. Die durchlässige Konsistenz des lyrischen Ichs macht, daß der in der Natur wahrgenommene Zustand oder Vorgang meist sich in der Psyche ausbreiten kann, ohne auf Widerstand zu treffen. Erfährt ein Naturwesen oder -ding Bedrohung, so erlebt das lyrische Subjekt Furcht und Schrecken, zeigt sich in irgendeiner Form Vergänglichkeit, dann erlebt es in starkem Maße sein eigenes Vergehn (...) Krolow vermag die Natur nicht so weitgehend objektiv zu sehen wie Lehmann, sondern wird von ihr affiziert.«[11] Man wird diesen Beobachtungen zustimmen, wenn man zugleich auch ihre Umkehrung geltend machen kann: Es ist das lyrische Ich, das seine Existenzangst, sein Vergänglich- und Vergeblichkeitsgefühl in die Natur projiziert und sie zur Folie seiner »Schwindelgefühle« macht: »Hinter der Haut, die mich hält (...) liegt/ Eisige Landschaft, ganz nah mir, beginnt das Entsetzen« (GG I, 42). Damit ist auch die Scheidung zwischen dem Idylliker und dem Elegiker, dem pastoralen und dem metaphysischen Krolow von vornherein problematisch. Idyllisches, das als Stoff und Motiv eigentlich nie aufgegeben wird, vermag je und je in die Erfahrung von Schrecken und Vergänglichkeit umzuschlagen. Die zahlreichen Nachtstücke *(Der Nächtliche, Nächtliches Flötenspiel, Terzinen drei Uhr nachts, Elegie vom Harren in der Nacht, Notturno am Fluß, Nachtstück mit fremden Soldaten* – alle aus den Jahren 1944–48) zeigen das sehr deutlich. Das Ich, das eben noch Distanz übte, verfällt dem Nichts, dem Sog der Ich-Auflösung:

Rückwärts mit leisem Schrei
Stürz ich ins Leere hin,
Hart hinterm Tod vorbei.
Fühl, daß ich's nicht mehr bin. (GG I, 13)

Mit solchen Beobachtungen ist der naturmagische Aspekt der Lyrik Krolows längst verlassen. Der erste repräsentative Band *Die Zeichen der Welt* (1952) zeigt den Dichter selbständig und im Vollbesitz seiner artistischen Kräfte. Er demonstriert die neuen Entwicklungslinien der Krolowschen Kunst. Stofflich-thematisch erweitert er den Bereich von Naturidylle und -dämonie um die aktuellen Themen von Zeit und Bewußtsein, Zivilisation, Geschichte und Politik. Der dritte Abschnitt zeigt unter dem Rubrum *Heute* Titel wie *Gedichte von der Liebe in unserer Zeit*, *Koreanische Elegie* und *Ode 1950* (man denke an Audens *Spain 1937*). Stimmungsmäßig oder, wenn man will, ideologisch bezeugt dieser Band eine deutliche Klimaveränderung, die durch die Komposition des Buches noch verdeutlicht wird. So heißt es zu Anfang »Schöne Erde! Wer sie wüßte! / Wer die süße Weise fände« – aber das Einverständnis mit der Welt wird nach und nach aufgekündigt. Das Kernwort »Erde«, einst mit so viel bukolischer Heiterkeit ausgesprochen, ist, wie Holthusen gezeigt hat, »nun selbst zum Funktionsbegriff des geschichtlichen Daseins geworden: Erde gesehen als ruhelos wandernder Planet in einer astrophysikalischen Perspektive«[12]. Verstechnisch entspricht diesem Perspektivenwechsel der Übergang von konventionell gereimten Kurzzeilenformen zu gesangartigen, hymnisch-odischen Langformen, zunächst noch weit ausschwingenden sechszeiligen Strophen mit dem Reimschema ababcc, dann mehr und mehr reimlosen freirhythmischen Langzeilen. Die Bedeutung dieser formalen Erweiterungen liegt darin, daß sie der Tendenz zur Metaphorisierung entgegenkommen. Schon in der naturlyrischen Produktion der Jahre ab 1946 war – zunächst unter expressionistischem, dann unter surrealistischem Einfluß – die Bindung der Metapher an die Realsphäre mehr und mehr aufgegeben worden. Die surrealistische Metapher reduzierte die Stofflichkeit des Naturphänomens. Der Übergang zu elegischer und metaphysischer Thematik führte zur Häufung und paralogischen Reihung der surrealistischen Metaphern, insbesondere der Genitivmetaphern. Das erste Drittel von *Nachtstück mit fremden Soldaten* (1948) beispielsweise enthält unter anderem folgende zum Teil an García Lorca anklingende Metaphern: Blätter der Zeit, Nymphe des Dunkels, Gras meiner Brust, Salz der Laugen usw.

Die Impulse, wie sie die Sammlung *Die Zeichen der Welt* zusammenbündelt, führten aber auch zu Widersprüchen, deren Eliminierung oder Auflösung Antrieb zu weiterer Produktion wurde. So blieben die weiträumigen zeitbezogenen elegischen Stücke in Krolows Werk Episode; der Zeitstoff verdünnte sich unter dem Diktat der metaphorischen Phantasie. Der artistische Impuls verdrängte den zeitkritischen. Aber auch zwischen der surrealistischen Metaphorik und den konventionellen Formen gereimter Vierzeiler und Sextinen entwickelte sich eine Dialektik, die nach Auflösung verlangte. Reimzauber und Zauber der Metaphorik standen in Konkurrenz, in der das Neue – die Metapher – Priorität erlangte. Nimmt man an, daß Krolows Metaphern sich weniger einem psychischen Automatismus verdanken als der kalkulierten, vom Intellekt gelenkten Findung, dann ist die Bedeutung der Form als Widerstand, mehr noch als Induktion der kalkulierenden Phantasie legitimiert. Die weiten Gefäße der Sextinen etwa provozierten geradezu den metaphorischen Impuls. Beweis für die Richtigkeit dieser These ist die sparsamere Verwendung der Metapher in den reimlosen Gedichten der Folgezeit. Krolow selbst hat das Problem in der zeitweiligen Dominanz der einen oder anderen Tendenz gesehen: »Eine neue Gefahr tauchte auf. Anstelle der Knechtschaft des Stoffes konnte die Knechtschaft durch das Bild treten.«[13]

Bei alledem ist freilich zu bedenken, daß sich solche Dominanzen und die durch sie ausgelösten Entwicklungen bei Krolow zwar konsequent, aber stets diskret und behutsam vollziehen. Die nach Jahrgängen und nicht nach den komponierten Einzelbänden gegliederte Ausgabe der *Gesammelten Gedichte* von 1965 macht das deutlich. Hier lassen sich das Vordringen der Metapher und die Veränderung in ihrem Gebrauch ebenso ablesen wie die Entwicklung der Form mit ihrer sukzessiven Ablösung von Reim, Strophe und Metrum. Krolow erscheint dort als jemand, der ebenso begierig die Errungenschaften der modernen Weltlyrik rezipiert, wie er zugleich jedoch noch lange tradierte Formen konserviert und sie durch technische Modifikationen den veränderten Gegebenheiten und Bedürfnissen anzupassen sucht. Der Reim beispielsweise zieht sich nur allmählich zurück;

und das im Wortsinn: In den Jahren 1952–55 benutzt Krolow gern die Folge axax, die den Reimzauber bricht, indem sie die Erwartung des Gleichklangs in der vierten Zeile enttäuscht. Der Reim findet sich im kurzen Naturgedicht noch bis 1956; vereinzelt gibt es auch reimlose Gedichte in festen Metren und Strophen wie die *Soldatengedichte* von 1954. Aber schon 1952 taucht mit dem Liebesgedicht *Im Rückspiegel* der Typus der lyrischen Anekdote auf, freirhythmisch und ungereimt, der für Jahre in Krolows Produktion dominieren sollte. Gemeint sind damit (nach Hugo Friedrich) »kurze, unwirkliche, ja spukhafte Vorgänge, in denen, gleichsam geisterseherisch wahrgenommen, Dinge, Tiere, Menschen Beziehungen zum Unbeziehbaren anknüpfen oder auf andere Weise Geheimnisvolles tun«[14].

Metapher und Geometrie

Der entscheidende Band dieser neuen Periode ist *Fremde Körper* (1959). In den voraufgegangenen Sammlungen *Wind und Zeit* (1954) und *Tage und Nächte* (1956) dominierte, im Zusammenhang mit der Ablösung traditioneller poetischer Formen, eine Ordnungsvorstellung, die aus dem Geist von Geometrie und Mathematik gewonnen war. Eine auf die surrealistische Poesie bezogene Aussage gilt für Krolows eigene Produktion: »Das ›Mathematische‹ – Algebra im weitesten Verstande – hatte die Gewichtsverhältnisse im Gedichtkörper auszubalancieren. Es ist – um es paradox auszudrücken – die Magie, die von der Logik (hier als einer poetischen Konsequenz) ausgehen kann, die dem Zahlenbereich innewohnt.«[15] Unter dem Einfluß von Guilléns *Cantico* (1928) stehen Vorstellungen wie »Algebra der reifen Früchte« (GG I, 107), »Orte der Geometrie« (GG I, 110) oder »Zeit der Zahlen« (GG I, 126). Das Sinnenerlebnis wird in ein mathematisches Entzücken vergeistigt; die poetische *Form* erscheint hier sozusagen in den *Stoff* selbst hineinverlegt. In *Fremde Körper* kann Krolow auch noch diese Stütze seiner Ordnungsvorstellungen aufgeben: Die Dialektik von Form und Imagination ist aufgehoben. Die surrealistische Metapher erweist sich als entscheidendes und quasi alleinherrschendes Instrument der dichterischen Imagination, die sich mehr aus der *Sprache* als aus der *Welt* speist. Imaginäre Realitäten entstehen. Dementsprechend schwindet in den Metaphern die Grenze zwischen Sache und Bild, zieht die Metapher nichtexistierende Ähnlichkeiten zum irrealen Bild zusammen: »Die Erinnerungen des Laubes« (GG I, 166), »Wasser der Luft« (GG I, 148). In Krolows überwiegend nominaler Sprachbehandlung werden die Bilder bis zur Identität aneinandergerückt: »Die Brieftaube Gewohnheit«, »Das sanfte Wasser Himmel«, »Taschenspieler Tag«. Diese Technik, Irrealitäten aus lauter Teilen der Realität hervorzubringen, bewährt sich auch an größeren Zusammenhängen: Die Metapher ist Keimzelle der lyrischen Anekdote, oder der lyrischen Anekdote liegt eine surrealistische Verkehrung oder Metamorphose der Wirklichkeit zugrunde. Beispiele solcher surrealen Vorgänge sind etwa *Der treulose Fluß*, *Der Goldfisch auf der Lauer*, *Der müde Athlet*, *Robinson* oder *Begegnung auf der Straße*:

> Der Mann, der sich gemächlich dort
> Auf seinen Händen vorwärts bewegt
> (Der Blutandrang in seinem Gesicht
> Von weitem deutlich erkennbar),
> Ist mein Freund (...) (GG I, 155)

Der Mann, der sich im Handstand durch die Welt bewegt, ist trotz aller Verfremdung sichtlich die Chiffre der poetischen als einer artistischen Existenz. Die *Fremden Körper* erhalten ihre Verfremdung durch den besonderen Blickpunkt, von dem sie auf den Kopf gestellt erscheinen. Ähnlich zeigt auch *Der müde Athlet* »dem Zenit / Den Handstand« (GG I, 214). Und noch das letzte Gedicht der ersten Sammelausgabe *(Ariel)* macht deutlich, daß Lyrik für Krolow eine akrobatische und luftige Angelegenheit ist. Freilich heißt es dort auch – und in unserem Kontext erhält das fast programmatische Züge –: »Meine Übung / macht müde, am Ende / kommt man doch wieder / auf seinen Füßen zu stehn« (GG I, 282).

Will man das als Vorgriff auf die spätere realistische Tendenz lesen, darf man nicht übersehen, daß Krolow seine surrealistisch-verfremdende »Übung« noch geraume Zeit fortsetzt und erst allmählich Alltag und Realität einfließen läßt. Auch hier also wieder die Neigung zu diskreten Übergängen. Die Titel der Bände nach 1965 belegen die Tendenz zur Versachlichung: *Landschaften für mich* (1966), *Alltägliche Gedichte* (1968), *Nichts weiter als Leben* (1970); und erst mit *Zeitvergehen* (1972) und *Der Einfachheit halber* (1977) hat sich diese weitere Metamorphose im Werk des wandlungsreichen Autors durchgesetzt. Vorübergehend kommt es Ende der sechziger Jahre zu Rückgriffen auf die naturmagische und landschaftliche Thematik, freilich in literarisierter und zitathafter Weise: »Undankbares Handwerk, / zu beschreiben, wie es / grün wird« (GG II, 9). Der Schreibprozeß selber wird zum immer wieder variierten Thema, aber das schreibende Ich, das die Landschaft doch so programmatisch auf sich und seine Tätigkeit bezieht, bleibt noch gewissermaßen anonym: »Ein Gelände aus dünnen Strichen / gerät in Bewegung – / erwachende Graphik« (GG II, 10). Zitiert werden auch entlegene und gängige Namen der Literatur; die Weltliteratur taucht gleichsam im Garten auf. Im Gegenzug zur Politisierung der Literatur zeigt sich bei Krolow eine Neigung zum Idyllischen und Kleinmeisterlichen, freilich durch Ironie gebrochen. Hans Dieter Schäfer sieht in Krolows »Dämpfung der surrealistischen Stilbewegung zum Gefälligen und Graziös-Erotischen« eine Affinität zur Literatur des 18. Jahrhunders[16].

Realismus und Reduktion

Wichtiger und folgenreicher als Krolows Neorokoko ist die Tendenz zur Subjektivität und zum Realismus. *Alltägliche Gedichte* (1968) schließt mit dem Gedicht *Sich vergewissern*: »Ich versuche, / mich zu vergewissern, / daß ich vorkomme« (GG II, 98). Krolows Subjektivismus, der nichts zu tun hat mit der emphatischen Ich-Süchtigkeit der später einsetzenden neuen Sensibilität, ist immer unter Vorbehalt zu sehen; er bleibt, selbst in gewissen kraß-veristischen Varianten, Sache des poetischen, nicht des empirischen Ich. Dafür zeugen auch die lyrischen Selbstporträts, die Krolows Schaffen von Anfang an begleiten und die der Autor selbst kommentiert hat. An ihnen hält Krolow als das über die Jahre Unveränderte fest: »Das Momentane, das Widerrufbare, das Zögern im Erscheinen und eine Art Furcht, zuviel Aufhebens von diesem Erscheinen zu machen.«[17] Solche Diskretion relativiert jedwede Ich-Statistik, zu der man sich durch die offenkundigen Veränderungen im Werk verführt fühlt. Noch Hugo Friedrich sprach ja 1962 von der »Verschleierung« und »Abwesenheit« des Ich[18]. Wenige Jahre später verändert sich die Situation. In *Landschaften für mich* ist – nach Schäfer – die Vokabel Ich in 46 Gedichten lediglich viermal vertreten, in den 59 Gedichten der Jahre 1972–74 dagegen kommt das Wort sechsundvierzigmal vor[19]. Und in Krolows Band *Der Einfachheit halber* sind die häufigsten Wörter *ich*, *du* und *man*. Armin Ayren faßt den besonderen Charakter dieser Subjektivität, wenn er bemerkt, daß Krolow nicht die außergewöhnlichen Erfahrungen eines subjektiven lyrischen Ichs mitteilt, sondern von Alltagsbeobachtungen spricht, die der Leser auch machen könnte[20]. Es sind freilich Beobachtungen, die Erfahrung voraussetzen: die eines bestimmten Alters und einer bestimmten Sensibilität und eines langen literarischen Trainings.

Eine Reihe programmatischer Äußerungen markiert das weiter versachlichte Verständnis von Welt und Gedicht; zum Beispiel »Ich lasse den Gegenständen ihre Namen« (GG II, 183), »Ich entscheide mich für nichts, / nehme schöne Tage persönlich« (GG II, 201). Bemerkenswert vor allem, daß Krolow die Ordnungsbegriffe seiner surreal-phantastischen Phase nun positivistisch wendet: »Die rationale / Proportion setzt sich durch« (GG II, 173) oder »Ordnung herrscht gern / nach verschiedener Weise« (GG II, 180). Man ergänze – aus dem Mund eines Lyrikers! –: »Ich weiß, daß Physik wahr ist« (GG II, 192), um zu begreifen, daß dieser Realismus nach traditionellen Begriffen einer Kapitulation der Poesie gleichkommt. Die Metapher verliert ihre Evidenz: »Die Bilder lösen sich auf als Erklärungen« (GG II, 184).

Aber, wie immer, ist das Programm noch nicht Realisation. Die Faszination der Gedichte ist in solchen Reduktionen nur größer geworden. Poesie erscheint als Minimum in der trockenen Grazie der Behauptungen, in bewußt eingesetzten Unbestimmtheiten, in der Stereotypie der Beobachtungen und Aussagen. Das Geheimnis liegt in der Entlastung: Wie das Gedicht sich erleichtert, so auch der Leser; indem es keine Ansprüche an die Realität stellt, wird diese sichtbarer: »Die Seele der Worte / spielt keine Rolle mehr. / Darum bleibt es draußen / so schön« (GG II, 174). Nach einer langen Laufbahn als Lyriker scheint Krolow aus dem Sprachinnenraum herauszutreten. Aber auch die sprachlose Faktizität bedarf der Sprache, um zu erscheinen. Metaphorik läuft nebenher, nicht um ein Beziehungsgeflecht zu schaffen, sondern um das eine Faktum durch ein anderes zu ersetzen: »Sie hing vom Bett herab. / Eine große, geöffnete Melone / statt Sprache« (GG II, 190f.). Sprache kommt gegen die Fakten nicht auf. Die Dinge erscheinen ohne Bedeutung, ohne Tiefe. Damit hat das erlebende Ich sich nicht wirklich abgefunden; indem es konstatiert, daß »nichts«, sogar »absolut nichts« außerdem vorhanden ist, evoziert es das Geheimnis, den Widerschein der Dinge: »Hautflächen leuchten« – sie sind absolut, scheinen ihr Licht aus sich selbst zu haben. Krolows Realismus kann in eine sachliche Phantastik umschlagen. Der Übergang in reine Verfremdung reizt nicht mehr – Beweis dafür, daß wirkliche Desillusionierung stattfand. Sie macht vor der Tätigkeit des Schreibens nicht halt. Manche Texte sind Notate des »ennui«. Indem der Schreibende sich dem Automatismus der Wahrnehmungen, der Geläufigkeit seiner Technik überläßt, kommt er zu Aufzeichnungen, an denen fast einzig bemerkenswert ist, daß sie überhaupt gemacht wurden. Ihr Sinn ist nur noch »sich wieder (zu) erleben / in Kleinigkeiten ohne Perspektive« (GG II, 193). Es ist leicht, solche Tätigkeit als privatistisch oder als Leerlauf eines Talents zu denunzieren; der Autor liefert alle diese Argumente selbst. Solche Kritik verstellt den Blick auf das, was in den Texten gerade im Nachlassen kompositorischer Kraft und artistischer Zwänge erscheint: alltägliche Realität, wie sie sich in psychischen und physiologischen Prozessen spiegelt und zur Conditio humana gehört.

Altern als Problem für Künstler? Aber Krolow wäre nicht Krolow, wenn er diesem Problem nichts abgewönne – nicht bloß eine weitere Nuance, sondern eine neue Wendung. »Der Herbst ist anders«, heißt es in einem Gedicht der neuen Phase, »glaub mir, der ist Dialektiker« (GG III, 86). Und die dialektische Wendung des Bandes *Herbstsonett mit Hegel. Gedichte Lieder etc.* (1981) war geradezu schroff antithetisch. Doch war sie nicht Sache eines Alleingangs, etliche Indizien sprachen vielmehr für eine allgemeinere Rückwendung zur Form. Erstaunlich war aber, daß Krolow nicht bloß mittat, sondern sich gleichsam an die Spitze der neuen Tendenz setzte. Die wiedergekehrte Form hatte Verluste zu kompensieren, und sie tat das bei Krolow mit neuer Grazie. Und eben diese Verluste mußte Krolow nicht erst – bei sich oder in der Welt – entdecken: Negativität, Skepsis, Nihilismus, das alles war ja schon seiner früheren Lyrik vertraut. Er ist kein Restaurator, kein Reaktionär. Für ihn sind – mit einem Ausdruck Benns – die geistigen Dinge irreversibel. Darüber sollte der Rückgriff auf Metrum und Reim nicht täuschen. Der Autor spricht – wie immer – mit Vorbehalt, mit Ironie. Das zeigen Titel wie *Terzinen, blauäugig* oder *Sonett, oder auch nicht*. Vor allem die strophischen Gedichte, die »Lieder« mit ihren gelenkigen Rhythmen und den gehäuften, zuschnappenden Reimen demonstrieren, daß die alten Harmonisierungen nicht mehr zu haben sind. Der Reim ist nicht – wie für Karl Kraus – der Landungsplatz einverstandener Gedanken, sondern Indiz für Diskrepanzen oder, bestenfalls, klingelnde, nervende Erinnerung an den alten verschollenen Wohlklang:

Ich lese an der Wand –
ich warte, ich warte, ich warte.
Ich lebe wie verbannt
in einem anderen Land.
Das steht auf keiner Karte.
Ich suche nach deiner Hand.
Ich steh in der Mauerscharte,
seit mich Verlangen narrte –
diese Sehnsucht: ich erstarrte

und blicke unverwandt
und suche nach deiner Hand.
Ich rieb mir den Schlaf als Sand
aus den Augen. Ich verharrte
an dieser Mauerwand,
wo es geschrieben stand.
Ich suche im Schlaf und ich warte. (GG III, 135)

Diese Insistenz des Reimens erinnert ein wenig an Else Lasker-Schülers Gedicht *Mein blaues Klavier* – der Reim erscheint als Sehnsuchtston, bei Krolow freilich in Skepsis gewendet. Die *Sgraffiti* – so der Gedichttitel – verweisen auf einen Nicht-Ort, ein Land, »das steht auf keiner Karte« – auch darin dem romantisch-blauen Klavier der Dichterin verwandt.

Sgraffiti steht schon in dem Band *Zwischen Null und Unendlich* (1982). Hier und in *Schönen Dank und vorüber* (1984) häufen sich die Rückgriffe und Verweise auf die deutsche Lyriktradition, so daß man von Pastiche- und Zitattechnik sprechen könnte, um diese besondere Art Krolowschen Herübertragens in unsere Gegenwart zu bezeichnen. Es sind halbe Echos, ironisch oder sentimental(isch) gebrochen:

Es ist im Kopf ein Sterben
und es gibt eine Melodie,
die tödlich ist und die,
zerbrochen in viele Scherben,
Musik bleibt bei diesem Sterben,
Musik, und ich höre sie. (GG III, 220)

Diese Musik könnte von Brentano stammen, dem auch ausdrücklich eine Huldigung gilt *(Gedenken für Clemens Brentano)*; sie hat Rilkeschen Anklang, könnte aber auch vom späten und sentimentalen Benn stammen – und ist doch Krolow; vor allem, wenn man den Kontext weiter zieht und die Fülle solcher ironisch-gefühlvollen Litaneien mithört.

Aber auch dann wären noch Mißverständnisse möglich, die in Krolow den versierten lyrischen Bauchredner treffen möchten. Nichts wäre törichter. Denn der Autor hat sich immer schon im voraus angeklagt und – exkulpiert. Alles ist von Ironie imprägniert, gewissermaßen haltbar gemacht. Zu diesen Imprägniermitteln gehört in den Gedichten seit 1980 die Verwendung des subkulturellen Jugendjargons, der Szene- und Comicsprache. Und mit einem solchen *PLOPP* setzt die neue Phase 1980 auch ein:

Bedien dich oder vergiß es –
in einem kühlen Grunde
da geht so ein gewisses
PLOPP dir aus dem Munde.

Da kommt die Kaugummiblase
dir schon wie Sprache vor. (...) (GG III, 69)

Natürlich ist die »Kaugummiblase« *nicht* Sprache; aber Krolow gelingt das Kunststück, auch aus dieser Nichtsprache Sprache zu machen: Er leitet uns an, er mischt die scheinbar unvereinbaren Töne und läßt uns hören. Ist das Schöne nicht doch noch einmal möglich? Krolow beschreibt es im Auftauchen eines schönen Gesichts *(Ein Gesicht)*:

Versteh, dies ist ein Gesicht
ohne Singsang. Du läßt den Schmus.
Du magst das Gerede nicht.
Da ist nur dieses Gesicht,
das hat den englischen Gruß
vom Himmel, den niemand sah
und den niemand sehn will. (GG III, 118f.)

Ein altes Thema, das Motiv der Verkündigung; aber der Dichter, der uns das Geheimnis der Schönheit übermitteln will, muß zu uns wie zu Blinden und Analphabeten sprechen:

Da beginnt für dich plötzlich Dichtung.
Und die ist lange her.
Die ist wahnsinnig alt.

Das gedankenlos-alltägliche »wahnsinnig« erhält hier seine Rechtfertigung, wird zum einzig angemessenen Ausdruck. Ist sie nicht alt, die Poesie, und *wahnsinnig*? Der Autor, unsicher, ob wir begriffen haben, nimmt uns bei der Hand:

Verstehst du ungefähr: –
Erscheinung und Gestalt
aus dem Nichts und neben dir.

Und plötzlich ist sie wieder da, die ästhetische Begriffssprache, mit der wir das Inkommensurable zu fassen suchen – nicht plump und mit Ewigkeitsanspruch, sondern mit halber Ironie, wie sie unsere Gefühlsunfähigkeit zuläßt.

Es ist der Schritt vom *Gesicht* zum *Gedicht* (und das nicht bloß des Reimes wegen). Zauber der Sinnlichkeit und Eros der Sprache sind in diesem Gedicht nicht zu trennen. Vor allem der Band *Zwischen Null und Unendlich* enthält eine Reihe von Liebesgedichten – jene eines alternden Mannes an eine viel jüngere Frau, wenn das nicht schon zu grob, zu deutlich ist. Sanfte Entschiedenheit und zärtlicher Zynismus spielen miteinander. Auch unter diesen späten Liebesversen gibt es die schwarzen Momente der Erotik, wie sie der Leser aus Krolows früherer Produktion kennt – etwa dies nächtliche »Carpe diem« im *Liebeslied*:

Der Tod lebt so beschleunigt.
Das war noch eben Paarung.
Die Reste von Behaarung.
Komm näher und bereu nicht! (GG III, 119)

Auch dieser Appell, so unverblümt er ausgesprochen ist, bleibt im Rahmen der Diskretion. Der biographische Stoff dieser Liebesbeziehung (falls überhaupt vorhanden) geht im Medium einer immateriellen Wärme auf. Es ist die Wärme Abisags.

»Abisag war ganz jung. Lies es nach in der Bibel«, lautet der Verweis in dem Langgedicht *Minimal Music*. Es beschreibt mit der Musik zugleich die ihr eingebundene Liebesbeziehung: »Du bist sanft, / wartest nicht einmal auf die fünf Töne, die wechselnd / kommen und gehn, synthesized, mag sein, mag sein« (GG III, 115 f.). Diese »fünf Töne« – obstinat, wenig moduliert – finden sich in diesen Liebesgedichten zwischen dem »Null« der Frustration und dem »Unendlich« des Jubels. Es ist vergeistigte Alterspoesie, für die der Stoff und das Erlebnis nur noch Vorwand sind. Der Dichter kann es sich sogar erlauben, den Zweifel, der an der Authentizität aufkommt, selbst zu artikulieren:

Das ist unheimlich gesponnen.
Daran stimmt doch was nicht?
Das sind doch verwegene Wonnen.
Seh ich wirklich dein Gesicht? (GG III, 137)

Der Jargonausdruck bekräftigt die Poesie: »gesponnen«, das ist doch Textur, ist der Text. Krolow – auch das weiß man seit je – ist ein Jongleur, ein Magier, aber einer, der über die eigene Kunstfertigkeit zu staunen vermag und uns an diesem Staunen teilnehmen läßt. Viele seiner Gedichte hatten immer auch etwas, das »nicht stimmte«, das uns irritierte, waren »verwegene Wonnen«, einem Leben abgelistet, das aus Sprachlust und -sinnlichkeit kommt und uns vor die Frage stellt, was *vox humana* ist und was *synthesized*.

In der Maske Herodots

»Alles ist jederzeit möglich«[21] – ein Satz, den Krolow in einem Interview vom April 1982 äußerte. Wo jederzeit *alles* möglich ist, kommt eines nicht auf: Langeweile. Sie ist dem literarischen Causeur wie dem Autor verhaßt. Schreiben ist ihm »eine Sache der kurzen Frist«, ja des »Überfallartigen«. Krolow liebt es, sich selbst mit Einfällen zu überraschen, eine Neigung, die mit fortschreitendem Alter nur zunimmt. So überraschte er mit erzählender Prosa, aber auch mit dem Rückgriff auf Reim und feste Form im Gedicht. Aber auch mit einem langen Gedicht oder Gedichtzyklus, eingeschoben in seine späte lyrische Produktion: *Herodot oder der Beginn von Geschichte* (1983).

Krolow, der Naturlyriker, der Surrealist, der Registrator von »Melancholiefaktoren« als lyrischer Geschichtsphilosoph? Das ist überraschend, aber nicht abwegig. Der geübte Krolow-Leser erinnert sich an Verse, in denen »Centauren aus dem Gestrüpp« brachen und Geschichte beginnen ließen. Oder an ein Gedicht von 1975, das sein Resümee gleich in die Anfangszeile nahm: »Geschichte – blutiges Federlesen« (GG III, 55). Mit *Herodot oder der Beginn von Geschichte* versucht Krolow eine lyrische Summe, die beim Schnittpunkt von Mythos und Historie ansetzt und bis zu dem zu erwartenden »Todesfall« unserer Geschichte reicht.

Herodot, Zeitgenosse des Perikles und des Sophokles, vor allem aber Vater der abendländischen Geschichtsschreibung, wird für Krolow zur »persona«, zur Maske, durch die die unverkennbare Stimme des Lyrikers spricht, aber angereichert mit frühester wie spätester Erfahrung. In fünfzehn längeren Gedichten besteht Krolow-Herodot die »Abenteuer« seiner »Neugier« und führt uns aus der Unschuld des Mythos (»Es schliefen die Furien noch«) in die Schuld der Geschichte, mit der die »Handlanger kamen mit ihren Strategien«:

> Die Handlanger kamen,
> die Buchhalter, mit Blut an den Händen,
> die hypertonischen Herren,
> die todkranken Töter
> und ihre Maschinen (...) (GG III, 168)

Aber nicht die negativen Schlüsse zum Thema Geschichte sind das Interessante an diesem Zyklus, sondern jene Partien, in denen das späte Ich – »spät« im Sinne Benns – eintaucht in eine bunte exotische Frühe; vor allem in jenen Sequenzen, die sich auf den »ägyptischen Logos« des Herodot beziehen. Das geschieht bei Krolow nicht aus Regressionslust (oder nicht allein aus ihr), sondern aus jener schon erwähnten Neugier aufs Abenteuer. In der Rekapitulation der Sinnlichkeit mythischer Frühe braucht das Ich sein Wissen und seine Skepsis nicht aufzugeben: Krolow verjüngt sich in Herodot. Das zeigen auch die vielen Gedichtanfänge mit »Ich«:

> Ich lebte zu einer Zeit, als man noch nicht
> in einer Lobby saß, mit einem Krebs im Blut.
> Ich glaubte nicht alles, was ich mir sagen ließ
> von den langlebigen Äthiopiern,
> die Dreck aßen statt Gebäck
> oder von männlichen Sphinxen (...) (GG III, 162)

Der späte Dichter betreibt eine Rückverwandlung der Geschichte in Poesie: »Ich versuche es weiter: Geschichte als DICHTUNG.« Krolow läßt Herodot weiterleben »mit Bildern, die wechseln«. Und man fragt sich, ob man nicht eine Selbstcharakteristik Krolows vor Augen hat, wenn es von Herodot heißt: »Ich bin Heide aus Kleinasien / attisches Salz auf der Zunge« (GG III, 171).

An diesem attischen Salz hat es Krolow nie gefehlt. Es feit ihn auch hier vor plumpem Anspruch und falschem Tiefsinn. Klaus Jeziorkowski, der zur Erstausgabe des Herodot-Zyklus einen luziden Essay beigesteuert hat, fragt zu Anfang: »Lesen wir hier die Duineser Elegien Karl Krolows?« Eine rhetorische Frage. Um so entschiedener lenkt er auf die Besonderheit Krolows und auf die spezifische Leistung dieser Gedichte zurück: »Herodots Stimme ist die Stimme des exemplarischen Autors, des Dichters, des Künstlers. Und das heißt: der Sündenfall von Vernunft und Geschichte ist getan, der Apfel verschluckt und verdaut, nicht wieder auszuspucken. Aber mitten in der unbestreitbaren Geschichte und ihrer sogenannten rationalen Zwänge ist jeden Augenblick die Möglichkeit für den Blitz der Bilder, des Mythos, der Kunst offenzuhalten.«[22]

Narr mit Silberblick
Günter Grass als Lyriker

Als Heinrich Vormweg zu den 1971 erschienenen *Gesammelten Gedichten* von Grass ein Vorwort schrieb, sprach er vom »Gedichteschreiber Grass« – nicht vom Lyriker oder Dichter. Denn Dichter, so meinte er, »sind in Verruf geraten. Gedichte erregen Mißtrauen. Es besteht Verdacht, daß Dichter und Gedichte den Nebel miterzeugen, der das Reale der Wahrnehmung entzieht.« Der »Gedichteschreiber« Grass war von dem Verdikt ausgenommen; so stand am Schluß von Vormwegs Argumentation, als dialektische Volte, die These: »Günter Grass schreibt Gedichte, um den Nebel zu zerstreuen, der das Reale noch immer der Wahrnehmung entzieht.« [1]

Wir sprechen inzwischen wieder geläufig von Lyrikern und Dichtern, und Vormwegs terminologische Skrupel scheinen passé. Dagegen ist uns die Vorstellung, Gedichte könnten den Nebel zerstreuen und der Aufklärung dienen, zunehmend zweifelhaft geworden. Geht es jedoch um die Gedichte von Günter Grass, bleibt eine eigentümliche Verlegenheit. Der so viele Gedichte geschrieben hat, ist er überhaupt – ein Lyriker? Wir meinen zu wissen, was das ist: ein Mann, der – wie Benn sagen würde – sich in einem Laboratorium für Worte bewegt, Worte fabriziert, öffnet, sprengt, zertrümmert und mit Spannungen belädt. Allenfalls noch jemand, der diesen Prozeß, dieses Problem mit Kommentaren begleitet. Wir sprechen von der Personalunion von Lyriker und Essayist. »Personalunion« – ein schönes Wort, gilt es nicht besonders für Günter Grass? Denn was ist er nicht in Personalunion: Lyriker, Dramatiker, Erzähler, Zeichner, Bildhauer, Essayist, Politiker und was noch? Wie aber kann man – nach dem traditionellen Verständnis von Lyrik – Lyriker sein nebenher und unspezialisiert?

Und doch hat Günter Grass gesagt, am meisten liege ihm Lyrik. Und das ist nicht bloß *ein* Wort, sondern wiederholte Bestätigung in Interviews zum eigenen Werk: »Ich komme ja von der Lyrik her«, heißt es etwa; oder »in der zeitlichen Relation ist für mich Lyrik immer die Möglichkeit der Chance gewesen, mich selbst am genauesten in Frage stellen zu können«[2].

Daß Grass von der Lyrik herkommt, ist sowohl buchstäblich wie in einem weiteren Sinne wahr: Sie ist ihm primärer Impuls und zugleich Keim, der entwickelt und ausgefaltet wird. Die im Gedicht (oder auch in der Zeichnung) gefundenen Motive lassen sich scheinbar beliebig transformieren: in Roman, Theaterstück und Ballett, in politische Rede und Argumentation. Auf den »kleinen Ruhm« im Sinne Bobrowskis, auf die notwendig begrenzte Karriere des »reinen« Lyrikers hat Grass verzichtet – und das nicht bloß, weil der Erfolg der *Blechtrommel* ihm dazu Gelegenheit gab. Spezialisierung stand für den Graphiker und Bildhauer, der Gedichte publizierte, von vornherein nicht zur Debatte. Trotz dieses Verzichts hat Grass für das Besondere einer Gattung immer einen geradezu handwerklichen Sinn behalten. Im Wechsel seiner Aktivitäten hielt er sich offen und konnte auf Früheres zurückgreifen, ohne daß gattungsinterne Zwänge ihn verpflichteten. Das ist ihm als Mangel an literarischer Konsequenz vorgeworfen worden, als Mangel an Avantgardismus. Der »Stand des Sprachmaterials« interessierte ihn nicht; er hatte sein Material aus eigenen Beständen parat. Die Avantgarde proklamierte die Auflösung der Gattungen, Grass hielt dennoch an der Arbeitsteilung der alten Gattungen fest. Aber er zögerte auch nicht, Gedicht und Graphik, Gedicht und Erzählung nebeneinander oder gegeneinander zu stellen. Das mußte die Puristen aufbringen. Nicht einmal Goethe hatte seine Lyrik illustriert. Und doch richtete sich gegen Grass der Vorwurf, sich als »Klassiker« zu gerieren – ein Verdikt, das literarisch und politisch zugleich gemeint war.

Nach dem Kollaps des Avantgardeglaubens sind andere Fragen aktuell; aber noch immer geht von der Lyrik dieses Schriftstellers eine Irritation aus. Schwankungen der Qualität spielen da hinein, Lässigkeiten in der Plazierung, vor allem aber das eigentümliche Verhalten des Autors gegenüber seinen Motiven.

»Das Wort als solches genügt ihm nicht, er sucht Motive«, sagt Benn vom Romancier, der Lyrik macht. Grass findet seine Motive vor aller Spezialisierung als Romancier, Dramatiker, Lyriker, Zeichner. In seinen Motiven – den Vögeln, Puppen, Nonnen, Aalen, Köchen, Pilzen oder Schnecken – besteht die Kohärenz des Werkes. Sie werden gefunden, variiert, paraphrasiert, erweitert oder verengt – sie werden ausgewertet, solange sie für Denken und Phantasie noch etwas hergeben: Poetische Ausbeutung nennen das die einen, Hausvatersinn die andern. Aber das Problem liegt weniger in der Frage der Verwertung als in der eigentümlichen Instabilität, mehr noch: in der Unberechenbarkeit des poetischen Kosmos. Denn die Motive machen Metamorphosen durch, sie können aber auch eigentümlich starr und schematisch sein. Der Interpret, verführt, ein Bezugssystem zu sehen, muß im nächsten Moment seine Ratlosigkeit eingestehen. Ist die Schnecke immer der Fortschritt, der Fortschritt Schnecke? Kann man die Gedichte aus vergleichbaren Motiven im Roman, den Roman von der Lyrik her interpretieren? Die Motivwelt von Günter Grass bleibt ein Kosmos, sie wird kein System: »Nur Eigenes stehlen. / Das Chaos / in verbesserter Ausführung.«[3]

Wenn man das bedenkt, kann man auch vom »Lyriker Grass« reden. Lyrik als primärer Impuls, als immer wieder benutztes Instrument der Selbstvergewisserung, ist mehr als bloße Vorstufe zu den breit angelegten epischen oder dramatischen Werken. Sie kann sich behaupten und für sich stehen; einige der wichtigsten und schönsten Gedichte unserer Zeit stammen von Günter Grass: *Polnische Fahne, Kinderlied (Wer lacht hier, hat gelacht), Fallada, Adornos Zunge, Annabel Lee, Ehe* oder *Kleckerburg*. Aber das lyrische Werk ist mehr als eine Ansammlung geglückter Stücke, mehr als »reine« Lyrik. Im Gegenteil, ihre Unreinheit, ihr Getrübtsein durch Erfahrung macht die lyrische Produktion aus über dreißig Jahren zu einem Komplex, der unsere Neugier, unser Interesse zu affizieren vermag. Ein paar Entwicklungslinien sollen nachgezeichnet, ein paar Momente anhaltender Irritation benannt werden.

Zwischen Pempelfort und Krudewil

Es begann mit einem dritten Preis. Der Süddeutsche Rundfunk hatte einen Lyrikwettbewerb ausgeschrieben; der junge Bildhauer und Graphiker beteiligte sich daran, und bald nach der Preismitteilung – 150 Mark und freier Flug Stuttgart hin und zurück – kam die Einladung, vor der Gruppe 47 zu lesen. Das prämiierte Gedicht *Lilien aus Schlaf* stand, nach Christine Bustas *Schnee im Advent* (1. Preis) und Wieland Schmieds *Die Fischer* (2. Preis), in Heft 3/1955 der *Akzente*. In sein erstes Buch, *Die Vorzüge der Windhühner*, das im folgenden Jahr erschien, übernahm es der Autor jedoch nicht. Aber in *Gesammelte Gedichte* (1971) ist es zu finden, eingeordnet in die Rubrik *Die Vorzüge der Windhühner*, und hat – zufällig? absichtlich? von allen anderen Gedichten abweichend – die großen Versanfänge des Erstdrucks behalten. Der Autor hatte übrigens, wie Hugo Loetscher berichtet, vergessen, das Gedicht nach Stuttgart geschickt zu haben, und mag vom Preis überrascht worden sein; und wirklich liest sich dies Gedicht, vom Titel bis zum Schluß, aus dem Abstand der Jahre wie verfertigt nach dem Schnittmuster damaliger lyrischer Avantgarde; erstaunlich routiniert und eine Spur zu gut kalkuliert:

Zwischen den Lilien aus Schlaf
Müht sich des Wachenden Schritt.
Wüßt er die Zahl nur
Das findige Wort
Könnt er der Wolke
Den Regen befehlen.
Trockenes Horn.
(...)
Der Venus Blut käuflich in grauen Tabletten.
Magernde Sterne
Jagen die Dichter.
O diese Rufe im Schnee
Ringe aus Gold und Geschrei
Punkt
In der Landschaft aus Horn.
Es ist ein Kind darüber erwacht
Es sah durch die Nähte der Nacht
Atemlos eilig

Die Zeit.
Der Venus Blut käuflich in grauen Tabletten.[4]

Grass hätte in dieser Manier weitermachen können; mit Aussicht auf Druck in Anthologien und kleinen Insiderruhm. Weitermachen mit ornamental-surrealistischer Metaphorik und preziösen Abstraktionen; weitermachen in der Weise der Neoromantiker, Zeitflüchter und abstrakten Fliesenleger, über die Leslie Meiers (alias Peter Rühmkorfs) »lyrischer Schlachthof« damals seinen Hohn ergoß. Die *Lilien aus Schlaf* zeigen die Beherrschung einer lyrischen Konvention, nicht mehr und nicht weniger, und nur der spätere Leser meint schon durch die »Nähte der Nacht« jenes andere Kind lugen zu sehen, das, »bei banaler Gelegenheit, nachmittags, zwischen Kaffee trinkenden Erwachsenen« gesehen, ein dreijähriger Junge, »dem eine Blechtrommel anhing«, zur Hauptfigur jenes Romans wurde, der Zeit und Geschichte so real wie phantastisch in den Griff bekam.

Vielleicht hatte der Außenseiter mit seinen *Lilien aus Schlaf* nur demonstrieren wollen, daß er die Konvention des lyrischen Metiers beherrschte. Zugelassen zum Betrieb, zugelassen zur Gruppe 47 bewies er, daß mehr von ihm zu erwarten war als dies surrealistische Gesellenstück. »Das war für viele ein neuer Ton«, erinnert sich Grass an seinen ersten Auftritt auf der Berliner Tagung der Gruppe im Jahr 1955: »Ich hatte ein ganz anderes Verhältnis zur Lyrik.«[5]

Dazu gehörte auch, daß Grass in ungewohnter Weise über Lyrik sprach, sofern er sich überhaupt theoretisch-diskursiv äußerte: nämlich als Praktiker, der alle Theorie listig unterlief. Das ging nicht ohne Ironie ab, nicht ohne Polemik. Erfrischend und provozierend wirkten im damaligen Umfeld konstruktivistischer und experimenteller Tendenzen bereits die Titel dieser poetologischen Äußerungen: *Der Inhalt als Widerstand* (1957) und *Das Gelegenheitsgedicht oder – es ist immer noch, frei nach Picasso, verboten, mit dem Piloten zu sprechen* (1961).

Man wollte damals mit dem Piloten sprechen; oder sprachen die Piloten, gefragt oder ungefragt, am liebsten von sich? Es war die hohe Zeit poetologischer Statements: *Mein Gedicht ist mein Messer* (1955), *movens* (1960), *Ein Gedicht und sein Autor*

(1967). Grass beharrte, scheinbar hinter die Positionen der Moderne zurückfallend, auf *Inhalt*, und seinen *Widerstand* drückte er durch Gegenständlichkeit aus, indem er das ästhetische Problem personalisierte und sich selbst, den betroffenen Dichter, in Selbstabrechnung und Selbstvergewisserung in zwei Personen auseinanderlegte – in Pempelfort und in Krudewil: der eine »mit ausgemachtesten Bewegungen« eine Blume pflückend; der andere »mit einem Stock in den Maulwurfshügeln« stochernd.

Nicht folgenlos. Viel zitiert wurde in der Folge Krudewils Utopie einer »grauen, mißtrauischen« Muse, »fleißig, doch wortarm in der Erotik und vollkommen traumlos«; denn »Hunde, die träumen, beißen nicht«, und auf Biß schien es Krudewil-Grass anzukommen[6]. Weniger beachtet wurde, daß der Autor, der im Jahr zuvor mit den *Windhühnern* debütiert hatte, im methodengläubigen, genitivmetaphernsüchtigen Pempelfort sich selbst, seine eigene Vergangenheit anvisierte.

Das zweite Statement, ein Beitrag zu Höllerers Lyriksymposion in der Berliner Kongreßhalle, zeigt einen eher zugreifenden und selbstsicheren Grass, der sein Votum fürs Gelegenheitsgedicht den »Labordichtern« ohne viel Argumentation entgegenhielt. Grass empfahl den Verzicht auf Hülsenfrüchte, sobald ein Gedicht »in der Luft« liege, oder alternativ den Kauf grüner Heringe und las bei dieser Gelegenheit das entsprechende Gedicht mit dem Schluß:

> Als aber Heringe in der Pfanne erschraken
> wollte auch ich düster und freudlos
> über die Pfanne hinwegsprechen.
>
> Wer aber
> mag grünen Heringen
> vom Untergang predigen?

Seinen Verzicht aufs Über-die Pfanne-Hinwegsprechen, seinen totalen Ideologieverdacht begründete Grass in der nachfolgenden Diskussion: »Ich arbeite mit der Phantasie und mache dabei keine Experimente (...) Und diese ganze Phantasie erprobt sich eben an dem, was wir Realität nennen, zumeist an festen Gegenständen. Und die Askese, die ich mir heute auferlegen muß, liegt einfach darin, daß ich allem, was ich nicht anfassen kann, was ich nicht riechen kann, was ich nicht schmecke, allem, was mit Idee behangen ist, von vornherein mißtrauisch gegenüberstehe und daß ich, so lange mir nichts darauf einfällt, auch nicht darüber schreibe.«[7]

Einfacher, direkter, ungeschützter hätte der Autor von *Gleisdreieck* (und *Blechtrommel*) sein Plädoyer für einen an sinnenhafte Erfahrung gebundenen Realismus kaum formulieren können. Eine *Intention* war deutlich geworden. Welche Implikationen sich daraus ergaben, zeigten und zeigen die poetischen Texte, die Gedichte; denn die Wörter sind ja keine festen Gegenstände, lassen sich nicht riechen und sind oft genug mit Idee behangen. Ihre Sinnlichkeit ist gebrochen; und noch ihre Ablehnung abstrakter Ideen kann sinnlich sein, Sinnliches implizieren. So in *Diana – oder die Gegenstände*:

> Immer lehnte ich ab,
> von einer schattenlosen Idee
> meinen schattenwerfenden Körper verletzen zu lassen.
> Doch du, Diana,
> mit deinem Bogen
> bist mir gegenständlich und haftbar.[8]

Inventur des Inventars

... denn jeder Schrank will geöffnet werden
Die Blechtrommel

Aber worin bestand dieser *neue Ton*, den Günter Grass in die Lyrik der fünfziger Jahre brachte? – Gewiß in der schnellen Assoziation, die Spiel und Ernst, Hoch und Nieder, Groß und Klein zusammenbrachte, kopulierte, kontrastierte; gewiß in der heiter-grotesken Welt der Puppen, Nonnen und Vögel (mit Rückgriffen auf Spieltechniken und -figuren von Hans Arp); gewiß auch in den leichten, federnden Rhythmen, trockenen Trochäen, raffenden, aufzählenden, pedantischen Jamben – und nicht zuletzt in der Manier, die Sätze gelegentlich ohne Schluß zu lassen – eine Technik der Verknappung, die auch der Erzähler gelegentlich übernimmt. Die Kritik hat die frühe Lyrik der *Windhühner* vielleicht allzu schnell einem »spielerischen Gedichttypus«[9] zugeschlagen und die Konsistenz der Gegenstände, die Sperrigkeit der Bilder und Bezüge übersehen. Im Spiel war viel mehr Sammlung, Vorbereitung, Inventur und Inventarisierung, als der flüchtige Blick erkennen ließ. Ein Schrank wurde geöffnet, und der Öffnende staunte darüber, was er vorfand.

GEÖFFNETER SCHRANK

Unten stehen die Schuhe.
Sie fürchten sich vor einem Käfer
auf dem Heimweg,
vor einem Pfennig auf dem Rückweg,
vor Käfer und Pfennig, die sie treten könnten,
bis es sich einprägt.
Oben ist die Heimat der Hüte.
Behüte, hüte dich, behutsam.
Unglaubliche Federn,
wie hieß der Vogel,
wohin rollte sein Blick
als er einsah, daß er zu bunt geraten?
Die weißen Kugeln, die in den Taschen schlafen,
träumen von Motten.
Hier fehlt ein Knopf,
im Gürtel ermüdet die Schlange.
Schmerzliche Seide,
Astern und andere feuergefährliche Blumen,
der Herbst, der zum Kleid wird,
jeden Sonntag mit Fleisch und dem Salz
gefältelter Wäsche gefüllt.
Bevor der Schrank schweigt, Holz wird,
ein entfernter Verwandter der Kiefer, –
wer wird den Mantel tragen
wenn du einmal tot bist?
Seinen Arm im Ärmel bewegen,
zuvorkommend jeder Bewegung?
Wer wird den Kragen hochschlagen,
vor den Bildern stehenbleiben
und alleine sein unter der windigen Glocke?[10]

Dieses Gedicht ist gewiß nicht das originellste im *Windhühner*-Band, vielleicht nicht einmal ein besonders gutes: Die Bildsprünge sind ruckhaft und disproportioniert. Aber es zeigt, in Thema wie Methode, den lyrischen Ansatz des Autors besonders deutlich: eine Inventarisierung der Dinge und ihre anschließende Belebung, die sie schließlich fähig macht, auch das Menschliche zu repräsentieren. Zu diesem Gedicht existiert keine Zeichnung; sie hätte auch nur tote Dinge, die Dinge als tote Gegenstände wiedergeben können, nicht jedoch jene, die schon von der zweiten Zeile an Leben gewinnen, ja anthropomorphisiert werden. Zuerst sprechen also die Dinge; alltägliche, wie sie die alltägliche Ordnung eines Schrankes darbietet, geordnet und betrachtet nach dem simplen Schema: unten, oben, dazwischen. Aber nicht die Dinghaftigkeit interessiert den Betrachter, sondern ihr geheimes Leben, das sie unter seinem Blick gewinnen. Sie werden zu Projektionen der Ängste und Hemmungen dessen, der den Schrank geöffnet hat: Die zum Gehen bestimmten Schuhe »fürchten sich« vor »Eindrücken«. Angesichts der Hüte wird die Handlungshemmung vollends deutlich: Es ist die Sprache, die wort-spielend, wort-abwandelnd zur Vorsicht mahnt – womöglich zur Tarnung? Ist nicht das Schicksal des Vogels, der zum Hutschmuck Federn zu lassen hatte, warnendes Beispiel?

Das lyrische Ich läßt es sich gesagt sein, wendet sich vom Bunten zum Weiß der Mottenkugeln und kommt, eigentümlich manieriert, über die Assoziationen Seide, Astern, Herbst zur Hohlform Kleid, darin der Mensch dinglich-materiell als »Fleisch« figuriert. Erst die dreifache Frage erzeugt so etwas wie Personalität, erschafft ein Du, freilich unter der Prämisse des Todes. Am Schluß steht die Identität des Mantels, der zur »windigen Glocke« eines anderen, fremden Subjekts wird.

Tote Dinge – belebte Dinge – der (abwesende) Mensch: Das Gedicht zeigt, gleichsam ex negativo, daß es dem Epiker Grass nicht selbstverständlich gewesen sein kann, Figuren zu erfinden, Menschen agieren zu lassen – und der Wachstumsstopp seiner berühmtesten Romanfigur ist nicht das geringste Indiz für solche Hemmung. Auf der Ebene des Gedichts (nicht der Epik) entsteht jenes Changieren zwischen dinglicher Konkretion und

Dingmagie: Die Dinge sind sie selbst – und sind es doch nicht. Der Realist Grass, der der Dinge sicher zu sein scheint und auf ihre Sinnlichkeit pocht, muß sich ihrer immer wieder versichern: durch Benennen, Beschreiben, Zeichnen oder, ganz leibhaft, durch Essen. Das kann, etwa in *Bohnen und Birnen*, etwas Beschwörendes haben:

> Mit gelben Birnen, einer Nelke,
> mit Hammelfleisch laßt uns die grünen Bohnen,
> mit schwarzer Nelke und mit gelben Birnen,
> so wollen wir die grünen Bohnen essen,
> mit Hammelfleisch mit Nelke und mit Birnen.[11]

Um aber aufs Inventar, auf den Schrank zurückzukommen: Das Gedicht zeigt eine prägnante Dialektik von Öffnung und Hermetik; schon im Titel *Geöffneter – Schrank*. Er exponiert seine Geheimnisse, um sie erneut zu verrätseln und zu Fragen zu machen. Aber das zählt offenkundig zu den »Vorzügen«, die das Titelgedicht den *Windhühnern* insgesamt zuschreibt:

> Weil sie die Tür offenlassen,
> der Schlüssel die Allegorie bleibt,
> die dann und wann kräht.[12]

Des Autors handfest anmutendes Plädoyer für die sinnlich krude (-wilsche) Realität hat in der poetischen Praxis seine Tücken: Die Dinge exponieren, bei geöffnetem Schrank, ihre Instabilität und Fraglichkeit. Sie können ihre sinnliche Konsistenz verlieren und zu Allegorien werden, aber – zum Glück für den Poeten – die Allegorien »krähen« dann und wann. (So blaß, daß sie nicht ein Lebenszeichen von sich gibt, kann bei Grass keine Allegorie werden.) Darin liegt freilich keine Erleichterung für die Interpreten; sie haben mit dieser Variabilität der Bilder immer wieder Schwierigkeiten gehabt. Unverständlichkeit, Nichtinterpretierbarkeit lauten dann die Vorwürfe; man hat vermutet, Grass habe »Versuchsballons in die Sphäre der Interpreten hinaufgeschickt, um Schabernack zu stiften«[13]. Triftiger dürfte der Hinweis sein, daß sich manche Gedichte nur in dem Maß erschließen, »wie sich der Autor ihnen mehr und mehr erschließt«[14].

Eine nicht ungefährliche Vermutung. Es ist verlockend, im Gedicht angeschlagene Motive in ihren späteren Explikationen in Roman oder Drama aufzusuchen und so rückwärts und im nachhinein Aufschlüsse über dunkle Stellen zu gewinnen. Eine Stelle aus *Lamento bei Glatteis* (»Der Duft um Kerne / aufgetan, das Bittre deutlich, / so als wär der Kern die Summe / und Beweis, daß Obst schon Sünde«[15]) erhellt sich erst im *Tagebuch einer Schnecke*, wo über die Assoziationsglieder Bittermandel, Blausäure, Tod die Beziehung zu »Sünde« hergestellt wird (Römer 6,23: »Der Tod ist der Sünde Sold«)[16]. Aber solche Verbindungen zu Späterem fixieren auch, was im Gedicht noch offen war. Ein Beispiel bietet das Gedicht *Der elfte Finger*. Wer von der *Blechtrommel* zurück liest, überträgt womöglich sexuelle Eindeutigkeit auf das Gedicht, das sexuelle Analogien zwar nahelegt, aber doch in reizvoller Vieldeutigkeit verharrt (auch die beigegebene Zeichnung ist vergleichsweise diskret). Ja, das Gedicht selbst scheint sich gegen interpretatorische Grobschlächtigkeit zu wehren:

Worauf soll ich nun deuten?
Worauf soll ich nun deuten,
heute, da beide verkürzten Hände
nur noch geschickt sind
Eisen wie Fleisch, Fleisch, einen Amboß zu tasten (...)[17]

Die frühe Lyrik selbst ist der Schrank, aus dem Grass sich bedient. Der Autor selbst hat darauf verwiesen, daß dieses oder jenes Gedicht eine »Komplexvorform« gewesen ist: etwa *Polnische Fahne* für die *Blechtrommel*, *Die Vogelscheuchen* für *Hundejahre*[18]. Im Detail kann die Vorform komplexer sein als der spätere ausführlichere Komplex. Aber nicht das allein begründet die Selbständigkeit der Lyrik. Im übrigen gibt es Fortzeugungen, Paraphrasen oder Erweiterungen von Motiven auch innerhalb der Lyrik selbst: so von *Kirschen* zu *Annabel Lee*, von *Kinderlied* zu *Dreht euch nicht um* oder – als Beispiel für die Inventarthematik – von *Geöffneter Schrank* zu *Inventar oder die Ballade von der zerbrochenen Vase*:

Der Schrank springt auf und erbricht
die Hüte, erwürgte Krawatten,
die Hemden, wechselnde Haut,
auch Hosen mit brauchbarem Schlitz;
ein Bein ist des anderen Witz.[19]

Dieses Gedicht demonstriert auch, wie sehr Grass sich freigeschrieben hat: Nicht mehr Verdinglichung und Handlungshemmung stehen zur Debatte, sondern – wenn auch ironisch gebrochen – der soziale Prozeß, die Lebenspraxis (am Beispiel der Ehe); Destruktion wird aufgefangen im Kompromiß. Der politische »Reformist« ist nicht fern.

Fragen, ausgefragt

Dieser trat nicht zuerst im Gedicht auf, sondern als Publizist, Redner, Wahlkämpfer, Es-Pe-De-Propagator. Die Princeton-Rede (1966) sagt es so: »Das Gedicht kennt keine Kompromisse; wir aber leben von Kompromissen. Wer diese Spannung tätig aushält, ist ein Narr und ändert die Welt.«[20] Der Clown muß, wie Michael Hamburger gesagt hat, »sein Privileg Freiheit verteidigen«, denn »diese besondere Freiheit wird ihm von dem Moralisten und Politiker Grass streitig gemacht«[21]. Ist der Lyriker des Gedichtbandes *Ausgefragt* (1967) ein Moralist mit Narrenkappe oder noch der Narr unter – aber welche Kopfbedekkung tragen Moralisten? Gleichviel, *Ausgefragt* erregte eher politische denn literarische Diskussionen: Die Neue Linke nahm übel, wie Grass ihr übelgenommen hatte. Das Kapitel *Zorn Ärger Wut* war denn auch von mehr Emotion geprägt, als Poesie und Politik bekömmlich gewesen wäre. Die Auseinandersetzung mit den zischenden »Söhnen aus zu gutem Haus« oder der »neuen Mystik« der »vorläufig allerletzten Kulturrevolution« ist von keinem andauernden Interesse geblieben, auch nicht die Diskussion um Vietnam-Lyrik und die Frage, was geschieht, wenn wir uns »mehr unter Napalm vorstellen können«. Grass hat gegen seine damaligen Widersacher recht behalten; was aber notwendig von *historischer* Bedeutung ist und nicht viel für oder

gegen seine Gedichte sagt. Peter Schneiders so scharfsinnige Kritik *(Individuelle Sachlichkeit)* hat ihre Grenze, wo sie – trotz gegenteiliger Behauptung – die politischen Anschauungen und Initiativen von Günter Grass benutzt, um seine Gedichte zu widerlegen.
Das Gedicht, so Günter Grass in Princeton, kenne keine Kompromisse; aber es kann vom Kompromiß handeln. Es kann die (möglichst kompromißlose) Selbstprüfung zum Gegenstand haben: Der Fragende fragt sich aus, wie etwa im Titelgedicht:

Nach großem und nach kleingemünztem Zorn, –
beliebtes Beispiel, dem man Zucker gab, –
nach soviel Damals und dem Salto
auf einem Hochseil, das periodenlang
gespannt war, – Arbeit ohne Netz, –
will, will ich, will ich ganz und gar ...
  Wie sieht es aus? – Es sah schon schlimmer aus.
  Du hattest Glück? – Es lag am Köder.
  Und was hast du gemacht seitdem?
  In Büchern steht, wie es sich besser machte.
  Ich meine, was hast du getan?
  Ich war dagegen. Immer schon dagegen.
  Und wurdest schuldig? – Nein. Ich tat ja nichts.
  Und hast erkannt, was sich erkennen ließ?
  Ja. Ich erkannte Gummi mit der Faust.
  Und deine Hoffnung? – Log die Wiesen grün.
  Und deine Wut? – Sie klirrt als Eis im Glas.
  Die Scham? – Wir grüßen uns von fern.
  Dein großer Plan? – Zahlt sich zur Hälfte aus.
  Hast du vergessen? – Neuerdings mein Kopf.
  Und die Natur? – Oft fahr ich dran vorbei.
  Die Menschen? – Seh ich gern im Film.
  Sie sterben wieder. – Ja. Ich las davon ...
Wer seift mich ab? Mir ist mein Rücken
so fern wie – Nein! –
ich will nicht mehr vergleichen
und widerkäuen, Silben stechen
und warten, bis die Galle schreibt.
Ist es jetzt besser? – Es sieht besser aus.
Soll ich noch fragen? – Frag mich aus.[22]

Auch dies Gedicht dient einer Inventur. Nur ist es hier kein Schrank, der Dinge exponiert, ja ausspuckt, sondern ein Arsenal von Fragen und Fraglichkeiten. Aus ihm ist nicht nur dieses einzelne, erste Gedicht gemacht. *Ausgefragt* ist Präludium und vorweggenommenes Resümee zugleich; es sprechen der Autor, das Gedicht und quasi das ganze Buch miteinander, aber auch mit dem Leser. Mühelos ließen sich die angeschlagenen Themen in den diversen Gedichten des Bandes aufsuchen: die Alltags-, Ehe- und Erinnerungsthematik, die Problematik des Schreibens und der »schiefen« Schönheit und schließlich von literarischem Engagement und politischer Ohnmacht. Der Eindruck des Zwiespältigen, den manche der folgenden Gedichte machen, findet hier seine einfachste Erklärung: Das Zwiespältige gehört zu ihrer Struktur. Frage und Antwort, Moralist und Narr wechseln einander ab und sind doch eins – im Gedicht.

Ausgefragt übt die Technik der Verschränkung: strukturell in der von Frage und Antwort, inhaltlich als eine von Themen und Problemen. Gelingt sie strukturell, ist sie poetisch kompromißlos; und ihr poetisches Gelingen erst macht die Selbstrelativierung des Fragend-Befragten glaubwürdig. Selbst der etwas kokette Eingang (mit der Berufung auf die artistische Leistung der *Danziger Trilogie*) hat seine Berechtigung: Er versteigt sich in einen blinden und absoluten Voluntarismus, zu einer Kompromißlosigkeit ohne Ziel und Grund, die in den folgenden Fragen relativiert wird. Relativierung aber macht Vielfalt und Verschränkung möglich.

So verschränken sich in *Advent*, einer kindlichen Drohrede an die Eltern, Konsum- und Disneywelt mit Formeln und Vorstellungen aus dem militärisch-strategischen Bereich:

bis eine Stunde später Rickerracke ... Puff ... Plops!
der konventionelle, im Kinderzimmer lokalisierte Krieg
sich unorthodox hochschaukelt [23]

Die Harmlosigkeit der Alltagswelt wird durchsichtig gemacht auf eine Bedrohung, die sich als militärische Formelsprache maskiert. Ähnlich virtuos und sinnfällig wird in *Schlager im Ohr* die Alltagswelt mit der Kriegsvergangenheit im Jetzt verschränkt:

Jetzt lasse ich den Hund von der Kette.
Jetzt, März, tropft es vom Dach,
bis der Polenhelm,
den Fritz auf Kurzurlaub mitbrachte,
seinen Einschuß hat.
Jetzt hat Goldbrunner eine Flanke von Lehner ...[24]

In der Verschränkung markiert sich freilich auch eine Differenz: um wieviel poetischer nämlich der Vorgang der Erinnerung gestaltet ist, der metaphorisch formulierte Prozeß, der Vergangenheit als Gegenwart zurückholt: »bis der Polenhelm (...) seinen Einschuß hat«. Aber dieser poetische Mehrwert der Vergangenheit bei Grass ist für die Kritiker der *Hundejahre* und der *Blechtrommel* ja ein Gemeinplatz ...

Verschränkung, nicht Vermischung macht die Qualität der besten Stücke in *Ausgefragt* aus. Grass bezeichnet diese Technik des Sehens und Gestaltens als *Silberblick*: »Wenn ich vergleiche, doch mein Blick bleibt zwie«; und in eben diesem Gedicht weiß Grass die Bereiche unter dem Zwieblick doch auseinanderzuhalten: »Wenn rechts mein Auge Landschaft faßt / und links Statistik betet.«[25]

Problematisch sind solche Gedichte, in denen der Autor Unvereinbares zusammenzwingt und etwa Landschaft und Politik als *Politische Landschaft* in eins setzt:

Uns Geschädigten, denen das Wissen
Mühe macht beim Verlernen,
ordnet die Geografie wirre Geschichte:
Seitlich Adenau und bis an das Flüßchen Hunte,
zwischen Galen und Frings,
buchen die Sozis kleine Gewinne,
mühen sich ab beim Verlernen.
Doch immerfort tagt am Wannsee die Konferenz:
immerfort werden in Eifellava, Basalt,
in grauen Globke, – nie wieder in Travertin, –
die Kommentare gezwungen. (...)[26]

Rechnet man die Ironie des Tons und auch die Entschuldigungsklausel des Eingangs ab, so bleibt die Annahme, Geographie ordne »wirre Geschichte«, eine Prämisse für ein heikles und fragwürdiges Spiel, das Landschaft wie Politik aus dem Bezug zur Realität herauslöst und die Kommunikation stört; denn wie Walter Hinderer sagt – »einmal lassen sich die Aussagen von ihren Metaphern oder Inhalten her auf einen überprüfbaren und verifizierbaren Wirklichkeitszusammenhang beziehen, einmal nicht«[27].

Mit der Vorstellung, »wenn Politik / dem Wetter / zur Aussage wird«, spielt auch ein anderes Gedicht[28], was immerhin belegt, wie wichtig für Grass die Überzeugung sein muß, daß es in unserer Wirklichkeit keine unpolitischen Reservate gibt. Nur macht die Gleichung Politik = Landschaft beziehungsweise Landschaft = Politik Schwierigkeiten: Sie geht auf allenfalls unter dem Aspekt einer sehr großzügigen Ironie – großzügig auch gegenüber dem politischen Anliegen. Texte dieser Art sind allesamt politische Gelegenheitsgedichte, die mit ihrem Anlaß ihre Stunde gehabt haben:

> Bald wird das Frühjahr, dann der Sommer
> mit all den Krisen pleite sein, –
> glaubt dem Kalender, im September
> beginnt der Herbst, das Stimmenzählen;
> ich rat Euch, Es-Pe-De zu wählen.[29]

Ausgefragt ist ein Buch der Inventur: Die Bestände wurden überprüft und befragt. Die Technik der Verschränkung konnte Aktualität und Historie, Persönliches und Allgemeines zusammenführen und die Erfahrung der fünf Sinne – die besondere Stärke dieses Autors – mit einer Kritik der vorgefundenen Wirklichkeit vereinbaren. Wo aber die Frage haltmachte, der »Silberblick« Identität suchte, wurde das Abstrakte gewaltsam versinnlicht, das heißt verdinglicht, und die Fragebewegung kam zur Ruhe. In diesem Sinne hatte der Dichter sich »aus-gefragt«. Eine neue Irritation, ein neuer Ansatz war vonnöten.

Kot oder Feder?

Dieser Ansatz ließ, jedenfalls im Gedicht, sechzehn Jahre auf sich warten; und der Sammelband mit Gedichten und Radierungen *Ach Butt, dein Märchen geht böse aus* (1983) ist strenggenommen kein eigenständiger Gedichtband, sondern zum größten Teil dem *Butt* entnommen und auf ihn bezogen. Die »Komplexvorform« des *Butt* bildet eher das Märchen als die Lyrik, sofern nicht der *Butt* überhaupt ein modernes Märchen ist (das der Autor nur deshalb nicht so bezeichnete, weil er fürchtete, »unsere literarische Öffentlichkeit und den wissenschaftlichen Teil der Literaturverbreitung wie -vermarktung«[30] damit zu überfordern). Man kann auch, wie Volker Neuhaus, von einem »romantischen Roman« sprechen: Nicht bloß wegen des Bezugs zu Runge und der Rekonstruktion des Märchens durch Grass, auch wegen der Technik der Verschränkung der Zeitebenen sowie der Themen und Motive – ein Triumph des die Gattungen verschmelzenden Autors, aber zugleich die Kapitulation des Lyrikers?

Die Frage, ob man die *Butt*-Gedichte überhaupt isolieren kann, hat ihr Autor durch ihre separate Edition beantwortet; gleichwohl rechnen die Gedichte mit Lesern, denen die Bezüge zum Roman geläufig sind. Will man aber die Gedichte nicht dem Romankontext unterwerfen, muß man als Leser und Interpret die relativ selbständigsten herausgreifen. Ich tue das im folgenden (hoffentlich nicht zu gewaltsam), um eine bestimmte Linie meiner Argumentation weiter auszuziehen. Dabei beziehe ich mich auf zwei Motive: auf *Kot* und *Feder*.

Schon zum Märchen gehört ja die Metapher vom »Pißpott«; und wie die Ilsebill des Märchens aus dem »Pißpott«, will die des Romans aus ihrer »Scheißidylle« heraus. Der *Butt* als eine Geschichte der Geschlechterbeziehung ist ja auch die Geschichte des Essens und der Ernährung, die Geschichte des wahren Fortschritts gegen den Scheinfortschritt der Männer. Daraus wiederum ist das Motiv des Abfalls und der Defäkation nicht fortzudenken. Die Gedichte *Leer und alleine* und *Kot gereimt* sind Gedichte zu einem ebenso heiklen wie natürlichen Thema; aber nicht bloß deswegen sei von ihnen die Rede. Das Tabu, das darauf lag, wurde spätestens gebrochen durch Enzensbergers Gedicht *Die Scheiße*, das 1970 in der Reihe »Luchterhand Loseblatt-Lyrik« erschien, deren Mitherausgeber Grass war.

Während Enzensbergers Gedicht sozusagen die Verteidigung der Scheiße gegen ihren Mißbrauch als politische Metapher war und insinuierte, daß die schlechten Verhältnisse durch ihre Bezeichnung als »Scheiße« verharmlost würden, holte Grass sie gewissermaßen *materiell* in die Sphäre menschlicher Not und menschlicher Geschichte zurück. Mit Sloterdijk geredet: Enzensberger als Zyniker, der sich grundsätzlich ekelt; Grass der Kyniker, der sich nicht ekelt; darin »den Kindern verwandt, die von der Negativität ihrer Abfälle noch nichts wissen«[31]. Defäkation erscheint als zwar angstbesetzter, aber grundsätzlich lustvoller Akt, als Akt der Befreiung des Ich von *seiner* und *aller* Geschichte:

Ich höre mich.
Zweitausendfünfhundert Jahre Geschichte,
frühe Erkenntnis und letzte Gedanken
lecken einander, heben sich auf.
(...)
Gott Staat Gesellschaft Familie Partei ...
Raus, alles raus.
Was riecht, bin ich.
Jetzt weinen können.[32]

»Was riecht, bin ich« – das ist die zynische Reduktion des Descarteschen Cogito auf seine sinnliche Präsenz. Aber nicht Regression ist gemeint, sondern Befreiung, Anarchie. Freilich relativiert durch die Schlußzeile »Jetzt weinen können« – eine vorübergehende Anwandlung, eine Schwäche des auf Konstruktion, auf Konstruktivität gerichteten Ich: Der *Butt* wollte geschrieben sein und die »zweitausendfünfhundert Jahre Geschichte« rekapituliert.

Noch einmal prüft Grass die Bestände:

Erkennen uns wieder: unverdaut Erbsen, Kirschkerne
und den verschluckten Zahn.
Wir staunen uns an.
Wir haben uns was zu sagen.
Mein Abfall, mir näher als Gott oder du oder du.[33]

Schon früh ist bemerkt worden, daß sich bei Grass das *Er*zählen aus dem *Auf*zählen, eben dem Inventarisieren entwickelt. Im *Butt* nun, diesem Globalinventar von Geschichte und Gegenwart, versucht Grass das Schwerfällig-Massige eines solchen

Vorgangs und seines Resultats immer wieder poetisch aufzuheben. Chiffre dafür ist das *Federblasen*: »Federn, wie sie der Himmel verliert, von Müllhalden sammeln und sie hauchleicht, mit Atem kaum, durchpusten, dann Luftstöße heben, in Schwebe, Fall, Taumel und neuen Aufwind bringen«[34] – eine Chiffre, die im *Butt*, in Prosa wie Vers immer wiederkehrt und, wie nebenbei, auch die Rolle der Gedichte im Romankontext bezeichnen kann: Auch sie machen das epische Konvolut leichter, luftiger. Unter den Gedichten sind es wiederum zwei, die das Federmotiv in die Überschrift nehmen: *Geteert und gefedert* und *Federn blasen*. Daß Federn auch zum Schreiben und Zeichnen dienen können, wird aus dem ersten ins zweite Gedicht übernommen:

Das war im Mai, als Willy zurücktrat.
Ich hatte mit Möwenfedern den sechsten tagsüber
mich gezeichnet: ältlich schon und gebraucht,
doch immer noch Federn blasend,
wie ich als Junge (zur Luftschiffzeit)
und auch zuvor,
soweit ich mich denke (vorchristlich steinzeitlich)
Federn, drei vier zugleich,
den Flaum, Wünsche, das Glück
liegend laufend geblasen
und in Schwebe (ein Menschenalter) gehalten habe.

Willy auch.
Sein bestaunt langer Atem.
Woher er ihn holte.
Seit dem Lübecker Pausenhof.
Meine Federn – einige waren seine – ermatten.
Zufällig liegen sie, wie gewöhnlich.
Draußen, ich weiß, bläht die Macht ihre Backen;
doch keine Feder,
kein Traum wird ihr tanzen.[35]

In der Knappheit des Notats, in seiner unverstellten Subjektivität und Repräsentanz zeigt das Gedicht Züge von Altersstil – oder soll man sagen: Klassizität? Aber dieser Vorwurf (wenn es denn einer ist) wurde schon 1968 erhoben und ist in die Jahre gekommen. Die Verschränkung von Poesie und Politik gelingt scheinbar mühelos auf der Ebene zweier Biographien. Die Zeile »Willy auch« hat den Charme der Simplizität, sie überzeugt, obwohl im Gedicht nicht recht deutlich wird, worin die Leistung Willy Brandts bestehen soll, außer im »bestaunt langen« Atem.

Man kann von der Beiläufigkeit des Gelingens nicht reden, ohne das Moment der Resignation zu erwähnen, das die Verse prägt. Der Rücktritt Brandts im Zusammenhang mit der Spionageaffäre Guillaume muß Grass sehr irritiert haben: »Resignation bot sich an. Zorn mischte sich mit Enttäuschung.«[36] So bleiben auch im Gedicht die Bereiche von Außen und Innen unversöhnt. Und dieses *Draußen* ist nun bedrohlicher als früher. 1967, in *Ausgefragt*, war es eine Mahnung an die protestierenden Studenten, wenn es hieß: »Aber feinmaschig und gelassen / wirkt sich draußen die Macht aus.«[37] Jetzt ist der Autor selbst betroffen. Potenz oder Präpotenz der Macht wirkt bedrohlicher und grotesker. Des Autors *Politische Gegenreden* formulieren als Maxime geradezu: *Widerstand lernen*. Das Gedicht übt die Schwebe, das Federnblasen. Aber es gelobt so etwas wie Enthaltung, eine deutliche Reserve gegenüber der »Macht«. Und welches gute Gedicht tanzt schon der Macht? Soll das heißen, daß wir von Günter Grass so bald keine neuen Gedichte lesen werden?

Die Zuverlässigkeit der Poesie
Zu den »Gesammelten Gedichten« von Walter Helmut Fritz

Als 1965, zum fünfzigsten Geburtstag von Karl Krolow, *Gesammelte Gedichte* erschienen, verwies Heinz Piontek darauf, daß seit 1927, als der einundvierzigjährige Gottfried Benn eine Ausgabe gleichen Titels erscheinen ließ, kein deutscher Lyriker mittleren Alters es zu einer repräsentativen Ausgabe seiner Dichtungen gebracht habe. Daran schloß Piontek die Bemerkung: »Gewöhnlich bekommt man hierzulande erst dann die Chance, seine Gedichte zusammenzufassen, wenn man nur noch geehrt, aber nicht mehr gelesen wird.« Es scheint, daß die Zeiten sich geändert haben. Zehn Jahre nach dieser Klage, zu Pionteks eigenem Fünfzigsten, gab es die erwünschte Ausgabe *Gesammelter Gedichte*. Der gleichaltrige Wolfgang Bächler versagte sich solcher Repräsentanz, seine Sammlung *Gedichte aus 30 Jahren* trug den Titel *Ausbrechen* und erschien erst im Jahr danach. Peter Rühmkorf, Jahrgang 1929, wartete nicht erst den Ablauf der vierten Dekade ab, wollte aber, ironischerweise, nicht auf die Würde des hergebrachten Titels verzichten. Nicolas Born, gerade erst vierzig geworden, publizierte *Gedichte 1967–1978* als Zusammenfassung seiner bisherigen Lyrik. Und 1979 erhielt auch Walter Helmut Fritz, fünfzig geworden, die Chance, von der Piontek sprach.

Welche Chance? Lassen wir Ehrgeiz und Eitelkeit, so begreiflich und legitim sie sind, aus dem Spiel: Sammelausgaben eines Lyrikers bieten ja nicht bloß dem Leser den Text verstreuter und womöglich vergriffener Einzelbände, sie geben auch dem Autor Gelegenheit, seine Produktion, die geprägte Form in ihrer Entwicklung, nicht bloß zusammenzufassen, sondern auch zu mustern, während die Kritik aufgerufen ist, jene fixierten Entwicklungslinien nachzuziehen und Werk wie Person in der Geschichte des Gedichts zu verorten. Revisionen in Einschätzung und Urteil sind im allgemeinen nicht angebracht, Überraschungen gehen eher zu Lasten des Betrachters als des Autors, und so liegt in solcher Übereinstimmung und Billigung die Crux aller vollzogenen Rezeption: die Gefahr der Wirkungslosigkeit. Klassizität, bloß weil etwas schon lange da ist. Um so mehr wird man danach fahnden, wodurch der Autor sein Werk gegen die widerstandslose Aneignung präparierte.

Er tut dies zunächst als Editor seiner selbst. Wie nicht anders zu erwarten, ging Fritz bei der Sichtung so kritisch wie behutsam vor. Zwar folgt seine Zusammenstellung der Chronologie, zerschlägt aber die Sammlungen nicht zugunsten einer bloß philologisch interessanten Abfolge nach Entstehungsdaten. Die Texte bleiben in Substanz und Präsentation unverändert. Durch Auslassungen ganzer Stücke entstehen keine Brüche in der Komposition. Daß die Titel der Einzelbände entfielen, verstärkt bloß den Eindruck des Diskreten, Unaufwendigen; jeder Anflug von Parole oder Weltanschauung fehlt. Natürlich kann man mit dem Autor rechten; und gerade der Liebhaber einzelner Stücke wird dies tun. Mir ist zweierlei aufgefallen. Zum einen die begreifliche und auch weitgehend berechtigte Strenge gegenüber der frühen Produktion, in der die Nähe zu Vorbildern aus der deutschen Naturlyrik, Eich, Krolow, Piontek etwa, noch spürbar war. Damit hängt die Tilgung von Reim und Metrum zusammen; so findet sich nur mehr ein einziges gereimtes Gedicht *(Am Meer)* – und die Eingangsstrophe ist wie eine Reminiszenz an vergangenes Spiel: »Rücklaufende Welle, / spielende Hand. / Kommende Jahre / im rieselnden Sand.« Die kommenden Jahre hielten es dann mehr mit Verzicht, Reduktion, Lakonie. Deshalb schmerzt mich etwa der Verzicht auf ein Gedicht, das ich zuerst in Benders Anthologie *Junge Lyrik 1957* las und dessen Schluß ein Thema anschlägt, das die weitere Produktion von Walter Helmut Fritz durchdringt: »Wir wollen miteinander sprechen. / Es wird Nacht, / und das Schweigen wächst.« Zugegeben, das ist noch ein wenig pathetisch, aber man hat es sich als Leser eingeprägt und wird es nie ganz vergessen.

Weniger begreiflich ist mir die Strenge, die der Autor bei der Auswahl seiner Prosagedichte – und gerade der jüngsten – walten ließ. Vielleicht sollte der im Vorjahr erschienene Band *Sehnsucht* nicht entwertet werden? An mangelnder Schätzung der Gattung von seiten des Autors kann es nicht liegen: Die Arbeit am Prosagedicht gehört spätestens seit den 1969 erschienenen *Bemerkungen zu einer Gegend* zum Œuvre von Walter Helmut Fritz.

Das Gedicht von Walter Helmut Fritz ist, nach des Autors eigenem Wort, »Poesie ohne Aufwand«. Eine ebenso bestechende wie präzise Formel, die dazu verführt, in der Produktion dieses Lyrikers nur mehr das Gesetz zu erkennen, wonach er angetreten: das gedrosselte lakonische Sprechen, den Verzicht auf Rhetorik und ideologische Pointe, die Zurücknahme im Bereich der Bilder und Metaphern. Aber solche im wesentlichen *negativen* Bestimmungen erklären kaum, wie der Autor diese diskrete Art, Welt zu rezipieren und ins Wort zu überführen, über mehr denn zwanzig Jahre üben konnte, ohne in Monotonie und Langeweile zu verfallen. Es ist nicht leicht zu sagen, worin das Geheimnis dieser Frische und Lebendigkeit liegt. Wer in diesen dreihundert Seiten Lyrik liest, bemerkt immer erneut, daß Fritz zustande bringt, was alle wirkliche Poesie auszeichnet: nämlich die Fähigkeit, sich dem klassifizierenden sekundären Sprechen zu entziehen. Das geschieht nicht durch eine besondere Verschlüsselung oder Komplexität des Gedichts, sondern durch seine zarte Empirie, durch die besondere Art des Aussparens, Andeutens und Verschweigens. Wenn Fritz ein »Spezialist des Schweigens« ist, wie Gerda Zeltner gemeint hat, dann freilich hat er diese Spezialität auch entwickelt und verfeinert – und weil er nicht auf die unbeschriebene und unbeschreibbare weiße Seite hinauswill, sondern immer noch spricht und den Leser nicht vergißt, tut er das durch die Art, wie er im Sprechen das Schweigen bedenkt. »Ein Schweigen gab das andere«, heißt es in *Spät* und: »Wie rasch es Winter ist / unter den Worten«.

Walter Helmut Fritz hat sich also von der Dialektik des Schweigens nicht ins Verstummen abdrängen lassen. Die Poesie, verstanden als Widerpart zu Lüge, Gedankenlosigkeit und Phrase, darf nicht verstummen. Ihre gesellschaftliche Bedeutung liegt in ihrer Existenz selbst – oder wie Fritz es mit einer bei ihm seltenen Direktheit sagt: »Man kann nur versuchen, / manchmal ein paar Worte zu sagen, / damit es für Augenblicke / wieder still wird.« Auch solche Direktheit ist nicht Chuzpe, sondern Resultat langwieriger Entwicklung. Anders wäre auch sie bloß Vorreiter jener Phrasen, die »durch das Land galoppieren«. Fritz geht hier das Risiko ein, ideologisch gedeutet zu werden. Aber seine Poesie zielte von Anfang an aufs Gegenteil von Ideologie, auf Erfahrung. Isoliert man einzelne Verse oder Sätze, dann erhält man Aussagen, die ideologisch klingen. So wenn Fritz in einer späten Brecht-Replik bemerkt: »Inzwischen ist es fast / zu einem Verbrechen geworden, / nicht über Bäume zu sprechen.« Liest man das ganze Gedicht, dann spricht die konkrete Erfahrung, der Blick auf gefällte Platanen, die Parkplätzen weichen müssen. Im übrigen hat Fritz, anders als mancher Proselyt, der bloß die rote mit der grünen Fahne vertauschte, ein Recht dazu, begründet Position zu beziehen: Ihn legitimiert seine Herkunft aus der Tradition der Naturlyrik.

Dennoch ist der Mut, direkter und ungeschützter zu sprechen, weniger das Ergebnis einer poetischen denn einer existentiellen Entwicklung. Bereits in einem der frühesten Gedichte des Sammelbandes ist die existentielle Akzentuierung unverkennbar. Hier beschwört der Dichter die Unvermessenheit des Morgens, des Landes und der (eigenen) Glut und endet mit dem ebenso erschreckten wie hilflosen Ausruf: »Aber die Stäbe, die sie überall einschlagen!« Fritz sah schon früh, was jetzt freilich unübersehbar ist, und diese frühe Betroffenheit macht die spätere Umwendung der Klage Brechts begreiflich.

Der englische Lyriker Philip Larkin hat sein Festhalten an der nüchternen Wahrheit der Lyrik einmal so begründet: »Ich glaube, ich versuche immer, die Wahrheit zu schreiben, und würde kein Gedicht schreiben wollen, das nahelegte, daß ich ein anderer bin als der, der ich bin.« Auch bei Fritz finden sich Äußerungen, die ihn auf solche Prosaik der Phantasie, auf das Bestehen der Hegelschen Prosa des Lebens festlegen. Es ist »die Zuverlässigkeit der Unruhe«, die ihm als paradoxes Fixum erscheint, und der Leser kann in der Abfolge der Gedichte den Wechsel von Zweifel, Vergewissern und Bestätigung wahrnehmen. Dieser Prozeß findet allein in der Poesie statt, außerliterarische Sensationen fehlen bei diesem Autor völlig. In einem Gedicht auf seine Heimatstadt Karlsruhe, wo Fritz noch heute lebt, lautet die Maxime: »An diesem Ort gerecht zu leben versuchen«. Zu diesem Versuch eines »verständlichen« Lebens gehört auch die Bindung an die Frau, wie sie sich in der Zueignung des Bandes, vor allem aber in den über die Jahre verteilten Zyklen von Liebesgedichten kundtut.

Eine »ernste Beschränkung« nennt Michael Hamburger im Blick auf Larkin und andere Lyriker der »neuen Enthaltsamkeit« solche freiwillige Verpflichtung zur prosaischen Sachlichkeit. Walter Helmut Fritz ist sie sozusagen im Zuge der eigenen Entwicklung eingegangen und hat auch sehr bald versucht, die hierin gegebenen Beschränkungen der Phantasie aufzuheben, indem er sich in Personen einfühlte, Masken benutzte, Gedichte auf Personen schrieb und so alle Möglichkeiten der Identifikation wie der Abgrenzung nutzte. »Von der Kunst / sprach er selten«, heißt es in einem Michelangelo-Gedicht, und von Morandi wird ein Satz zitiert, der solche Lakonie mit dem Leben zusammenbringt: »Ich habe das Glück gehabt, / ein ereignisloses Leben zu führen.« Mochte man die Gedichte auf Künstler, Philosophen oder Entdecker noch als Chiffrierungen der eigenen Existenz und die damit gegebenen Maximen als poetologische Konfessionen ansehen, so zeigen die Gedichte der letzten Jahre einen weiteren Schritt in Richtung auf Ernüchterung und Enthaltsamkeit.

Mit dem Empirismus wird nun wirklich Ernst gemacht. Der Autor sieht andere Menschen nicht bloß als Spiegelfiguren, sondern in der ihnen eigenen Fremdheit und Besonderheit. Und das macht so etwas wie Brüderlichkeit und Solidarität erst möglich. Es ist die Solidarität mit den Leidenden, dem armen Mann aus dem Toggenburg, dem stotternden Jungen, der unbequemen Bittstellerin, dem Gelähmten im Rollstuhl, dem Gastarbeiter, dem Fernfahrer – mit Menschen als »Geschöpfen derselben Art«, von denen es heißt: »Und sind doch hier, / tun unsere Arbeit, / begegnen uns, / schreiben so etwas auf.« Man sieht, wo nun die Poesie rangiert: am Ende, als letzte, aber nicht geringste der menschlichen Tätigkeiten. Wohl nicht zufällig steht das Zitat in einem der jüngsten, im vorliegenden Band erstmalig publizierten Gedichte. Es versteht sich, daß das

»Aufschreiben« eine *Kunst* geblieben ist, bei der es nicht genügt, »dort anzuknüpfen, wo man gestern aufgehört hat«.

Ein Problem der Fritzschen Gedichte ist, daß sie ihren Kunstcharakter vergessen machen, daß sie wie Natur scheinen, wie in Worte gebrachte Realität. Und gewiß gibt es auch bei Fritz einige Verse, die bloß nachgeschriebene notierte Wirklichkeit sind. Lakonie aber ist nicht Kunstlosigkeit und darf mit ihr nicht verwechselt werden. Der Band gesammelter Gedichte gibt dem Leser die Möglichkeit, die Verbindung von Kunstübung und Wahrnehmungstraining zu überprüfen. Walter Helmut Fritz, der die tradierten Formen aufgab, weil sie zuviel Ornament, zuviel Bedeutsamkeit, zuviel Gewicht mitbrachten, ist auch in seinen sparsamsten Notaten ein formsicherer und formbewußter Autor und, mehr als beim ersten Blick sichtbar, jemand, der mit Formen experimentiert. Seine Prosagedichte beispielsweise (von denen einige der schönsten in diesem Band fehlen) sind oft syntaktisch kühner als die Versgedichte; sie wagen Metaphern, die sich der Autor sonst versagt, können aber auch bloß aus Fragen bestehen, für die es keine Antworten gibt. Kurz, sie widerlegen die Auffassung, wonach die Annäherung an die Wirklichkeit, auch wo sie in der Weise der Prosa geschieht, auf Poesie verzichten könne.

Das Rauschen der Sprache im Exil
Annäherungen an die Dichtung Oskar Pastiors

I

... sage, du habest es rauschen gehört

Was verrät uns der Anfang? Daß jeder Dichter seinen *eigenen* hat, *eigen* im Sinne des Besitzes, aber auch der Besonderheit, oft auch des Sonderbaren, ist oft bemerkt worden. Und die Besonderheit konnte durchaus im Mangel liegen: im Fehlen jenes Eigentümlichen, das den späteren Dichter ausmacht. Nur Athene entsprang fertig dem Haupte des Zeus. »Ich bin. Aber ich habe mich nicht. Darum werden wir erst«, so tastend und zugleich sicher beginnt Ernst Bloch die *Spuren*. Freilich muß jemand wer geworden sein, damit sich die Frage nach seinem Anfang lohnt.

Die Rede ist vom Dichter Oskar Pastior. Ich sage nicht: vom experimentellen Autor oder vom Sprachspieler oder vom Poeten Pastior, was alles partiell zutreffende, im ganzen aber verlegene Ausdrücke wären. Wobei nicht die geringste Verlegenheit die ist, daß Pastior von jenem Ruhm, der ihm zusteht, noch nicht eingeholt wurde und eben deshalb gern bezeichnet wird als Poet, Sprachspieler, Experimentator... Was verraten uns, frage ich, die Anfänge des Dichters Oskar Pastior?

Im Jahre 1964 erschien im Bukarester Literatur-Verlag ein Band mit deutschen Gedichten; Oskar Pastior, 1927 in Hermannstadt (Siebenbürgen) geboren, hatte ihn verfaßt. Der Titel verhieß *Offne Worte*. »Offne«, nicht »offene« – die Elision ließ auf Prätention, auf kunstvolle Aussparung schließen, auch auf eine gewisse Abseitigkeit und Provinzialität, derlei war in der damaligen westdeutschen Literatur der Avantgarde nicht eben Mode. Aber genau betrachtet entsprach das nichts anderem als dem tatsächlichen Sprachgebrauch: offne Worte, so spricht man doch. Darüber hinaus wäre der Titel nicht weiter bemerkens- und bedenkenswert gewesen, und auch das Motto nicht, das unvermittelt, anonym und wie aus dem Schweigen kommend dem Titel widersprach: »... sage, du habest es rauschen gehört«. Widersprach? Das klingt wie These und Antithese und setzt Logik voraus. Ging es darum überhaupt? Die Paradoxie von Titel und Motto war jedenfalls nicht zu übersehen. »Offne Worte« – und »rauschen«, aber wessen »Rauschen«? Und wer oder was ist das »es«, das man »rauschen« hört – oder gehört hat? Aus dieser *Paradoxie* oder, vorsichtiger gesagt, dieser *Irritation* scheint mir die Poesie Oskar Pastiors bis heute gemacht.

Zugegeben: in dem ersten Gedichtbuch findet man von dem, was der Titel behauptet und das Motto revidiert, noch nicht allzuviel. Die Verse sprechen, wenn auch enorm versiert, mit fremden Zungen – denen Trakls, Weinhebers, Brechts und anderer –, und die Themen bewegen sich zwischen rumänischer Landschaft und Folklore und den Aufbauproblemen einer staatlich gelenkten Industriegesellschaft, gesehen mit den Augen eines Sympathisierenden, der sich und den Leser zur Parteinahme überreden möchte. Mit expressiver Emphase redet der junge Poet alle und alles an: »Genossen! Zeitgenossen! Zeit, unser Genosse!«, und in solcher Emphase spürt man schon die Lust am Spiel und den Willen zur Scheidung (nicht jeder Zeitgenosse ist Genosse) und zur Überwindung aller Scheidungen (Zeit, unser Genosse). Der spätere Pastior-Leser bemerkt auch den Schalk zwischen den Worten – selbst wenn es ums Bekenntnis zum Kommunismus geht: »Wort, viersilbig, letternfeucht: Kommunismus«. Keine Zensur, so scharfäugig sie sein mochte, hätte das beanstanden können; aber heute, zwanzig Jahre später, spürt man die primäre Lust am Wort (an Semantik, Syntax, Rhythmus, Druckbild), die für Pastiors spätere Arbeit so wichtig wurde.

Arbeit. In der frühen Lyrik wird sie noch inhaltlich-äußerlich verstanden und als moralischer Vorsatz auf das Gedicht bezogen. »Jetzt will ich arbeiten an dem Gedicht«, lautet die letzte Zeile des ersten Buches. Und das klingt, als wäre alles Schreiben bislang unverbindlich und Jux gewesen. Der Autor mißtraut seinem Spieltrieb und überredet sich zu ernsten Programmen. Er tritt in Konkurrenz mit Aufbauprogrammen der Realität und sieht sich *Auf dem Bauplatz*:

> Offne Worte soll der Dichter führen:
> das Gedicht sei gastlich wie ein Haus.
> Durch der Bilder aufgesperrte Türen
> geht der Leser sicher ein und aus.
> Offne Worte soll der Dichter führen.

Pastior antwortet offensichtlich, in Hommage und Widerspruch, Stephan Hermlins *Ballade von den alten und den neuen Worten* und ihrer sehr ähnlichen Technik von Strophe, Reim und Refrain:

> Ich weiß, daß sie nicht mehr genügen,
> Weil die Erde mich noch trägt,
> Weil die alten Worte lügen,
> Weil der Unschuld die Stunde schlägt,
> Ich weiß, daß sie nicht mehr genügen.

Hermlin, 1945, an der Wende zu einer neuen Zeit, hatte eine Utopie aus Sprache entworfen (»Ich will euch neue Worte sagen«), ohne sich inhaltlich-programmatisch festzulegen (»Worte, die stoßen, Worte, die tragen, / Worte: hart, sanft, langsam, schnell«) – sein Schüler und Opponent glaubte sie schon eindeutig benennen zu können und ihre Funktion erkannt zu haben. Ein Haus, erbaut aus Worten. Aber ein anderes, als es der Bauplan vorsah.

II

die Diasporen verdienen.
O. P.

1969 erschien bei Suhrkamp in Frankfurt der Band *Vom Sichersten ins Tausendste*. Er war Pastiors Debüt in der modernen deutschen Literatur. Die in Rumänien erschienenen Bände – nach *Offne Worte* noch *Gedichte* (1965) – blieben ein Gerücht. Zudem hatte der Autor alle Brücken zu seiner früheren Existenz abgebrochen und war von einer Reise in die Bundesrepublik nicht nach Rumänien zurückgekehrt. Er lebte fortan in West-Berlin. Mit dem zweiten Debüt (wenn es so etwas gibt) konnte Pastior, der die Vierzig schon überschritten hatte, den damals erfolgreichen avantgardistischen Tendenzen zugerechnet werden, der experimentellen Literatur und der konkreten Poesie. Im selben Verlag und im selben Jahr war etwa Konrad Balder Schäuffelens Buch mit dem signifikanten Titel *raus mit der Sprache* erschienen. Beziehungen zu H. C. Artmann, der, ebenfalls 1969, seine gesammelten Gedichte aus 21 Jahren unter dem Titel *ein lilienweißer brief aus lincolnshire* veröffentlichte, Beziehungen zur »Wiener Gruppe« insgesamt wurden Pastiors Texten nahegelegt – obwohl sie zum Teil noch in Rumänien geschrieben waren. Was meinten die Gedichte, was bedeutete der Titel, wenn nicht Experiment und Sprachspiel?

VOM SICHERSTEN INS TAUSENDSTE
und auch Pirol gelangte schon
zum Regen aus der Traufe
da war Pilatus noch im Feld
und ungezwitschert blieb die Weite
vom Hundertsten ins Bläueste
von Mann zu Mantua und Manchen
von Weitenheim zu Langenflur
zur Nachtruh von Katharso
kam der Profoß zu seinem Pferd
und auch der Berg zum Hetschenpetsch
vom Kürzesten zum Sommersten
zu naß zu kurz zu Fuß zustand
kam der Pirol ins Tausendste

Das sind nun freilich keine »offnen Worte« mehr. Freiheit der Assoziation – »vom Hundertsten ins Bläueste« – ist das Vorrecht dieses Gedichts wie aller Texte dieses Bandes. Und wenn die Freiheit mehr sein mochte als Sprachjux und Allotria, war es auch die Freiheit, aus den Sicherungen der Sprache und des Denkens hinauszutreten *ins Offene*: »Vom Sichersten ins Tausendste«. Und der aufmerksame Leser durfte den Gebrauch dieser Freiheit mit dem Verlassen der kleinen deutschen Sprachenklave in Rumänien in Verbindung bringen. Ging es nicht um

Gesang und Gewinnung der Weite? Unter dieser Annahme lag die biographische Allegorie nicht fern. Der Dichter schilderte seinen Exodus. Pirol und Pilatus, Sänger und Statthalter, waren sie nicht doch mehr als klangvolle oder witzige Wortverknüpfungen? Die »Weite« war ungezwitschert geblieben, das Programm war eng und bemüht gewesen, die Bewegung »vom Sichersten ins Tausendste« war nicht ohne Gefahr – wie sollte man sich im »Tausendsten« und »Bläuesten« nicht verlieren?

Pastior, wiewohl ohne Programm, aber nicht ohne Vorsatz, begann nun einzulösen, was er versprochen hatte: »Jetzt will ich arbeiten an dem Gedicht.« Der Singular kann schon 1964 kein Zufall gewesen sein. Aber das »Gedicht« wurde mehr und mehr zu einem unendlichen Gebilde, zu jenem »work in progress«, an dem Pastior noch heute arbeitet. Es ist primär Arbeit an der Sprache:

> Geduld Geduld am Krempelbach
> klappert es tief in der Mütterchensprach
> da will sich ein Finderöslein fein
> die Diasporen verdienen

Man hört die Echos, die folkloristischen Diminutive, aber auch (beabsichtigt? unbeabsichtigt?) das Echo von Valérys »Patience dans l'azur« (»Gedulden unter dem Blau«, wie Rilke übersetzte), und der Wortwitz plaudert, untertreibend, das Geheimnis und Gesetz dieser Arbeit aus: Die *Sporen*, den Ruhm, verdient sich der Dichter in der *Diaspora*, in der er seine Sprachkeime verstreut.

III

Unterschiedenes ist gut.
Friedrich Hölderlin

Diaspora, Exil – Wörter, die nicht bloß etwas mit Sprache zu tun haben, sondern auch mit Biographie. Biographie von Dichtern ist »heilig-öffentlich Geheimnis«: Man darf nachfragen und erhält Antwort (oder auch nicht). Ich habe Oskar Pastior auch nach Daten und Ereignissen seiner Biographie gefragt. Aber das Wesentliche sagt er, in einem *Statement* zum Steirischen Herbst in Graz, selbst:

»Obwohl mein Vater nicht nur Zeichenlehrer war, sondern auch später einmal starb, hat meine Mutter mich zwar sowohl in Siebenbürgen als auch in jenem Jahre, das für mein weiteres Leben ausschlaggebend werden sollte, aber doch geboren.

Ähnlich komplexe Sachverhalte sind seither in zunehmendem Maße daran schuld, daß ich nicht nur Gedichte schreibe, sondern auch andere nicht.

Vielleicht hängt alles auch damit zusammen, daß ich in der Schule – Platons Schule natürlich; wo gesprochen wird, wann immer, dem blüht sie – nicht genau aufgepaßt habe, wie Schuld und Sühne sich zu Krieg und Frieden verhalten (wie Romane nämlich, einerseits, doch andererseits biographisch, jeweils wie reziprok), und zwar weil ich grad damals unter den Dampfkesseln Nachtschicht hatte, um gegen Ursache und Wirkung ein bissel historisch und ein bissel immun zu werden.

Später war ich Kistennagler, Betonmixer, Wohnbaukostenvoranschlagkalkulator, in einer kraus waldigen und ondulatorischen Landschaft, die mit Musik zu tun hat; kurzum, was ich so über mich erzählen kann, ist nachher (das heißt bedeutsam betrachtet) auch wieder künstlich, also komponiert; freilich hab ich dann studiert, in Bukarest, und sogar beim Rundfunk gearbeitet; als Reporter war ich aber schwach.

Trotzdem, auch nach ein paar geographisch weiteren Hupfern und Einsichten, krieg ich noch immer eine komische, das heißt freiberufliche Gänse- und Vagantenhaut, wenn ich so sag: ›Ich bin Poet‹ – oder gar: ›Ergo sum‹. Suspekt, suspekt. Denn von all den Erkenntnisgeschäften, über die ich dann Buch führe, sind zwar auch manche abwesend, doch selbst die Vordrucke entbehren fahrlässig der Vollständigkeit.

Ansonsten erkläre ich hiermit, daß ich im Nageln von Butterkisten weniger gut bin als im Nageln von Auberginenkisten, bei denen ich es einmal auf 800 Nägel die Stunde gebracht habe. Es lebe die Auberginenkiste, sie ist eine Naturschönheit.

›Unterschiedenes ist gut.‹«

So etwas wie *pure Biographie* gibt es beim Dichter nicht. Das

Erlebte und Erlittene ist immer schon »Roman«, künstlich, »also komponiert«. Ohnmacht versucht sich als Macht, Überwältigung als Bewältigung. Denn natürlich ist die Komposition zunächst das Werk der Historie am Menschen, und alle Umdeutung, Rechtfertigung, Zusammenfügung geschieht zur Selbstrettung im Spiel. Deshalb meint Pastior es immer besonders ernst, wenn er spielerisch und leichtfertig redet und seine Bewältigungsarbeit herunterspielt: »um gegen Ursache und Wirkung ein bissel historisch und ein bissel immun zu werden«. Eben das, sagte Oskar Pastior mir im Gespräch, sei sein *Trauma*: der Zusammenhang von Ursache und Folge. Will sagen: die unerbittliche und inkommensurable Lebenskonsequenz. Sie mag ihm in den fünf Jahren seiner Deportation (1944–49) in Arbeitslagern in der Ukraine und im Donbas aufgegangen sein. Um so diskreter seine Anspielung mit klassischen russischen Romantiteln.

Biographie wird skeptisch zurückgenommen, spielerisch als Material gewertet, das bearbeitet werden kann. Aber die Ausflucht in die Kunst ist darum nicht bequemer geworden. Aus dem Poetsein läßt sich die Existenzberechtigung nicht so ohne weiteres ableiten, und auch das schon ernster gefaßte Erkenntnisgeschäft führt offenkundig ins Unvertraute: »die Vordrucke entbehren fahrlässig der Vollständigkeit«. Ich lese daraus: Es gibt keine Poetologie, kein poetisches Regelsystem, nichts, worauf zurückzugreifen wäre. Avantgardist wird man damit aus Not, nicht aus Hybris. Und der Rückgriff auf Hölderlin zielt nicht auf eine verläßliche Tradition, sondern auf elementare Erkenntnis, elementares Handwerk. Auf Unterscheidungen, wie sie einem beim Nageln von Kisten kommen: von Butterkisten *oder* Auberginenkisten.

IV

...was trennt, verbindet.
O. P.

Zu den Unterscheidungen, die Oskar Pastior treffen mußte, gehörte die Distanzierung vom tradierten Lyrikbegriff, vom

Sprachmüll der Gegenwart, wie ihn Alltag und Medien liefern, und die Abkehr von einem Literaturbegriff, dem es auf den Transport von Wertbegriffen und moralischen Anweisungen ankommt. Diese Distanzierungen erfolgen nicht polemisch, sondern produktiv (durch die Verwandlung von Polemik in Poesie) in den Bänden *Gedichtgedichte* (1973), *Höricht* (1975) und *Fleischeslust* (1976). Die Stimmung ist in allen drei Büchern die einer lustvollen Destruktion, einer, wenn man so will, *Umwortung* der Worte. Der dunkle biographische Grund tritt hinter den Scherzen eines freien Sprachgeists zurück.

Die *Gedichtgedichte* (so der Klappentext) »beschreiben Gedichte und was, was in Gedichten beschrieben wird. Die Gedichte, die die Gedichtgedichte beschreiben, gibt es nur in ihrer Beschreibung durch die Gedichtgedichte, also gibt es auch das Dialektgedicht und das fleischfressende Gedicht, das Druckfehlergedicht und das Fröstelgedicht, das Traumgedicht, das Geburtstagsgedicht und das Gedicht mit der fließenden Form, nur das Entziehungsgedicht entzieht sich sätzelang der Beschreibung.« Man merkt, Pastior ist kein Parodist, der ältere oder neuere Muster zur Zielscheibe seines Witzes und Spottes machte. Er zielt vielmehr tiefer: auf die Anfälligkeit des Gedichts für Paraphrase und verkürzende Deutung, auf die Nacherzählbarkeit der Inhalte und die Beckmesserei der Interpreten. Man begreift, daß das *Entziehungsgedicht* dem Ideal der Pastiorschen Poesie schon recht nahekommt – mit der Einschränkung, daß die zum Programm erhobene Negativität doch auch Programm und positiv ist. Die Beschreibung macht das Gedicht wieder dingfest und überliefert es der Festlegung – der *Festnahme*, wenn der polizeiliche Ausdruck verziehen wird. Der Eingangssatz »das entziehungsgedicht entzieht sich der beschreibung« mündet folgerichtig und virtuos entwickelt in die unausweichliche Einsicht: »wir gewinnen durch extrapolierung die nackte BESCHREIBBARKEIT die halten wir fest wir sind zwar noch immer im zeitpunkt in dem wir so tun als unterließen wir die beschreibung doch arbeiten wir bereits mit der beschreibbarkeit das ist viel wert.«

Lassen wir offen, wieviel Ironie sich im Schluß verbirgt. Pastior verzichtet auf die Illusion, der Poesie *(seiner Poesie)* die

Beschreibung und die Beschreibbarkeit auszutreiben. Ihm kommt es mehr und mehr darauf an, die Frage der Beschreibbarkeit durch die Beschreibung von Dingen zu beantworten, die sich dem plumpen Zugriff entziehen. Er beschreibt *imaginäre Gegenstände*, die sich der Beschreibung deshalb entziehen können, weil jede Beschreibung nicht mehr oder minder präzise Paraphrase zu sein hat, sondern Zitat wäre: reine Wiederholung oder Verdoppelung des Textes. Das, zumindest, ist ihr Ideal. Und nur, weil auch die Gegenstände aus Sprache sich mit den Gegenständen der Welt berühren oder sich, wenn man so will, an ihnen verunreinigen, zu ihrem Glück verunreinigen!, kommt die Interpretation oder, besser vielleicht, die Übersetzung zu ihrem Recht.

Höricht macht die notwendige Unreinheit der Texte schon mit dem Titel deutlich, und der Untertitel präzisiert die Texte als *Sechzig Übertragungen aus einem Frequenzbereich* – aus dem Rauschen der Medien und der alltäglichen Kommunikation. »... sage, du habest es rauschen gehört«, diese Maxime gilt auch dort, wo der Höricht wie Kehricht klingt. Aus ihm war zu übertragen wie aus einer fremden, schwer zugänglichen Sprache.

In einem der *Höricht*-Texte fragt Pastior ausdrücklich nach der Übersetzbarkeit: »Was aber ist die Übersetzbarkeit? Sie ist einleuchtend. Sie ist so einleuchtend, daß der Fuhrmann sie dem jüngsten Sohn abnimmt und ohne Schwierigkeit durchs zwanzigste Jahrhundert vehikuliert. Sie ist ein Hoffnungsschimmer, den Worte an sich haben, die Politik machen, indem sie ihr heimleuchten. Der Kürbis wird von innen erhellt, eine Fuhre Illumination. Wir erweisen Denkanstößen die Reverenz, indem wir sie anstößig übersetzen.«

Der Leser muß selbst übertragen, ehe er erleuchtet wird. Ihm geht auf, daß von Walter Benjamin gehandelt wird, vom Begriff der Illumination, dem Zusammenhang von Sprache, Politik und Utopie, vor allem aber von Übersetzung und Übersetzbarkeit, wie es der Essay *Die Aufgabe des Übersetzers* exponiert. Benjamin »leuchtet ein«, daß Übersetzung nichts für das Original bedeutet, aber doch für sein Fortleben, sein Überleben. Und für das »gewaltige und einzige Vermögen der Übersetzung« hält

Benjamin ihre Fähigkeit, die übersetzten sprachlichen Gebilde von ihrem »schweren und fremden Sinn« zu entbinden und das »Symbolisierende zum Symbolisierten selbst zu machen«. In dieser »*reinen Sprache*« – so Benjamin – treffe endlich »alle Mitteilung, aller Sinn und alle Intention auf eine Schicht, in der sie zu erlöschen bestimmt sind«. Man darf annehmen, daß hier auch Pastiors Sprachutopie getroffen ist: Übersetzung des Hörichts nicht in Sinn, sondern in seine reine Abwesenheit.

Daher gehören auch hermetische Techniken in diese Transponierungsarbeit; so die Verschlüsselung Benjamins zum »jüngsten Sohn« oder, apokrypher noch und nur durch Befragung des Autors eruierbar, die Anspielung auf einen Bukarester Freund Pastiors, der ihm nicht nur Fuhrmann war, sondern auch so heißt. Auch dies ein Versteckspiel à la Benjamin, Reverenz und wahrhaft »anstößige« Übersetzung.

Mit *Fleischeslust* gewinnt Pastior eine neue Dimension der Freiheit. Die Anstrengung des Begriffs weicht dem lustvollen Begreifen sprachlicher Objekte. Der Autor läßt sich von der Sprache foppen und foppt den Leser dazu. Hatte man nicht falsche Erwartungen angesichts des fleischrosa Pappbands? Hat man sich nicht einfach verlesen? Oder hat bloß der Autor *Fleisch* in *Fleiß* übersetzt? So beginnt das Buch: »Fleißeslust und Geistesblust, die zwei abartigen Brüder der Köchin, treffen sich auf dem Ku-Damm. Fleißeslust ist willig und stark, Geistesblust wach, doch schwer von Begriff. Fleißeslust erzählt ein starkes Ding. Geistesblust faßt sich an den Kopf. Fleißeslust zückt ein Foto, auf dem ein anständiger Arbeitsplatz in unanständiger Position dargestellt ist. Beide schnalzen sie. Hierauf verführt Geistesblust Fleißeslust mir nichts dir nichts zu einem ausschweifenden Geistesfleiß (...)«

Und den Leser womöglich auch.

V

... beschäftigt, den Spielraum zu verkleinern und die Regeln zu erweitern.
O. P.

Solang ein Werk noch nicht seine eigene Logik angenommen hat, ist es kein Werk. Hat es aber jene Logik gewonnen, setzt der Prozeß methodischer Engführung ein und führt entweder zur Erstickung oder zu einer neuen Atemwende. Der Rekurs auf Celan ist kein Zufall; und das nicht wegen einiger biographischer Bezüge oder Berührungen in östlicher Folklore und Hölderlin-Zitierung. Frappierender sind schon Vergleichbarkeiten in der Technik: Wortspiel, Wortbrechung, Wortverstümmelung, oder in der Neigung zum Gebrauch älterer und entlegener Wörter oder in den Übernahmen aus anderen Sprachen – nur daß bei dem Jüngeren alles um eine Spur spielerischer, grotesker, heiterer ist. Der eigentliche Vergleichspunkt liegt in der Rigorosität, mit der auch Pastior die Engführung seiner Methoden betreibt und doch immer wieder die Freiheit des Machens gewinnt – eine Freiheit, die auch in der Vorurteilslosigkeit liegt, mit der Pastior Anregungen von Quirinus Kuhlmann bis zu Welemir Chlebnikow (den er gemäß dessen eigener Methode übersetzte) in seinen Texten verarbeitet.

Der krimgotische Fächer (1978) gibt sich so als Musterbuch eines persönlichen Synkretismus, der seine Quellen aufdeckt und zugleich verdunkelt. Der Spannweite des Titels entsprechend wird ein Sprachraum zwischen Ungarisch, Rumänisch (mit türkischen Resten), Küchengriechisch und Schullatein, Mittelhochdeutsch und gewöhnlichem Deutsch österreichischer Prägung, Russisch, Französisch und Englisch aufgefächert und in irritierende Schwingung versetzt, so daß in brodelnden Gleichklängen und Ähnlichkeiten die Wörter und ihre Bedeutungen verschwimmen. Um beim Bild vom Wasser zu bleiben: Es entsteht ein Sprachkatarakt, dessen Tosen nur die Dekodierung von Einzelheiten zuläßt – eine löcherige Botschaft, die im Hören (und Pastior ist ein faszinierter und faszinierender Vorleser) dennoch den Eindruck einer Ganzheit erzeugt. *The medium is the message.* Oder: *The medium is the massage.* Die Texte dürfen deshalb auch wieder wie *Lieder und Balladen* klingen (so der Untertitel), wenn sie sich derart von aller Konvention entfernen. Faszinierend etwa die *Ballade vom defekten Kabel*:

Adafactas
Cowlbl
Ed rumplnz kataraktasch-lych
Uotrfawls
aachabrawnkts Brambl
aachr dohts ...

Schlochtehz ihm
schlochtehz ihm
ehs klaren Zohn
(...)

Schon dieser Anfang zeigt, daß das Kabel so defekt nicht ist, um nicht die »Fakten« von der Passion des »Kalbs«, im »stämmigen« (?) (brawn = Muskel, Stärke, Preßkopf) »Dornbusch« passieren zu lassen – *passieren* im Doppelsinn von Vermitteln und von Geschehen. Sowohl der Aufruf zur Schlachtung wie – später – die Klage ums Kalb Gottes werden vernehmbar: »Cowlbl o Cowlbl wotä / Cowlbl-gotz«. Oder ist es nicht vielmehr die Klage ums Kabel Gottes: die Sprache, die so defekt ist?

Dieser Sprachsynkretismus, bei reduziertem Spielraum und erweiterten Regeln, wirft die Frage nach dem Eigenen Oskar Pastiors auf. Das »Krimgotische« als Analogie zu bestimmten Techniken Joyces oder Chlebnikows konnte auch nur eine Sprache auf Zeit sein, Durchgang zur Engführung. »TAS ILLUSIUN / statisfiziert / die mengliche Schraufe / läumstens / kollekt« – was so als Gedicht beginnt, räumt mit der »Illusion« eines feststellbaren Sammelns und Begreifens auf – was immer die einzelnen Vokabeln »Krimgotisch« auch bedeuten mögen. Ist die Frage nach dem Eigenen bei Pastior nicht bloß die Frage nach einer Privatsprache im Sinne Wittgensteins?

Es gibt das »eigene« Werk sowenig wie die »reine« Sprache. Was wir an einem poetischen Gebilde »eigen« nennen, ist so eigen und eigentümlich wie jenes mißgestaltete Kind dämonischer Wesen, das diese im Wochenbett gegen ein neugeborenes Menschenkind ausgetauscht haben: ein *Wechselbalg*. Das ist auch der Titel von Pastiors bisher letztem Band (1980). Nimmt man ihn ernst, so haben wir mit den koboldhaften, dämonischen Produkten vorliebzunehmen, die uns ein anonymer Sprachgeist anstelle der entführten (imaginären? nichtexistenten?) »eigenen« Geschöpfe in die Wiege legt. *Wechselbalg* ist ein Votum gegen die Originalitätssucht, freilich ein besonders originelles. Denn auch die Wechselbälger haben etwas mit dem zu tun, der sie in *seiner* Wiege vorfindet. In ihren Verzerrungen entsprechen sie (umgekehrt proportional) den reinen Gebilden, die unmöglich sind. Sicherheit gibt es freilich auch hier nicht, und ein Selbstmißtrauen verläßt den Autor nicht:

> Resopal = Jupiter
> : das kann nicht sein – nein, es darf auch nicht
> sein: es darf nicht sein was nicht sein kann und
> kann nicht sein was nicht sein darf: das muß ein
>
> Täuschmanöver sein: kann sein kann sein: doch
> muß nicht sein: oh Schlüsseldienst – was darf
> es heute wieder sein?; Atoll = Catull = Pupille?

Der Interpret – als »Schlüsseldienst« – erklärt sich unzuständig; er zitiert nur des Autors spätere Frage: »kann es auch ein Irrtum sein?« Aber dieser Frage geht das poetische Staunen voraus: »es muß was Wun- / /derbares sein, ein es zu sein; das kann mal dies / mal jenes sein« – und auf dieses Staunen kommt es an.

Auch der Wechselbalg, sagte ich, paßt zu seinem Empfänger. Und wenn man nun endlich Paradoxie und Versteckspiel des Artisten außer acht läßt, kann man auch sagen: In diesem Buch kommt das Eigentümliche des Dichters Oskar Pastior besonders deutlich zum Ausdruck. Im Gemenge einer wechselbalghaften Nonsenselogik tauchen die Zeilen eines sehr persönlichen und elegischen Charakters auf – Sätze über das Leben, die in all ihren grotesken Zügen den Gestus großen Ernstes haben:

> Angesprochen auf seinen Ernst, schäumt das Leben hoch und
> gewaltig waagrecht, denn alles andere ist unernst. Platt
> und unseriös die toten Sprachen, das anorganische Flick-

werk – lächerliche Gen-Konstruktionen. Hingegen das Hoch-
Schäumende, das Waagrecht-Krause, das tief sich Spaltende,
der Ernst. Er ist des Lebens. Alles andere des Todes, des

Ringsherumigen, der Hilfsmarotten, stoffnäsig und hochmütig
(...)
... Angesprochen auf seinen Sinn
klumpt sich das Leben gewaltig...

Dieser Klumpen Leben, der Sinn nicht hergeben will, ist dem Dichter immerwährender Anstoß. Aber er sucht nach Sinn, auch wenn er es leugnet, sooft er sich an die Sprache wendet. Zum andern aber nimmt er die Sprache zu ernst, um ihr einen Sinn zu entreißen, der nicht in ihr wohnen kann; allenfalls im Leben. Und das Leben nimmt er zu ernst, um dort – mit seinen Worten – einen Sinn zu »statisfizieren«, der doch nur »Illusiun« heißen dürfte.

Oskar Pastior verweigert sich so den einfachen Gegensätzen, die Sinn und Unsinn, Leben und Geist, Leben und Tod handhabbar machen wollen. Deshalb schreibt er seine Dreizeiler prosahaft und ungereimt, für die es keine Auflösung gibt, um sie auch optisch, wie er sagt, »gegen diese bipolare Art des Denkens und Sprechens, aus der wir ja nicht herauskommen können«, zu gebrauchen. Er geht seinen »Einweg – eine schwere Anmut«; und doch bleibt ihm in Exil und Diaspora, im Rauschen der Vokabeln und am Rand des Denkens so etwas wie Sicherheit. Oskar Pastior drückt das in Sätzen aus, die unerwarteter Klartext sind, vielleicht weil sie die einzige tragende Gewißheit umkreisen:

Am Rande des Denkens, solange du denkst, liegst du
in Sätzen an Sätzen, noch kann dich keiner über den

Rand verstoßen, den du nicht denkst, seltsam, du
bist nur in Sätzen in Sicherheit, die dich wiegt,
und nur in Sätzen in Freiheit, aber in welcher.

ANHANG

Notizen im Glashaus
(Über) Lyrik schreiben

Alles will dichten, meinte Benn. Aber man wird nicht zum Lyriker, wenn man *ein* Gedicht geschrieben hat. Lyriker, das ist etwas wie Techniker, Chemiker; man muß dabei bleiben. Doch »mein erstes Gedicht«, das ist wie »meine erste Zigarette«, »mein erster Kuß«.

In meinem ersten Gedicht kamen *Unken* vor. Ich wußte nicht, was Unken sind, aber sie waren nötig, damit dies Gedicht zustande kam. Ich brauchte einen Reim auf *versunken*. Versunken – wie sollte es anders sein – war die Sonne. Im Weltbild des Lyrikers wie des Normalmenschen versinkt sie noch immer; also hätte das Gedicht meiner Mutter, der ich es zeigte, eigentlich gefallen müssen. Aber es gefiel ihr nicht, sie sagte: »Das hast du gestohlen« – und meinte: Das hast du irgendwo abgeschrieben, in unserer Familie gibt es niemand, der dichtet.

Die Szene: eine Mansarde, Holztisch, zwei Stühle, zwei eiserne Krankenhausbetten, Sommer 1945 aus einem auf Grund gesetzten Lastkahn im Rhein-Herne-Kanal gefischt. Der Vater kommt in der Szene nicht vor, ist noch nicht aus der Kriegsgefangenschaft zurück oder einfach nicht nötig. Die Mutter als erstes Publikum, zugleich kritische Instanz. Und gleich auch die schmerzliche Erfahrung des (jungen) Lyrikers: Er fühlt sich zurückgeworfen, zurück auf sich selbst, zurück auf die Sprache; er ist allein mit den Wörtern – *und das ist wirklich allein*. Er wird aufgeben, oder er wird weitermachen. Er hat – in diesem Fall – weitergemacht, obwohl die Bedingungen sich nicht grundsätzlich geändert haben. Er hält sich die Wunde offen; wie jener Mann, der einen faulenden Zahn benötigte, um sich am Leben zu fühlen.

Ich habe über diese Erfahrung später, 1974, ein Gedicht gemacht. Es heißt nach dem *Ort*:

AUGUSTASTRASSE

Dachbodendämmer –
zur Mansarde die
  Tür ist halb geöffnet:
Ich seh mich dreizehnjährig

mit dem braunen Krug
the little brown jug
  zum Wasserkran gehen
höre während das Wasser

dreimal überfließt
flüstern *Im Namen*
  des – (wie im Unterricht
wo steif das Glied die andern

lachten der Pfarrer
sprach von dem was bös
  und heilig sei zugleich)
flüstern hör ich Vokabeln

und *You remember*
we decided to
  come to this lovely
place (wo Mädchen am Strand)

Zwischen den Zeilen
rauschte auf das Meer
  kochte in der Brandung
der Brand die nackten Körper

schwer zu entziffern
Der Finger verirrt
  in der Maserung der
Platte kehrte zum Körper

zurück erpreßte
den Mund die andern
  Vokabeln zu flüstern
etwas bei dem sich *Unken*

auf *Versunkene*
Sonne reimte. Das
  hast du gestohlen! Wie
recht seine Mutter hatte.

Der spärliche Schein
genügt, im Dämmer
    des Dachbodens die Tür
ist noch offen. Ich kann es

sehen ich sehe
den Jungen nicht mehr
    ich sehe den Ort, es
gibt den Ort und für jeden.

Das Folgende ist keine Selbstinterpretation, kein Kommentar. Was das Gedicht sagt, unterscheidet sich in mehr als einem Betracht von jeder Umschreibung oder Analyse. Der späte Blick auf Dachboden und Kammer erfaßt ein Situationsgeflecht, das ich nur benennen, nicht aufdröseln kann: das dumpfe Ineinander von Angst und Lust, Geschlecht und Moral, das Glücksversprechen, vermittelt in einer erst zu erlernenden Sprache (die man wie die Sexualität zu erlernen hatte), das nie gesehene Meer, orgiastische Verheißung, und die suchende Bewegung von Finger oder Hand, die etwas vom Körper will und ihn zu Worten erpreßt – Vokabeln immer noch, fremden Wörtern.

Wichtig, wichtig fürs Gedicht, wichtig für die Lyrik, die ich schreibe, scheint mir der *Ort*: »Ich sehe den Ort, es / gibt den Ort und für jeden.«

Vieles, was ich als Gedicht schreibe, hat mit Orten zu tun; mit ihrer sinnlichen Realität, mehr noch mit ihrem geheimen, verborgenen Sinn. Ihn kann ich nicht anders fassen als in einer vokabulären und rhythmischen Umkreisung. Dieser Ort, den es gibt, ist zugleich sein eigener Nicht-Ort, an den das Gedicht gelangen möchte. Und so, meine ich, ist solch ein persönlicher Ort ein Ort »für jeden«.

Bin ich nicht zu schnell bei den großen Worten angekommen? Ich wollte doch nur von diesem Ort sprechen, vom dämmerigen Dachboden, von der Dachkammer, in der ein Dreizehnjähriger sein erstes Gedicht schreibt und damit etwas tut, was ihn seine momentanen Schwierigkeiten fühlen läßt, aber auch etwas, das sie auf-hebt, leicht macht, auf-bewahrt. Natürlich hatte die Mutter recht: Wer schreibt, schreibt erst einmal ab. Er bezieht sich auf Vorformuliertes, arbeitet mit Versatzstücken, kurz: er folgt einer

Tradition. Wer sich unabhängig dünkt, erliegt ihr um so eher. – Die Vorbilder sind wohl zu Anfang besonders verschieden, ja heterogen. Später werden die benötigten Wahlverwandtschaften deutlicher, fast immer schreibt man lange im Sog der Vorgänger. Aber man lernt etwas vom Handwerk: Enjambement und Reimhäufung bei Rilke, den fallenden Sound und Substantivstil (bevorzugt Fremdwörter) bei Benn, die düsteren Farbadjektive bei Trakl – oder aber (wer kennt ihn noch?) Weinhebers Exerzitien mit klassischen Odenstrophen. Später begreift man, daß man damit nur das Gröbste, das Äußerlichste gelernt hat – genau das, das einen als Epigonen ausweist. An diesem Punkt geben viele auf.

Wer dennoch weitermacht, fragt nach dem Eigenen hinter all den fingerfertigen Etüden. Hinter der dicken Milchglasscheibe fremder Sprache bewegt sich manchmal ein Schemen. Das bin ich. Bin ich das?

Ich will noch werden. *Ich*: der eigene Lebensstoff, die Kindheit, die Liebe, die Ehe, die Umwelt. Die Probleme, die man bisher literarisierte, versifizierte, waren Scheinprobleme, Vorwände – Vorwände, für was, *Larvatus prodeo*. Aber irgendwann kommt man mit dieser Larve nicht mehr weiter – ist das nicht der Augenblick, in dem das Gesicht hinter der Maske sich zu erkennen geben will?

Das gewöhnliche Licht. In diesem Licht beginnt man direkter zu schreiben, einfacher, nüchterner. Lyrik kann eine *nüchterne* Wahrheit haben. Der englische Lyriker Philip Larkin hat sein Festhalten an dieser Wahrheit einmal so begründet: »Ich glaube, ich versuche immer, die Wahrheit zu schreiben, und würde kein Gedicht schreiben wollen, das nahelegt, daß ich ein anderer bin als der, der ich bin... Nehmen Sie zum Beispiel Liebesgedichte. Ich würde es als falsch empfinden, ein Gedicht zu schreiben, das vor Liebe für irgend jemand überschäumt, wenn man nicht gleichzeitig die angedichtete Person heiratet und mit ihr einen Hausstand gründet.« Michael Hamburger, der das in seinem Buch *The Truth of Poetry* (deutsch als *Die Dialektik der modernen Lyrik* erschienen) zitiert, spricht von einer »ernsten Beschränkung«, die der Dichter sich selbst und seinem Gedicht auferlegt. Nicht die Kunst entscheidet über das Leben, sondern das Leben über die Kunst. Und man muß sich dazu noch sagen, daß sich hinter dem Vorsatz zur Wahrheit eine Lüge verbergen kann, die besonders schwer zu fassen ist. Aber in die vorige Illusion kommt man auch nicht mehr zurück: »Dieses gewöhnliche Licht / ist es Täuschung Erwachsensein Tod?« Das Gedicht läßt es offen.

Mich hat immer Ungarettis Wort bewegt, der Ehrgeiz des Dichters sei seine *schöne Biographie*: »Dieses Buch«, so schreibt Ungaretti im Vorwort zu *L'Allegria*, »ist ein Tagebuch. Der Autor hat keinen anderen Ehrgeiz (...) als eine eigene schöne Biographie zu hinterlassen. Die Gedichte sind daher seine formalen Qualen, aber er wünscht ein für allemal begreiflich zu machen, daß die Form ihn bloß quält, weil er von ihr fordert, daß sie den Veränderungen seines Sinns, seines Gemüts entspreche, und wenn er irgendeinen Fortschritt als Künstler gemacht hat, so möchte er, daß dies nichts anderes bedeute, als daß er auch einige Vollkommenheit als Mensch erreicht hat.«

Noch ein Wort zu den *formalen Qualen*. Hürdenlaufen und Tanzen sind ja auch keine normalen und alltäglichen Bewegungen. Wie sollten es Verse sein? Prosa geht *prorsus*, geradeaus. Der Vers schlägt Haken, macht Wendungen – wie der Pflug am Ende der Ackerzeile:

Auf den Äckern von O.
sah ich wie der Hase lief
Haken schlagend wie Hegel
aus Angst vor dem Pfeffer
aber lebendig.

So die ersten Zeilen meines ersten Gedichtbandes. Aber wie können sich Verse bewegen, die weder Tanz und Gesang noch strikte Prosa sein wollen?

Muß ich erklären, warum ich von der Prosa ausgehe? Was ich auch sage, es wird mich verraten (und Dichten selber *ist* ja Verrat). Sage ich Understatement, gebe ich zu, daß ich große Worte, Donnerworte, machen möchte. Sage ich Nüchternheit, rede ich wie jemand, der fürchtet, beim Trinken aus der Rolle zu fallen. Ich sage also Prosa und meine nicht bloß die Prosa des Lebens, von der Hegel sprach. Ich möchte sprechen, nicht singen. Mich interessiert der Punkt, an dem Prosa in Poesie übergeht. Das geschieht durch kleinere oder größere Veränderungen, Verdrehungen, wenn man will, Verspannungen, *Torsionen*, etwa schon dadurch, daß ich einen Prosasatz zeilenweise breche: »Der Schweizer hat sein Gewehr / im Schrank« oder »Ist Denken Schwimmen dann / kann man keiner Sache / auf den Grund gehen«. Der Prosasatz, er läuft ja ungebrochen, unaufhaltsam auf ein Ziel zu. Ich glaube nicht an Ziele, ich raube ihm seinen Zielcharakter, indem ich zögere, umwende, abbreche, wie wir es auch im Sprechen tun, wenn unsere Aufmerksamkeit abgelenkt ist, oder besser: durch etwas Untergründiges, Vorsprachliches affiziert. Im Gedicht verliere ich so den augenscheinlichen, offenliegenden Gegenstand aus den Augen. Im Verändern und Umwenden bildet sich ein neuer Gegenstand, ein mir fremder, neuer. Beim Schreiben – so hat jemand gesagt – erfahre ich etwas, von dem ich nicht wußte, daß ich es wußte.

Was mich an dem alten Form-Inhalt-Problem interessiert, ist nicht die Frage nach der Identität, sondern das Problem der Divergenz: also Reibung, Störung, Auseinanderklaffen. Weniger die Brüche als die Risse. Etwas Willkür darf bei alledem im Spiel sein. Ein Raster, dem sich entwickelnden Text aufgeprägt, ihn lenkend, bestimmend, irritierend bewahrt vor Harmonisierung. Ich habe lange Zeit Raster bevorzugt, die nicht einmal hörbar sein müssen: etwa bestimmte Zeilenlängen und Silbenzahlen. Ein silbenzählender Vers hat ja rhythmische Möglichkeiten, die der metrisch festgelegte nicht besitzt: Er kann rhythmisch straff, ja starr sein, aber auch kolloquial-entspannt. Auch Regeln, die verborgen sind oder nicht wahrgenommen werden, sind ja Regeln: Sie schaffen Bedingungen, unter denen die Spannung steigt, die Torsion aber zugleich den Anschein von Natürlichkeit behält. Zuviel Hindernisse verlangen allzu kunstvolle Sprünge. Ich denke lieber an einen leichten Taumelschritt oder ans Sackhüpfen – eine Kindheitsszene:

... und dann ist die Reihe
zu hüpfen schon an ihm und im
 Sack wie die andern

Kinder hüpft er und fällt und spürt
Gras oder Haar: bleibt im Gefühl
Jahre liegen oder geht als
    Fremder vorüber.

Anmerkungen

Tendenzen

»Pop« und »Postmoderne« im Gedicht

1 Th. W. Adorno, *Dissonanzen*, 2. Aufl., Göttingen 1958, S. 121.
2 H. M. Enzensberger, *Einzelheiten*, Frankfurt a. M. 1962, S. 314.
3 K. H. Bohrer, *Die gefährdete Phantasie oder Surrealismus und Terror*, München 1970, S. 45 f.
4 H. Hartung, *Antigrammatische Poetik und Poesie*, in: *Neue Rundschau 79/1968*, S. 480–494.
5 H. Heißenbüttel / H. Vormweg, *Briefwechsel über Literatur*, Neuwied 1969, S. 65.
6 H. Marcuse, *Versuch über die Befreiung*, Frankfurt a. M. 1969, S. 41.
7 *agitprop. Lyrik, Thesen, Berichte*, Hamburg 1969, S. 195.
8 H. M. Enzensberger, *Gedichte 1955–1970*, Frankfurt a. M. 1970, S. 162.
9 H. C. Artmann, *Das suchen nach dem gestrigen tag*, Olten 1964 (Neuausg. Slg. Luchterhand, S. 44).
10 *Christ und Welt*, 13. 9. 1968 und 20. 9. 1968.
11 L. A. Fiedler, *Die Rückkehr des verschwundenen Amerikaners*, Frankfurt a. M. 1970, S. 217.
12 Vgl. J. Hermand, *Pop oder die These vom Ende der Kunst*, in: *Die deutsche Literatur der Gegenwart*, hrsg. von M. Durzak, Stuttgart 1971.
13 Vgl. N. Frye, *Anatomy of Criticism*, Princeton 1957; dt. *Analyse der Literaturkritik*, Stuttgart 1964. In der dt. Fassung wird der Begriff wiedergegeben als »niedrig-mimetische Form« im Gegensatz zur »hoch-mimetischen«.
14 *Silver Screen. Neue amerikanische Lyrik*, hrsg. von R. D. Brinkmann, Köln 1969, S. 26.
15 Frank O'Hara, *Lunch Poems*, übers. von R. D. Brinkmann, Köln 1969, S. 6 f.
16 R. D. Brinkmann, *Die Piloten*, Köln 1968, S. 7.
17 *Acid. Neue amerikanische Szene*, hrsg. von R. D. Brinkmann und R. R. Rygulla, Darmstadt 1969, S. 31.
18 *Der Film in Worten*, in: *Acid*, a. a. O., S. 384.
19 *Notizen 1969 zu amerikanischen Gedichten*, in: *Silver Screen*, a. a. O., S. 8.

20 *Acid*, a. a. O., S. 388.
21 R. D. Brinkmann, *Gras*, Köln 1970, S. 13.
22 Ebd., S. 14.
23 *Die Piloten*, a. a. O., S. 40.
24 Vgl. zum Komplex der bildnerischen Pop-art J. Wissmann, *Pop-art oder die Realität als Kunstwerk*, in: *Poetik und Hermeneutik*, hrsg. von H. R. Jauß, Bd. 3, München 1968.
25 *Die Piloten*, a. a. O., S. 8.
26 Ebd., S. 58f.
27 K. H. Bohrer, *Der Lauf des Freitag. Die lädierte Utopie und die Dichter*, München 1973, S. 46.
28 Ebd.
29 *Die Piloten*, a. a. O., S. 113.
30 G. Herburger, *Training*, Neuwied / Berlin 1969, S. 34.
31 Die »Verzierungsrippen« des Diaapparats dürften Ventilationsschlitze sein – ein Versehen des Autors oder das seiner Figur?
32 *Training*, a. a. O., S. 16.
33 J. Becker, *Schnee*, Berlin 1971, S. 29.
34 J. Becker, *Umgebungen*, Frankfurt a. M. 1970, S. 113.
35 *Umgebungen*, a. a. O., S. 115.
36 *Ausstellungskatalog des Moderna Museet*, Stockholm 1967.
37 *Umgebungen*, a. a. O., S. 115.
38 N. Born, *Das Auge des Entdeckers*, Hamburg 1972, S. 45.
39 Ebd., S. 112–114.
40 W. C. Williams, *Gedichte*, Frankfurt a. M. 1962, S. 66f.

Eindimensionale Poesie – Zur Lyrik der neuen Subjektivität

1 P. Handke, *Das Gewicht der Welt*, Salzburg 1977, S. 34.
2 H. Heißenbüttel / H. Vormweg, *Briefwechsel über Literatur*, Berlin / Neuwied 1969, S. 65.
3 H. D. Zimmermann, *Die mangelhafte Subjektivität*, in: *Akzente* 3 / 1977, S. 284.
4 R. D. Brinkmann, *Westwärts 1 & 2*, Reinbek 1975, S. 9.
5 R. D. Brinkmann, *Die Piloten*, Köln 1968, S. 7.
6 R. D. Brinkmann, *Ein unkontrolliertes Nachwort zu meinen Gedichten*, in: *Literaturmagazin 5*, Reinbek 1976, S. 235.
7 Ebd., S. 234.
8 D. Wellershoff, *Destruktion als Befreiungsversuch*, in: *Akzente* 3 / 1976, S. 284.
9 J. Drews, *Selbsterfahrung und Neue Subjektivität in der Lyrik*, in: *Akzente* 1 / 1977, S. 91f.
10 J. Theobaldy, *Literaturkritik, astrologisch*, in: *Akzente* 2 / 1977, S. 189.
11 Ebd., S. 190.
12 L. Fischer, *Vom Beweis der Güte des Puddings*, in: *Akzente* 4 / 1977, S. 373.

13 Ebd., S. 376.
14 J. Drews, a. a. O., S. 92.
15 H. D. Zimmermann, a. a. O., S. 287.
16 P. M. Stephan, *Das Gedicht in der Marktlücke*, in: *Akzente* 6 / 1977, S. 496.
17 Ch. Derschau, *Den Kopf voll Suff und Kino*, Gersthofen 1976 (Umschlag).
18 Ebd., S. 32.
19 Ebd., S. 101.
20 G. Schramm, *Meine Lust ist größer als mein Schmerz*, München/Zürich 1975, S. 82.
21 Ebd., S. 98.
22 N. Born, *Gedichte*, Reinbek 1978, S. 101.
23 *Und ich bewege mich doch... Gedichte vor und nach 1968*, hrsg. von J. Theobaldy, München 1977, S. 53.
24 J. Theobaldy, *Zweiter Klasse*, Berlin 1976, S. 19.
25 *Und ich bewege mich doch...* a. a. O., S. 221.
26 Ebd., S. 54, 56, 95, 118.
27 N. Born, a. a. O., S. 117.
28 N. Born, *Marktlage*, Köln 1967 (Umschlag).
29 *Literaturmagazin* 5, S. 234f.
30 J. Theobaldy, *Das Gedicht im Handgemenge*, in: *Literaturmagazin* 4, S. 70.
31 H. Gnüg, *Was heißt ›neue Subjektivität‹?*, in: *Merkur* 356 / 1978, S. 74.
32 J. Theobaldy / G. Zürcher, *Veränderung der Lyrik. Über westdeutsche Gedichte seit 1965*, München 1976, S. 141.

Warten auf das lange Gedicht

1 W. Höllerer, *Thesen zum langen Gedicht*, in: *Akzente* 2 / 1965. Vgl. auch *Was alles hat Platz in einem Gedicht*, hrsg. von H. Bender und M. Krüger, München 1977, mit weiteren Beiträgen zum Thema.
2 Vgl. W. Höllerer, *Theorie der modernen Lyrik*, Reinbek 1965, S. 13.
3 L. Gustafsson, *Beobachtungen an Gedichten*, in: *Sprache im technischen Zeitalter* 31 / 1969.
4 P. Imhasly, *Widerpart oder Fuga mit Orgelpunkt vom Schnee*, Zürich / Frankfurt 1979.
5 P. Wühr, *Rede. Ein Gedicht*, München 1979.
6 Vgl. I. Bachmann, *Anrufung des großen Bären*, München 1956.
7 U. Krechel, *Rohschnitt. Gedicht in sechzig Sequenzen*, Darmstadt / Neuwied 1983.
8 H. M. Enzensberger, *Der Untergang der Titanic. Eine Komödie*, Frankfurt a. M. 1978.
9 H.-Th. Lehmann, *Eisberg und Spiegelkunst*, in: *Hans Magnus Enzensberger*, hrsg. von R. Grimm, Frankfurt a. M. 1984, S. 331.
10 M. Rutschky, *Erfahrungshunger*, Köln 1980, S. 52

Wiederkehr der Formen

1 *Sonett – oder auch nicht* und *Terzinen, blauäugig*, in: *Merkur* 395, April 1981, S. 399f.
2 *Zweizeiler Februar 81*, in: *Lyrikertreffen Münster* 27.–31. Mai 1981, S. 35.
3 B. Brecht, *Arbeitsjournal*, 5. 8. 1940.
4 J. Drews, *Nach der ›Neuen Sensibilität‹*, in: *Lyrik von allen Seiten*, hrsg. von L. Jordan, A. Marquardt und W. Woesler, Frankfurt a. M. 1981, S. 167.
5 Zit. nach L. Gustafsson, *Beobachtungen an Gedichten*, in: *Sprache im technischen Zeitalter* 31 / 1969, S. 247.
6 G. Jappe, *Ende der Avantgarde? Nein danke*, in: *Merkur* 395, April 1981, S. 350f.
7 J. Theobaldy, *Drinks. Gedichte aus Rom*, Heidelberg 1979, S. 43.
8 L. Greve, *Bei Tag. Neue Gedichte*, Stuttgart 1974, S. 7.
9 L. Greve, *Warum schreibe ich anders?*, in: *NDH* 166 / 1980, S. 334f.
10 D. Leisegang, *Aus privaten Gründen. Gedichte, Aphorismen*, Frankfurt a. M. 1973, S. 81.
11 Ebd., S. 68.
12 Ebd., S. 75.
13 Peter Ruedi, in: *Die Weltwoche*, 5. 12. 1979. Zit. nach: *Fischer Almanach der Literaturkritik 1979*, Frankfurt a. M. 1980, S. 49.
14 H. Burger, *Kirchberger Idyllen*, Frankfurt a. M. 1980, S. 7.
15 Ebd., S. 80.

Die Generation Volker Brauns – Lyrik in der DDR seit 1962

1 G. Deicke, *Auftritt einer neuen Generation*, in: *Liebes- und andere Erklärungen*, hrsg. von A. Voigtländer, Berlin / Weimar 1972, S. 37.
2 B. v. Kügelgen, *Nach einem Abend*, in: *Sonntag* Nr. 1 (6. 1. 1963).
3 *NDL* 11 / 1963, S. 99.
4 M. Lange, *Die große Verpflichtung aller Künste*, in: *ND* Nr. 120 (2. 5. 1969).
5 G. Kluge, *Die Rehabilitierung des Ich*, in: *Poesie und Politik*, hrsg. von W. Kuttenkeuler, Bonn 1973.
6 Th. W. Adorno, *Rede über Lyrik und Gesellschaft*, in: Th. W. A., *Noten zur Literatur (I)*, Frankfurt a. M. 1958, S. 75 und 80.
7 Kluge, a. a. O., S. 214.
8 Ebd., S. 233f.
9 V. Braun, *Provokation für mich*, Halle (Saale) 1965, S. 41.
10 Vgl. S. Schlenstedt, *Das WIR und ICH des Volker Braun*, in: *Positionen der DDR-Literaturwissenschaft*, Bd. 2, Kronberg 1974, S. 172.
11 V. Braun, *Wir und nicht sie*, Frankfurt a. M. 1970, S. 21.
12 Ebd., S. 56.
13 V. Braun, *Gedichte*, Leipzig 1972, S. 94.
14 Schlenstedt, a. a. O., S. 177.
15 Ebd., S. 161.

16 V. Braun, *Training des aufrechten Gangs*, Halle (Saale) 1979, S. 18.
17 V. Braun, *Wir und nicht sie*, a. a. O., S. 59.
18 *Saison für Lyrik*, Berlin/Weimar 1968, S. 105.
19 Ebd., S. 106.
20 *VI. Deutscher Schriftstellerkongreß*, Protokoll, Berlin/Weimar o. J. (1969), S. 232.
21 R. Weisbach, *Menschenbild, Dichter und Gedicht*, Berlin/Weimar 1972, S. 212.
22 *Saison für Lyrik*, a. a. O., S. 127. Das Gedicht fehlt in den Gedichtbänden Sarah Kirschs.
23 S. Kirsch, *Landaufenthalt*, Berlin/Weimar 1967, S. 25.
24 *Lyrik in dieser Zeit*, in: *NDL* 11/1968, S. 148.
25 I. v. Wangenheim, *Die Verschwörung der Musen*, in: *NDL* 5/1969, S. 17.
26 G. Lukács, *Deutsche Realisten des 19. Jahrhunderts*, Berlin (DDR) 1956, S. 15 f.
27 W. Ross, *Lyrische Stille 1968*, in: *Merkur* 242/1968, S. 545.
28 K. Mickel, *Vita nova mea – Mein neues Leben*, Berlin/Weimar 1966, S. 60.
29 G. Deicke, *Die Wolken*, Berlin (DDR) 1965, S. 43.
30 *NDL* 1/1970, S. 14.
31 A. Reimann, *Die neuen Leiden der jungen Lyrik*, in: *Sinn und Form* 2/1974, S. 439.
32 M. Franz, *Zur Geschichte der DDR-Lyrik, 3. Wege zur poetischen Konkretheit*, in: WB 6/1969, S. 1222.
33 H. Preißler, *Briefe an junge Lyriker*, in: *NDL* 3/1968, S. 76.
34 Vgl. M. Schmidt, *Prognostische Überlegungen und literarischer Nachwuchs*, in: *NDL* 3/1968, S. 11.
35 *NDL*-Gespräch mit R. Andert, in: *NDL* 6/1973, S. 78.
36 A. Reimann, *Leiden*, a. a. O., S. 447.
37 A. Endler/K. Mickel, *In diesem besseren Land*, Halle (Saale) 1966, S. 7.
38 H. Czechowski, *Es geht um die Realität des Gedichts*, in: *Sinn und Form* 24/1972, S. 898.
39 H. Koch, *Haltungen, Richtungen, Formen*, in: *Forum* 15, 16/1966.
40 K. Mickel, a. a. O., S. 14 f.
41 H. Koch, a. a. O.
42 K. Marx/F. Engels/W. I. Lenin, *Über Kultur, Ästhetik, Literatur*, Leipzig 1969, S. 52.
43 D. Schlenstedt, *Analyse*, in: *Forum* 12/1966.
44 H. Koch, a. a. O.
45 *VI. Deutscher Schriftstellerkongreß*, a. a. O., S. 52 und 232.
46 A. Endler, *Sarah Kirsch und ihre Kritiker*, in: *Sinn und Form* 27/1975, S. 170.
47 W. Girnus, *Nachbemerkung der Redaktion*, in: *Sinn und Form* 24/1975, S. 440.
48 M. Franz, *Diskussion um welchen Preis?*, in: *Sinn und Form* 24/1972, S. 888.
49 H. Czechowski, a. a. O., S. 899.
50 J. R. Becher, *Gesammelte Werke*, Bd. 13, Berlin/Weimar 1972, S. 65 f.

51 R. Kunze, *Über die Lyrik als dichterisches Heldendasein des Lyrikers und des Volkes*, in: *Fragen des lyrischen Schaffens*, Halle (Saale) 1960.
52 R. Kunze, *Zimmerlautstärke*, Frankfurt a. M. 1972, S. 65.
53 R. Kunze, *Sensible Wege*, Reinbek 1969, S. 35.
54 *NR* 2/1969, S. 240.
55 V. Braun, *Provokation...*, a. a. O., S. 50.
56 R. Kunze, *Wege...*, a. a. O., S. 19.
57 M. Franz, *DDR-Lyrik*, a. a. O., S. 1202f.
58 S. Kirsch, *Landaufenthalt*, a. a. O., S. 79f.
59 I. v. Wangenheim, a. a. O., S. 22.
60 *NDL* 2/1967, S. 23.
61 *NDL* 1/1970, S. 27.
62 *Saison für Lyrik*, a. a. O., S. 13.
63 K. Bartsch, *Die Lachmaschine*, Berlin 1971, S. 18.
64 *Lyrik der DDR*, hrsg. von U. Berger und G. Deicke., 5.,veränderte Aufl. Berlin/Weimar 1979, S. 347. Eine ältere Fassung in: V. Braun, *Wir und nicht sie*, a. a. O., S. 11.
65 R. Kirsch, *Auszog das Fürchten zu lernen*, Reinbek 1978, S. 219. Vgl. auch S. 220 und 229.
66 *NDL* 6/1973, S. 145f.
67 H. Czechowski, *Wasserfahrt*, Halle (Saale) 1967, S. 108. Vgl. zum Komplex Naturlyrik H. Hartung, *Neuere Naturlyrik in der DDR*, in: *Naturlyrik und Gesellschaft*, hrsg. von N. Mecklenburg, Stuttgart 1977.
68 S. Kirsch, *Landaufenthalt*, a. a. O., S. 73.
69 A. Reimann, *Die Weisheit des Fleisches*, Halle (Saale) 1975, S. 9.
70 M. Jendryschik, *Die Ebene*, Frankfurt a. M. 1980, S. 18.
71 *VI. Deutscher Schriftstellerkongreß*, a. a. O., S. 230ff.
72 H. Czechowski, *Schafe und Sterne*, Halle (Saale) 1974, S. 9f.
73 G. Kunert, *Im weiteren Fortgang*, München 1974, S. 11.
74 G. Kunert, *Das Bewußtsein des Gedichts*, in: *Akzente* 2/1970, S. 98.
75 G. Kunert, *Unterwegs nach Utopia*, München 1977, S. 88.
76 Vgl. B. Jentzsch, *Quartiermachen*, München 1978, S. 65, und K. Bartsch, *Kaderakte*, Reinbek 1979, S. 72.
77 M. Jendryschik, a. a. O., S. 11.
78 V. Braun, *Training*, a. a. O., S. 7.
79 *Vogelbühne. Gedichte im Dialog*, hrsg. von D. v. Törne, Berlin (DDR) 1983.

Beispiele

Eine Utopie der Worte – Zu einer Konstellation Eugen Gomringers

1 E. Gomringer, *worte sind schatten. die konstellationen 1951–1968*, Reinbek 1969, S. 277f.
2 Ebd., S. 298.

3 Ebd., S. 280.
4 Vgl. H. Hartung, *Experimentelle Literatur und konkrete Poesie*, Göttingen 1975, S. 40f.
5 E. Gomringer, *worte sind schatten*, a. a. O., S. 293.
6 Ebd., S. 297.
7 Ebd., S. 282.

Porträts

Proteus als Lyriker – Karl Krolows lyrisches Werk

Krolows Gedichte werden zitiert nach den *Gesammelten Gedichten*: Bd. 1 (Frankfurt a. M. 1965 = GG1), Bd. 2 (Frankfurt a. M. 1975 = GG II), Bd. 3 (Frankfurt/M. 1985 = GG III).

1 H. de Haas, *Der grüne und der weiße Gott*, in: *Über Karl Krolow*, hrsg. von W. H. Fritz, Frankfurt a. M. 1972 (=ÜK)
2 R. Hartung, *Ein leiser Revolutionär*, in: ÜK S. 105.
3 K. Krolow, *Ein Gedicht entsteht*, Frankfurt a. M. 1973, S. 9.
4 K. Krolow, *Intellektuelle Heiterkeit*, in: *Mein Gedicht ist mein Messer*, hrsg. von H. Bender, Heidelberg 1955, S. 60f.
5 P. Härtling, *Die zwei Krolows*, in: ÜK S. 87f.
6 H. Piontek, *Musterung eines Œuvres*, in: ÜK S. 90.
7 K. Krolow, *Ein Gedicht entsteht*, a. a. O., S. 15.
8 Ebd., S. 124.
9 Ebd., S. 102.
10 W. Lehmann, *Meine Gedichtbücher*, Frankfurt a. M. 1957, S. 86.
11 A. Rümmler, *Die Entwicklung der Metaphorik in der Lyrik Karl Krolows*, Bern 1972, S. 127.
12 H. E. Holthusen, *Naturlyrik und Surrealismus*, in: ÜK S. 11.
13 K. Krolow, *Ein Gedicht entsteht*, a. a. O., S. 104.
14 H. Friedrich, *Nachwort zu ›Ausgewählte Gedichte‹*, in: ÜK S. 80.
15 K. Krolow, *Minuten-Aufzeichnungen*, Frankfurt a. M. 1968, S. 106.
16 H. D. Schäfer, *Die Wandlungen K. Krolows*, in: *NR* 86/1975, S. 332.
17 K. Krolow, *Ein Gedicht entsteht*, a. a. O., S. 15.
18 H. Friedrich, a. a. O., S. 81.
19 H. D. Schäfer, a. a. O., S. 333.
20 A. Ayren, in: *NDH* 24/1977, S. 351.
21 Vgl. *text und kritik* 77/1983, S. 50.
22 K. Jeziorkowski, *Zu den Herodot-Gedichten von Karl Krolow*, in: K. Krolow, *Herodot oder der Beginn von Geschichte*, Waldbrunn 1983, S. 58f.

Narr mit Silberblick – Günter Grass als Lyriker

1 H. Vormweg, Gedichteschreiber Grass, in: G. Grass, *Gesammelte Gedichte*, Neuwied/Berlin 1971(= GG), S. 5 und 17.
2 *Gespräche mit Günter Grass*, in: *text + kritik* 1/1 a/1978, S. 17f.
3 GG S. 172.
4 GG S. 47f.
5 H. L. Arnold, *Gespräch mit Günter Grass*, in: H. L. A., *Gespräche mit Schriftstellern*, München 1975, S. 86f.
6 G. Grass, *Der Inhalt als Widerstand*, in: *Akzente* 3/1957, S. 233.
7 G. Grass, *Das Gelegenheitsgedicht*, in: *Akzente* 1/1961, S. 9, 55 und 43.
8 GG S. 133.
9 K. Krolow, *Günter Grass in seinen Gedichten*, in: *Grass. Kritik – Thesen – Analysen*, hrsg. von M. Jurgensen , Bern/München 1973, S. 12f.
10 GG S. 24.
11 GG S. 21.
13 GG S. 19.
12 H. Piontek, *Männer, die Gedichte machen*, Hamburg 1970, S. 180.
14 V. Neuhaus, *Günter Grass*, Stuttgart 1979, S. 159.
15 GG S. 51.
16 Vgl. Neuhaus (Anm. 14), S. 159.
17 GG S. 50.
18 E. Rudolph, *Protokolle zur Person*, 1971, S. 64f.
19 GG S. 99.
20 G. Grass, *Vom mangelnden Selbstvertrauen der schreibenden Hofnarren unter Berücksichtigung nicht vorhandener Höfe*, in: Akzente 3/1966, S. 199.
21 M. Hamburger, *Moralist mit Narrenkappe*, in: M. H., *Literarische Erfahrungen*, Darmstadt/Neuwied 1981, S. 130f.
22 GG S. 165.
23 GG S. 179.
24 GG S. 173.
25 GG S. 191.
26 GG S. 226.
27 W. Hinderer, *Probleme politischer Lyrik heute*, in: W. H., *Elemente der Literaturkritik*, Kronberg i. Ts. 1976, S. 256f.
28 *Schreiben*, in: GG S. 171.
29 *Gesamtdeutscher März*, in: GG S. 230f.
30 F. J. Raddatz, *ZEIT-Gespräch über den Butt*, in: *Die Zeit* Nr. 34, August 1977.
31 Vgl. P. Sloterdijk, *Kritik der zynischen Vernunft*, Frankfurt a. M. 1983, Bd. 1, S. 288–290.
32 G. Grass, *Ach Butt, dein Märchen geht böse aus. Gedichte und Radierungen*, Darmstadt/Neuwied 1983, S. 49.
33 Ebd., S. 55.
34 G. Grass, *Der Butt*, Darmstadt/Neuwied 1977, S. 678.
35 *Ach Butt...*, a. a. O., S. 94.
36 *G. Grass, Der Bürger und seine Stimme*, Darmstadt/Neuwied 1974, S. 270.
37 GG S. 216.

Gedichtbände 1965–1984
Eine Auswahlbibliographie

1965

Rose Ausländer, *Blinder Sommer*, Hamburg (Hoffmann und Campe)
Wolf Biermann, *Die Drahtharfe*, Berlin (Wagenbach)
Volker Braun, *Provokation für mich*, Halle (Mitteldeutscher Verlag)
F. C. Delius, *Kerbholz*, Berlin (Wagenbach)
Günter Bruno Fuchs, *Pennergesang*, München (Hanser)
Marie Luise Kaschnitz, *Ein Wort weiter*, Frankfurt (Insel)
Karl Krolow, *Gesammelte Gedichte (I)*, Frankfurt (Suhrkamp)
Helmut Mader, *Selbstportrait mit Christopher Marlowe*, Wiesbaden (Limes)
Helga M. Novak, *Ballade von der reisenden Anna*, Neuwied/Berlin (Luchterhand)
Nelly Sachs, *Späte Gedichte*, Frankfurt (Suhrkamp)

1966

Erich Arendt, *Unter den Hufen des Winds*, Reinbek (Rowohlt)
Volker Braun, *Vorläufiges*, Frankfurt (Suhrkamp)
Günter Eich, *Anlässe und Steingärten*, Frankfurt (Suhrkamp)
Erich Fried, *und Vietnam und*, Berlin (Wagenbach)
Günter Herburger, *Ventile*, Köln (Kiepenheuer)
Ernst Jandl, *Laut und Luise*, Neuwied/Berlin (Luchterhand)
Karl Krolow, *Landschaften für mich*, Frankfurt (Suhrkamp)
Günter Kunert, *Verkündigung des Wetters*, München (Hanser)
Friederike Mayröcker, *Tod durch Musen*, Reinbek (Rowohlt)
Karl Mickel, *Vita mea nova – Mein neues Leben*, Berlin/Weimar (Aufbau)
Heinz Piontek, *Klartext*, Hamburg (Hoffmann und Campe)

1967

Elisabeth Borchers, *Der Tisch an dem wir sitzen*, Neuwied/Berlin (Luchterhand)

Nicolas Born, *Marktlage*, Köln (Kiepenheuer und Witsch)
Rolf Dieter Brinkmann, *Was fraglich ist wofür*, Köln (Kiepenheuer und Witsch)
Paul Celan, *Atemwende*, Frankfurt (Suhrkamp)
Heinz Czechowski, *Wasserfahrt*, Halle (Mitteldeutscher Verlag)
Erich Fried, *Anfechtungen*, Berlin (Wagenbach)
Walter Helmut Fritz, *Die Zuverlässigkeit der Unruhe*, Hamburg (Hoffmann und Campe)
Günter Grass, *Ausgefragt*, Neuwied / Berlin (Luchterhand)
Rolf Haufs, *Vorstadtbeichte*, Neuwied / Berlin (Luchterhand)
Heinz Kahlau, *Der Fluß der Dinge*, Berlin / Weimar (Aufbau)
Yaak Karsunke, *Kilroy & andere*, Berlin (Wagenbach)
Sarah Kirsch, *Landaufenthalt*, Berlin / Weimar (Aufbau)
Wilhelm Lehmann, *Sichtbare Zeit*, Gütersloh (Sigbert Mohn)
Kurt Marti, *rosa loui*, Neuwied / Berlin (Luchterhand)
Christoph Meckel, *Bei Lebzeiten zu singen*, Berlin (Wagenbach)
Franz Mon, *Lesebuch*, Neuwied / Berlin (Luchterhand)
Helga M. Novak, *Colloquium mit vier Häuten*, Neuwied / Berlin (Luchterhand)
Axel Schulze, *Nachrichten von einem Sommer*, Halle (Mitteldeutscher Verlag)

1968

Arnfrid Astel, *Notstand*, Wuppertal (Peter Hammer)
Wolf Biermann, *Mit Marx- und Engelszungen*, Berlin (Wagenbach)
Rolf Dieter Brinkmann, *Die Piloten*, Köln (Kiepenheuer und Witsch)
Paul Celan, *Fadensonnen*, Frankfurt (Suhrkamp)
Erich Fried, *Zeitfragen*, Berlin (Wagenbach)
Peter Gosse, *Antiherbstzeitloses*, Halle (Mitteldeutscher Verlag)
Hans-Jürgen Heise, *Ein bewohnbares Haus*, Frankfurt (S. Fischer)
Karl Krolow, *Alltägliche Gedichte*, Frankfurt (Suhrkamp)
Ernst Meister, *Zeichen um Zeichen*, Wiesbaden (Limes)
Manfred Streubel, *Zeitansage*, Halle (Mitteldeutscher Verlag)

1969

H. C. Artmann, *Ein lilienweißer Brief aus Lincolnshire*, Frankfurt (Suhrkamp)
Eugen Gomringer, *worte sind schatten*, Reinbek (Rowohlt)
Peter Handke, *Die Innenwelt der Außenwelt der Innenwelt*, Frankfurt (Suhrkamp)
Walter Höllerer, *Systeme*, Berlin (LCB)
Reiner Kunze, *Sensible Wege*, Reinbek (Rowohlt)
Oskar Pastior, *Vom Sichersten ins Tausendste*, Frankfurt (Suhrkamp)
Konrad Balder Schäuffelen, *raus mit der sprache*, Frankfurt (Suhrkamp)

1970

Friedrich Achleitner, *prosa, konstellationen, montagen, dialektgedichte, studien*, Reinbek (Rowohlt)
Nicolas Born, *Wo mir der Kopf steht*, Köln (Kiepenheuer und Witsch)
Volker Braun, *Wir und nicht sie*, Frankfurt (Suhrkamp)
Rolf Dieter Brinkmann, *Gras*, Köln (Kiepenheuer und Witsch)
Paul Celan, *Lichtzwang*, Frankfurt (Suhrkamp)
Hilde Domin, *Ich will dich*, München (Piper)
Helmut Heißenbüttel, *Das Textbuch*, Neuwied / Berlin (Luchterhand)
Günter Herburger, *Training*, Neuwied / Berlin (Luchterhand)
Ernst Jandl, *Der künstliche Baum*, Neuwied / Berlin (Luchterhand)
Wulf Kirsten, *satzanfang*, Berlin / Weimar (Aufbau)
Karl Krolow, *Nichts weiter als Leben*, Frankfurt (Suhrkamp)
Günter Kunert, *Warnung vor Spiegeln*, München (Hanser)

1971

Kurt Bartsch, *Die Lachmaschine*, Berlin (Wagenbach)
Jürgen Becker, *Schnee*, Berlin (LCB)
Hans Magnus Enzensberger, *Gedichte 1955–1970*, Frankfurt (Suhrkamp)
Günter Grass, *Gesammelte Gedichte*, Neuwied / Berlin (Luchterhand)

1972

Wolf Biermann, *Für meine Genossen*, Berlin (Wagenbach)
Nicolas Born, *Das Auge des Entdeckers*, Reinbek (Rowohlt)
Walter Helmut Fritz, *Aus der Nähe*, Hamburg (Hoffmann und Campe)
Peter Huchel, *Gezählte Tage*, Frankfurt (Suhrkamp)
Marie Luise Kaschnitz, *Kein Zauberspruch*, Frankfurt (Insel)
Karl Krolow, *Zeitvergehen*, Frankfurt (Suhrkamp)
Reiner Kunze, *Zimmerlautstärke*, Frankfurt (S. Fischer)
Ernst Meister, *Sage vom Ganzen den Satz*, Neuwied / Berlin (Luchterhand)
Franz Tumler, *Sätze von der Donau*, München (Piper)

1973

Ludwig Fels, *Anläufe*, Darmstadt / Neuwied (Luchterhand)
Sarah Kirsch, *Zaubersprüche*, Berlin / Weimar (Aufbau)
Oskar Pastior, *Gedichtgedichte*, Darmstadt / Neuwied (Luchterhand)
Johannes Poethen, *Gedichte 1946–1971*, Hamburg / Düsseldorf (Claassen)

1974

Jürgen Becker, *Das Ende der Landschaftsmalerei*, Frankfurt (Suhrkamp)
Volker Braun, *Gegen die symmetrische Welt*, Halle (Mitteldeutscher Verlag) und Frankfurt (Suhrkamp)
Heinz Czechowski, *Schafe und Sterne*, Halle (Mitteldeutscher Verlag)
Adolf Endler, *Das Sandkorn*, Halle (Mitteldeutscher Verlag)
Ludwig Greve, *Bei Tag*, Stuttgart (Klett)
Günter Kunert, *Im weiteren Fortgang*, München (Hanser)
Christoph Meckel, *Wen es angeht*, Düsseldorf (Eremiten)
Jürgen Theobaldy, *Blaue Flecken*, Reinbek (Rowohlt)
Wolf Wondratschek, *Chuck's Zimmer*, Frankfurt (2001)

1975

Rolf Dieter Brinkmann, *Westwärts 1 & 2*, Reinbek (Rowohlt)
Elke Erb, *Gutachten*, Berlin / Weimar (Aufbau)
Hans Magnus Enzensberger, *Mausoleum*, Frankfurt (Suhrkamp)
Karl Krolow, *Gesammelte Gedichte II*, Frankfurt (Suhrkamp)
Karl Mickel, *Eisenzeit*, Halle (Mitteldeutscher Verlag)
Andreas Reimann, *Die Weisheit des Fleisches*, Halle (Mitteldeutscher Verlag)
Godehard Schramm, *Meine Lust ist größer als mein Schmerz*, München / Zürich (Piper)

1976

Wolfgang Bächler, *Ausbrechen*, Frankfurt (S. Fischer)
Horst Bienek, *Gleiwitzer Kindheit*, München (Hanser)
Sarah Kirsch, *Rückenwind*, Berlin / Weimar (Aufbau)
Karin Kiwus, *Von beiden Seiten der Gegenwart*, Frankfurt (Suhrkamp)
Michael Krüger, *Reginapoly*, München (Hanser)
Oskar Pastior, *Fleischeslust*, Lichtenberg (Ramm)
Peter Rühmkorf, *Gesammelte Gedichte*, Reinbek (Rowohlt)
Jürgen Rennert, *Märkische Depeschen*, Berlin (Union)

1977

Peter Härtling, *Anreden*, Darmstadt / Neuwied (Luchterhand)
Rolf Haufs, *Die Geschwindigkeit eines einzigen Tages*, Reinbek (Rowohlt)
Wulf Kirsten, *der bleibaum*, Berlin / Weimar (Aufbau)
Ursula Krechel, *Nach Mainz!*, Darmstadt / Neuwied (Luchterhand)
Karl Krolow, *Der Einfachheit halber*, Frankfurt (Suhrkamp)
Günter Kunert, *Unterwegs nach Utopia*, München (Hanser)
Rainer Malkowski, *Einladung ins Freie*, Frankfurt (Suhrkamp)

1978

Erich Arendt, *Zeitsaum*, Berlin (Agora)
Wolf Biermann, *Preußischer Ikarus*, Köln (Kiepenheuer und Witsch)
Hans Magnus Enzensberger, *Der Untergang der Titanic*, Frankfurt (Suhrkamp)
Gerd Henniger, *Bei lebendigem Leib*, Berlin (Henssel)
Ernst Jandl, *Die Bearbeitung der Mütze*, Darmstadt/Neuwied (Luchterhand)
Bernd Jentzsch, *Quartiermachen*, München (Hanser)
Rainer Kirsch, *Auszog das Fürchten zu lernen*, Reinbek (Rowohlt)
Paul Günter Krohn, *Brosch*, Halle (Mitteldeutscher Verlag)
Michael Krüger, *Diderots Katze*, München (Hanser)
Oskar Pastior, *Der krimgotische Fächer*, Erlangen (Renner)
Friederike Roth, *Tollkirschenhochzeit*, Darmstadt/Neuwied (Luchterhand)

1979

Kurt Bartsch, *Kaderakte*, Reinbek (Rowohlt)
Volker Braun, *Training des aufrechten Ganges*, Halle (Mitteldeutscher Verlag)
Walter Helmut Fritz, *Gesammelte Gedichte*, Hamburg (Hoffmann und Campe)
Hans-Jürgen Heise, *Ausgewählte Gedichte 1950–1978*, Königstein (Athenäum)
Wolfgang Hilbig, *Abwesenheit*, Frankfurt (S. Fischer)
Peter Huchel, *Die neunte Stunde*, Frankfurt (Suhrkamp)
Pierre Imhasly, *Widerpart oder Fuga mit Orgelpunkt vom Schnee*, Zürich/Frankfurt (Suhrkamp)
Sarah Kirsch, *Drachensteigen*, Ebenhausen (Langewiesche-Brandt)
Karin Kiwus, *Angenommen später*, Frankfurt (Suhrkamp)
Roger Loewig, *Ewig rauchende Kältezeit*, Berlin (Oberbaum)
Christoph Meckel, *Säure*, Düsseldorf (Claassen)
Ernst Meister, *Wandloser Raum*, Darmstadt/Neuwied (Luchterhand)
Andreas Reimann, *Das ganze halbe Leben*, Halle (Mitteldeutscher Verlag)
Peter Rühmkorf, *Haltbar bis Ende 1999*, Reinbek (Rowohlt)
Karl Alfred Wolken, *Außer Landes*, Düsseldorf (Böhme und Erb)
Paul Wühr, *Rede*, München (Hanser)

1980

Uli Becker, *Der letzte Schrei*, Reinbek (Rowohlt)
Thomas Brasch, *Der schöne 27. September*, Frankfurt (Suhrkamp)
Hermann Burger, *Kirchberger Idyllen*, Frankfurt (S. Fischer)
Hans Magnus Enzensberger, *Die Furie des Verschwindens*, Frankfurt (Suhrkamp)
Ernst Jandl, *Der gelbe Hund*, Darmstadt/Neuwied (Luchterhand)
Manfred Jendryschik, *Die Ebene*, Frankfurt (Suhrkamp)
Uwe Kolbe, *Hineingeboren*, Berlin/Weimar (Aufbau)

Günter Kunert, *Abtötungsverfahren*, München (Hanser)
Dieter Leisegang, *Lauter letzte Worte*, Frankfurt (Suhrkamp)
Richard Pietraß, *Notausgang*, Berlin / Weimar (Aufbau)
Guntram Vesper, *Die Illusion des Unglücks*, München (Hanser)

1981

Thomas Bernhard, *Ave Vergil*, Frankfurt (Suhrkamp)
Gerhard Falkner, *So beginnen am Körper die Tage*, Darmstadt / Neuwied (Luchterhand)
Henning Grunwald, *Das Wort hat der Ichkönig*, Stuttgart (Klett-Cotta)
Ulla Hahn, *Herz über Kopf*, Stuttgart (Deutsche Verlags-Anstalt)
Peter Hamm, *Der Balken*, München (Hanser)
Felix Philipp Ingold, *Unzeit*, Stuttgart (Klett-Cotta)
Karl Krolow, *Herbstsonett mit Hegel*, Frankfurt (Suhrkamp)
Hermann Lenz, *Zeitlebens*, München (Schneekluth)
Bernhard Nellessen, *An den Wassern von Rhein und Ruhr*, München (Schneekluth)
Ulrich Schacht, *Traumgefahr*, Pfullingen (Neske)
Volker von Törne, *Im Lande Vogelfrei*, Berlin (Wagenbach)
Dieter Schlesak, *Weiße Gegend – Fühlt die Gewalt in diesem Traum*, Reinbek (Rowohlt)

1982

Sascha Anderson, *Jeder Satellit hat einen Killersatelliten*, Berlin (Rotbuch)
Wolfgang Bächler, *Nachtleben*, Frankfurt (S. Fischer)
Gerrit Bekker, *Wachsflügels Furcht*, Düsseldorf (Claassen)
Elke Erb, *Trost*, Stuttgart (Deutsche Verlags-Anstalt)
Bruno Hillebrand, *Über den Rand hinaus*, Frankfurt (S. Fischer)
Walter Höllerer, *Gedichte 1942–1982*, Frankfurt (Suhrkamp)
Sarah Kirsch, *Erdreich*, Stuttgart (Deutsche Verlags-Anstalt)
Alfred Kolleritsch, *Im Vorfeld der Augen*, Salzburg (Residenz)
Karl Krolow, *Zwischen Null und Unendlich*, Frankfurt (Suhrkamp)
Lutz Rathenow, *Zangengeburt*, München / Zürich (Piper)
Hans Dieter Schäfer, *Dem Leben ganz nah*, München (Hanser)
Guntram Vesper, *Die Inseln im Landwehr*, Pfaffenweiler

1983

Rainer Brambach, *Auch im April*, Zürich (Diogenes)
Günter Grass, *Ach, Butt! Dein Märchen geht böse aus*, Darmstadt / Neuwied (Luchterhand)

Ulla Hahn, *Spielende*, Stuttgart (Deutsche Verlags-Anstalt)
Manfred Peter Hein, *Gegenzeichnung*, Berlin (Agora)
Hans-Jürgen Heise, *Der Phantasie Segel setzen*, Freiburg (Kerle)
Diana Kempff, *Herzzeit*, Salzburg (Residenz)
Ursula Krechel, *Rohschnitt*, Darmstadt / Neuwied (Luchterhand)
Karl Krolow, *Herodot oder der Beginn von Geschichte*, Waldbrunn (Heiderhoff)
Günter Kunert, *Stilleben*, München (Hanser)
Jürgen Theobaldy, *Die Sommertour*, Reinbek (Rowohlt)

1984

Edwin Wolfram Dahl, *Zum Atmen bleibt noch Zeit*, München (Schneekluth)
Ludwig Fels, *Der Anfang der Vergangenheit*, München / Zürich (Piper)
Rolf Haufs, *Juniabschied*, Reinbek (Rowohlt)
Sarah Kirsch, *Katzenleben*, Stuttgart (Deutsche Verlags-Anstalt)
Karl Krolow, *Schönen Dank und vorüber*, Frankfurt (Suhrkamp)
Christoph Meckel, *Souterrain*, München (Hanser)
Ralf Rothmann, *Kratzer*, Berlin (Harald Schmid)

Textnachweise

Das entlastete Gedicht – Eine Art Einleitung: Erstveröffentlichung.

»Pop« und »Postmoderne« im Gedicht – Vier Beispiele zu einer Ästhetik der Oberfläche: Neufassung der beiden folgenden Arbeiten: *Pop als ›postmoderne‹ Literatur,* in: *Neue Rundschau* (82) 1971, Heft 4; *Lyrik der Postmoderne,* in: *Abhandlungen aus der Pädagogischen Hochschule Berlin,* Bd. 1, Colloquium, Berlin 1974.

Eindimensionale Poesie – Zur Lyrik der neuen Subjektivität: Veränderte Fassung von: *Die eindimensionale Poesie,* in: *Neue Rundschau* (89) 1978, Heft 2.

Warten auf das lange Gedicht: Erweiterte Fassung von: *Lange Gedichte, kurze Gedichte,* in: *Merkur* (33) 1979, Heft 11.

Wiederkehr der Formen: Zuerst in: *Lyrik – Blick über die Grenzen,* herausgegeben von Lothar Jordan, Axel Marquardt, Winfried Woesler, S. Fischer, Frankfurt a. M. 1984.

Die Generation Volker Brauns – Lyrik in der DDR seit 1962: Neufassung von: *Die ästhetische und soziale Kritik der Lyrik,* in: *Die Literatur der DDR,* herausgegeben von Hans-Jürgen Schmitt, Hansers Sozialgeschichte der deutschen Literatur, Bd. 11, Carl Hanser, München 1983.

Die Glaskugel, in der es schneit – Ein Filmmotiv in neuer Lyrik: Neufassung von: *Die Glaskugel, in der es schneit,* in: *Kunstforum international,* Bd. 59, 1983.

Eine Utopie der Worte – Zu einer Konstellation Eugen Gomringers: Zuerst in: *Gedichte und Interpretationen, Gegenwart,* herausgegeben von Walter Hinck, Philipp Reclam, Stuttgart 1982.

Gefaßte Negation – Zu einem Gedicht Dieter Leisegangs: Zuerst in: *Frankfurter Allgemeine Zeitung,* 4. 2. 1984

Mondzauber und Hexentradition – Zu einem Gedicht Friederike Roths: Zuerst in: *Frankfurter Allgemeine Zeitung,* 21. 7. 1984

Proteus als Lyriker – Karl Krolows lyrisches Werk: Neufassung von: *Karl Krolow,* in: *Die deutsche Lyrik 1945–1975,* herausgegeben von Karl Weißenberger, August Bagel, Düsseldorf 1981.

Narr mit Silberblick – Günter Grass als Lyriker: Zuerst in: *Günter Grass: Auskunft für Leser,* herausgegeben von Franz Josef Görtz, Luchterhand, Darmstadt/Neuwied 1984.

Die Zuverlässigkeit der Poesie – Zu den »Gesammelten Gedichten« von Walter Helmut Fritz: Zuerst in: *Neue Rundschau* (90) 1979, Heft 4.

Das Rauschen der Sprache im Exil – Annäherungen an die Dichtung Oskar Pastiors: Zuerst in: *Merkur* (36) 1982, Heft 7.
Notizen im Glashaus – (Über) Lyrik schreiben: Zuerst in: *Sprache im technischen Zeitalter,* Heft 90, 1984.

Personenregister

Lyrik bei Piper

Anna Achmatowa
Im Spiegelland
Ausgewählte Gedichte. Herausgegeben von Efim Etkind.
1982. 205 Seiten. Geb.

Ingeborg Bachmann
Anrufung des Großen Bären
Gedichte. 9. Aufl., 39. Tsd. 1985. 79 Seiten. Serie Piper 307

Ingeborg Bachmann
Die gestundete Zeit
Gedichte. 10. Aufl., 41. Tsd. 1985. 63 Seiten. Serie Piper 306

Ingeborg Bachmann
Liebe: Dunkler Erdteil
Gedichte aus den Jahren 1942–1967.
2. Aufl., 12. Tsd. 1965. 61 Seiten. Serie Piper 330

Ingeborg Bachmann
Sämtliche Gedichte
1983. 229 Seiten. Geb.

Hilde Domin
Ich will Dich
Gedichte. 5. Aufl., 12. Tsd. 1985. 48 Seiten. Geb.

Ludwig Fels
Der Anfang der Vergangenheit
Gedichte. 1984. 118 Seiten. Geb.